क्या हैं कलाम?

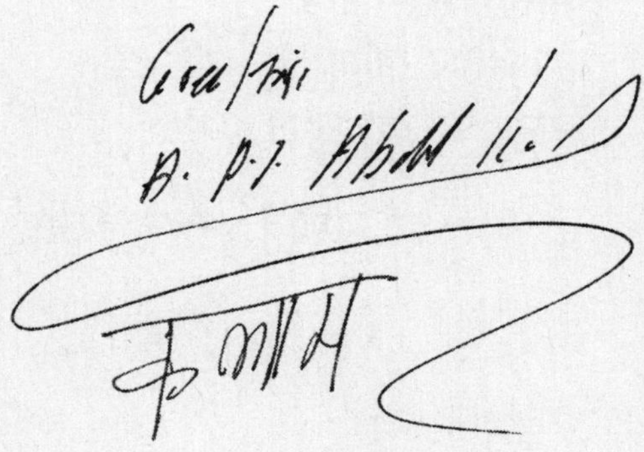

ज्ञान का दीप जलाए रखूँगा

'हे भारतीय युवक
ज्ञानी-विज्ञानी
मानवता के प्रेमी
संकीर्ण तुच्छ लक्ष्य
की लालसा पाप है।
मेरे सपने बड़े
मैं मेहनत करूँगा
मेरा देश महान् हो
धनवान् हो, गुणवान् हो
यह प्रेरणा का भाव अमूल्य है,
कहीं भी धरती पर,
उससे ऊपर या नीचे
दीप जलाए रखूँगा
जिससे मेरा देश महान् हो।'

—डॉ. ए.पी.जे. अब्दुल कलाम

क्या हैं कलाम?

आर. रामनाथन

प्रभात पेपरबैक्स
www.prabhatbooks.com

प्रकाशक

प्रभात पेपरबैक्स

4/19 आसफ अली रोड, नई दिल्ली–110002

फोन : 23289555 • 23289666 • 23289777 ❖ फैक्स : 23253233

इ-मेल : prabhatbooks@gmail.com ❖ वेब ठिकाना : www.prabhatbooks.com

संस्करण

2017

मूल्य

दो सौ रुपए

अ.मा.पु.स. ISBN 978-93-5186-570-4

अनुवाद

श्रीमती दीपिका रानी

मुद्रक

नरुला प्रिंटर्स, दिल्ली

★

KYA HAIN KALAM?

by R. Ramanathan

Published by **PRABHAT PAPERBACKS**

4/19 Asaf Ali Road, New Delhi-10002

ISBN 978-93-5186-570-4

₹ 200.00

समर्पित

तमिलनाडु के वेल्लोर जिले के
कालपुदुर की लड़की सुडरक्कोडी को।
बच्चों की तमिल मासिक पत्रिका 'चुट्टी विकतन' के जुलाई 2001 के अंक में उसे डॉ. ए.पी.जे. अब्दुल कलाम से पूछे गए अपने प्रश्न का सबसे अच्छा जवाब मिला। उसने पूछा था, 'आप खुद को इनमें से क्या मानते हैं—वैज्ञानिक, तमिल, अच्छा मनुष्य या भारतीय?' उनका जवाब था, 'एक अच्छे मनुष्य में बाकी तीनों मिल सकते हैं।'

डॉ. कलाम का मानवीय पक्ष ही उनकी पहचान है।

आमुख

महामहिम राष्ट्रपति डॉ. ए.पी.जे. अब्दुल कलाम के जीवन के अनगिनत पहलू हैं। कुछ के लिए वह 'मिसाइल पुरुष' हैं तो कुछ के लिए भारतीय वैज्ञानिक विकास के स्वप्न-द्रष्टा। उनकी राष्ट्र-भावना और अपने देश भारत के प्रति उनकी श्रद्धा, आस्था और निष्ठा को देखते हुए उन्हें दो सौ प्रतिशत भारतीय कहा जाता है। बच्चों के लिए वह अच्छाई की आभा फैलानेवाले प्रेरणा के 'पुंज' हैं। उनकी आत्मकथा एक व्यक्ति तथा वैज्ञानिक के रूप में उनके जीवन के विभिन्न पहलुओं को उजागर करती है। किंतु फिर भी मेरा मानना है कि इस व्यक्ति के बारे में जानने के लिए अब भी बहुत कुछ शेष है, जिन्होंने कई पुरस्कार-सम्मान तथा गौरवशाली उपाधियाँ प्राप्त करने के बाद भी अपनी विनम्रता बरकरार रखी है। चूँकि मैंने एक व्यक्ति के रूप में डॉ. अब्दुल कलाम की विशेषताओं पर अधिक ध्यान देने का प्रयास किया है, अतः मैं एक और जीवनी लिखने का दावा नहीं करता। यह 'कलाम कौन हैं' का एक गहरा अध्ययन है। मैं आरंभ में ही वास्तविक बात स्वीकार करना चाहता हूँ—वह एक बहुत अच्छे मनुष्य हैं!

डॉ. कलाम पर एक और पुस्तक क्यों? आखिरकार, डॉ. कलाम ने खुद अपनी आत्मकथा 'अग्नि की उड़ान' सहित तीन उत्कृष्ट पुस्तकें लिखी हैं। अन्य दो पुस्तकों—'भारत 2020 : नवनिर्माण की रूपरेखा' और 'तेजस्वी मन' में उन्होंने देश के विकास के लिए अपनी दृष्टि और 2020 तक भारत को एक विकसित देश का दर्जा दिलाने के लिए युवाओं के प्रति अपने सपनों तथा उम्मीदों को स्पष्टतः अभिव्यक्त किया है।

इस पुस्तक के लेखन की बात दिमाग में आने पर मुझे भी ऐसी आशंकाएँ हुईं। फिर मैंने स्वयं डॉ. कलाम से इस संबंध में सलाह ली, जिनके साथ मुझे बहुत नजदीकी से लगभग सात वर्ष तक काम करने का गौरव प्राप्त हुआ और उसके

बाद भी मेरे उनसे नजदीकी संबंध बने रहे। आरंभ में वह इस योजना को स्वीकृति देने में हिचकिचा रहे थे; क्योंकि वह अपने व्यक्तित्व की प्रस्तुति नहीं चाहते थे; इसकी बजाय वह ऐसी किसी परियोजना को सहयोग देने को जरूर सन्नद्ध थे, जो भारत को विकास के पथ पर ले जाने के उनके सपने को आगे बढ़ाने में मदद देती। मैंने उनसे कहा कि वास्तव में वह देश के युवाओं के लिए श्रद्धा के पात्र बन गए हैं, जो एक आदर्श की तलाश में हैं। उन पर ऐसे किसी कार्य, जो युवाओं को अपने नायक के बारे में अधिक अंतरंग विवरणों को जानकर अपने आगामी दायित्वों पर ध्यान केंद्रित करने में जरा भी मदद करे, को उनके द्वारा प्रोत्साहित किया जाना चाहिए। विनम्रता तथा संकोच के कारण उन्होंने अपने व्यक्तित्व के कई पक्षों को बाहर आने से रोक रखा है, जो इस देश के युवाओं तथा आम जनता को काफी प्रभावित करेंगे।

वह मेरे प्रस्ताव से सहमत हो गए और मुझे स्वतंत्र तथा भयमुक्त होकर लिखने की सलाह दी। उन्होंने यह भी सुझाव दिया कि जहाँ आवश्यक हो वहाँ मुझे आलोचनात्मक भी होना चाहिए।

यह पुस्तक डॉ. कलाम के सार्वजनिक व्यक्तित्व के पीछे छिपे व्यक्तित्व के बारे में है। हालाँकि यह कुछ प्रकट करनेवाला नहीं है, क्योंकि वह एक पारदर्शी व्यक्ति हैं और उनका जीवन एक खुली किताब है। परंतु उनके जीवन के कई ऐसे पहलू हैं जो केवल उन कुछ लोगों को ही मालूम हैं जिन्हें उन्हें करीब से देखने का अवसर मिला है। ये छोटी-छोटी घटनाएँ, कुछ खास परिस्थितियों में उनकी तात्कालिक प्रतिक्रिया, उनकी निजी आदतें और रुचियाँ उनके व्यक्तित्व का संपूर्ण खाका खींचने में मदद करती हैं। यह पुस्तक उनके लाखों प्रशंसकों की जिज्ञासाओं को शमित करने में मददगार है, जो उनके व्यक्तित्व के निर्माण के सभी पहलुओं के बारे में जानने को उत्सुक हैं। मेरे मित्रों तथा परिचितों द्वारा उनके विषय में बार-बार प्रश्न पूछे जाने पर मेरे सामने इस पुस्तक की आवश्यकता अनुभव हुई। मैंने अनुमान लगाया कि यही उत्सुकता युवाओं तथा जनता के दिमाग में विद्यमान होगी और उनके पास संबंधित जानकारी प्राप्त करने के लिए कोई प्रामाणिक स्रोत नहीं होगा।

इस पुस्तक में उनके व्यक्तित्व को कई दृष्टिकोणों से उभारा गया है। पहला और सर्वप्रमुख, वह एक सराहनीय मनुज्य हैं। शुरुआत उनके मानवीय गुणों को उभारने से की गई है। उनकी जीवन-शैली एक ऐसे विद्यार्थी के लिए बहुत महत्त्वपूर्ण है जो उस व्यक्ति के बारे में बेहतर तरीके से समझना चाहता है। वह युवाओं को

बड़े सपने देखने को प्रेरित करते हैं। उनके 'स्वप्निल' पहलू के बारे में जानना दिलचस्प होगा। उनकी रुचियों की परिधि बहुत व्यापक है। यह सब लोग जानते हैं कि वह कविता लिखते हैं और वीणा बजाते हैं; किंतु यह सीमित जानकारी उनके व्यक्तित्व के साथ पूरा न्याय नहीं करती। उनके व्यक्तित्व की सार्वभौमिकता को उभारते हुए एक पूर्ण चित्र प्रस्तुत करना आवश्यक होगा। इस पहलू को एक पूरा अध्याय समर्पित है। कई लोग सार्वजनिक शख्सियतों के प्रति अपनी धारणा अखबारों तथा पत्रिकाओं से एकत्रित छिटपुट सूचनाओं से बनाते हैं। अलग-अलग लोगों की धारणाएँ एक ही व्यक्ति के बारे में अलग-अलग होती हैं। हममें से कुछ, जिन्होंने डॉ. कलाम को नजदीक से देखा है, लोगों द्वारा प्रदर्शित सहज प्रेम की कई घटनाओं के गवाह रहे हैं। उनमें से कुछ कोमल क्षणों को इस पुस्तक में प्रस्तुत किया गया है।

अपनी पुस्तकों में डॉ. कलाम ने डॉ. विक्रम साराभाई, प्रो. सतीश धवन, डॉ. ब्रह्मप्रकाश तथा अन्य लोगों की नेतृत्व क्षमताओं के संबंध में चर्चा की है और कहा है कि उन्होंने उनसे प्रबंधन की कला सीखी। उन्होंने अपनी प्रबंधन-शैली के बारे में भी बताया है। इस पुस्तक में उनके नजदीकी व्यक्तियों की दृष्टि से उनकी प्रबंधन-शैली पर चर्चा की गई है। उनके कुछ ऐसे नजदीकी मित्र हैं, जिनके साथ वह खुलकर बात करते हैं। वह बच्चों के प्रति अधिक स्नेहिल व आकर्षित होते हैं और बच्चे भी उसी अनुपात में प्रतिक्रिया करते हैं। इसमें उन लोगों के दृष्टिकोण को एकत्रित करने का प्रयास किया गया है, जो लंबे समय से, उनकी कई क्षमताओं सहित, उन्हें जानते हैं। यह डॉ. कलाम के व्यक्तित्व के विभिन्न पहलुओं को प्रतिबिंबित करता है। उनके कुछ सहयोगियों ने उनके साथ अपने अनुभवों को उत्साहपूर्वक बाँटा है। इन सबको एक अलग अध्याय में सँजोया गया है।

रामेश्वरम के एक शर्मीले युवक से देश की एक महत्त्वपूर्ण शख्सियत तक के क्रमिक बदलाव को समझना एक दिलचस्प अध्ययन है। महत्त्वपूर्ण मोड़ कहे जा सकने वाले विशिष्ट घटनाओं और महत्त्वपूर्ण लोगों के साथ उनके जुड़ाव, जिसने उन्हें एक राष्ट्र-निर्माता के रूप में बदल दिया, को उभारते हुए ऐसा किया गया है।

डॉ. कलाम को कई उपलब्धियाँ प्राप्त हैं। संप्रति केवल अकसर दुहराई जानेवाली उपलब्धियाँ ही लोगों को ज्ञात हैं। राष्ट्र-निर्माण में महत्त्वपूर्ण सिद्ध होनेवाले कुछ अन्य के बारे में बात करना उपयोगी होगा। डॉ. कलाम को कई सम्मान प्राप्त हुए हैं। जबकि बड़े सम्मान जैसे 'भारत रत्न' के बारे में काफी लिखा

गया है; कई अन्य सम्मानों का अखबारों में संक्षिप्त जिक्र किया गया। यद्यपि उन्हें सम्मानित करनेवाले संस्थान ऐसा करके स्वयं सम्मानित हुए।

यह न तो डॉ. कलाम की जीवनी है, न ही उनके व्यक्तित्व का आलोचनात्मक अध्ययन। उनके व्यक्तित्व के प्राय: कम ज्ञात पहलुओं को प्रस्तुत करने और सन् 2020 तक विकसित भारत के निर्माण के लक्ष्य को प्राप्त करने के उनके स्वप्न की दिशा में प्रयास करने के उनके आह्वान के प्रति पाठकों में रुचि जाग्रत् करने का प्रयास किया गया है।

इस पुस्तक को डॉ. कलाम द्वारा लिखित पुस्तकों के पूरक के रूप में देखा जा सकता है। मुझे आशा है कि डॉ. कलाम को अधिकाधिक जानने की इच्छा रखनेवाले किसी भी गंभीर जिज्ञासु के लिए यह पुस्तक अन्य पुस्तकों की उपयोगी अनुपूरक सिद्ध होगी। जहाँ भी आवश्यकता अनुभव हुई, इस पुस्तक को संपूर्ण बनाने के लिए अन्य पुस्तकों के प्रासंगिक अंशों को उद्धृत करते हुए उनका संदर्भ दिया गया है।

कई लोगों ने मुझसे पूछा है कि मैंने डॉ. कलाम के व्यक्तित्व के नकारात्मक पक्षों को पूरी तरह उपेक्षित करते हुए केवल सकारात्मक गुणों पर ही बल क्यों दिया है? मैं इसका दोषी हूँ, परंतु मुझे इसका कोई पछतावा नहीं है। मैं जानता हूँ कि कोई भी व्यक्ति संपूर्ण नहीं होता है। चूँकि मैं इस पुस्तक को युवाओं को एक नए एवं जीवंत भारत के निर्माण में योगदान करने तथा डॉ. कलाम का अनुसरण करने के लिए प्रेरित करनेवाला एक प्रकाश-स्तंभ बनाना चाहता हूँ, इसलिए मैंने केवल प्रेरक पक्षों पर ही प्रकाश डाला।

इस पुस्तक की एक अन्य विशेषता यह है कि मैंने अपने संस्मरणों के एक छोटे अध्याय के अतिरिक्त स्वयं पृष्ठभूमि में रहना पसंद किया है; अंत में कोई शायद ही जीवनी लेखक पर ध्यान देगा। ऐसा मैंने जान-बूझकर किया है। मैं डॉ. कलाम और पाठकों के बीच नहीं रहना चाहता। मैं केवल उनके मूल्यों तथा सपनों को प्रस्तुत करने का माध्यम भर हूँ।

मैं अपनी पत्नी रुक्मिणी के प्रोत्साहन के बिना यह कार्य आरंभ नहीं कर पाता। उन्होंने सुझाव दिया कि फरवरी 2002 में अपनी सेवानिवृत्ति के बाद मैं डॉ. कलाम के विषय में लिखते हुए अपने समय का सदुपयोग कर सकता हूँ। यह राष्ट्र-निर्माण की प्रक्रिया के प्रति मेरा एक छोटा योगदान होगा। मेरे पुत्रों बदरी तथा साई ने उत्साहपूर्वक उनके विचार का समर्थन किया और इस पुस्तक ने आकार लेना आरंभ कर दिया। परंतु पुस्तक लेखन के बीच में सुधार का प्रस्ताव

मेरी पुत्रवधू चिन यी की ओर से आया। उसने प्रारंभिक अंशों को पढ़ा और बोली, 'पिताजी, मैं इस पुस्तक में उस व्यक्ति को कहीं नहीं देख रही हूँ। आप केवल उस बारे में लिख रहे हैं, जैसा आपने उन्हें आधिकारिक रूप से देखा।' एक मार्गदर्शक के रूप में उसके स्वतंत्र निरीक्षण के बाद मुझे पुस्तक के अंशों पर पुनः काम करना पड़ा।

मैं डॉ. कलाम को केवल पिछले दस वर्षों से नजदीक से जानता हूँ। कई अन्य लोगों ने उनके साथ अधिक लंबे समय तक कार्य किया है। मैं उनमें से कुछ को व्यक्तिगत रूप से जानता हूँ और उन्होंने बिना हिचकिचाहट के इस पुस्तक में उल्लेखनीय योगदान दिया है। मैं खास तौर पर डॉ. ए.एस. पिल्लई, मेजर जनरल स्वामीनाथन, डॉ. सालवान, डॉ. सेल्वा मूर्ति, श्री वाई.एस. राजन, श्री शेरिदन तथा श्री प्रसाद के प्रति अपना आभार व्यक्त करता हूँ। इन लोगों के लिए यह कार्य एक स्नेहपूर्ण प्रयास अधिक था, जैसा कि यह मेरे लिए था। मुझे 'येलो हैवन ग्रुप' के सदस्यों से बातचीत करने का गौरव प्राप्त हुआ, जो प्रतिदिन डॉ. कलाम के साथ वॉक के लिए जाते थे। उनके द्वारा प्रदत्त सूचनाएँ इस पुस्तक के लिए बहुत महत्त्वपूर्ण थीं। मेरे प्रति दिखाए गए अनुग्रह के लिए मैं उनका शुक्रिया अदा करना चाहता हूँ। कई सहयोगियों ने मेरे अनुरोध पर अपनी व्यस्ततम दिनचर्या से समय निकालकर उनके बारे में अपनी धारणाएँ लिखीं। उनके योगदान ने इस पुस्तक को काफी समृद्ध बना दिया है। उनको मेरा विशेष धन्यवाद। कई अन्य के योगदानों का उचित स्थानों पर उल्लेख किया गया है। ऐसे भी बहुत से लोग हैं, जिनका पुस्तक में व्यक्तिगत रूप से उल्लेख नहीं किया गया है, परंतु उनका सहयोग बहुत महत्त्वपूर्ण रहा है। मैं समझ नहीं पा रहा हूँ कि किस प्रकार उन सबका धन्यवाद करूँ।

'कलाम और बच्चे' अध्याय में आनंद विकतन समूह द्वारा बच्चों के लिए निकाली जा रही मासिक पत्रिका 'चुट्टी विकतन' के जुलाई तथा अगस्त 2001 अंक में प्रकाशित बच्चों के प्रश्नों तथा डॉ. कलाम के उत्तरों को शामिल किया गया है। उसमें प्रकाशित सामग्री के इस्तेमाल की अनुमति देने के लिए मैं पत्रिका के प्रकाशकों का बहुत आभारी हूँ। इन प्रश्नोत्तरों को देश के अन्य भागों के बच्चे भी पढ़ने में सफल हो पाएँगे और तमिलनाडु के बच्चों की तरह उनका लाभ उठा सकेंगे।

मैं डॉ. कलाम का अत्यंत आभारी हूँ, जिन्होंने मुझे यह पुस्तक लिखने की अनुमति दी। उन्होंने मुझे बच्चों द्वारा उन्हें भेजे गए पत्रों, पेंटिंग्स तथा कविताओं को उदारतापूर्वक इस्तेमाल करने की अनुमति दी। उनमें से कुछ को मैंने इस

पुस्तक में प्रकाशित करने के लिए चुना। उन्होंने राष्ट्रपति भवन के पुस्तकालय के चित्रों तक भी मेरी पहुँच सुनिश्चित की।

डॉ. एस.के. सालवान, डॉ. ए.एस. पिल्लई, श्री प्रह्लाद तथा श्री नारंग ने कुछ दुर्लभ तसवीरों को उपलब्ध कराया, जिनमें से कुछ का इस पुस्तक में उपयोग किया गया है। मैं इस सहयोग के लिए उन्हें हार्दिक धन्यवाद देता हूँ। मुझे आशा है कि पाठक डॉ. कलाम की इन कुछ अप्रकाशित तसवीरों को देखना पसंद करेंगे।

इस पुस्तक में किसी भी प्रकार की त्रुटि के लिए मैं पूरी तरह जिम्मेदार हूँ, हालाँकि मैं उपर्युक्त सभी पर बहुत हद तक निर्भर रहा हूँ।

मेरा यह प्रयास तभी सार्थक होगा, जब हमारे युवा डॉ. कलाम के पदचिह्नों पर चलने के लिए प्रेरित होंगे और उनके सपनों के 'विकसित भारत' के निर्माण हेतु कार्य करेंगे।

—आर. रामनाथन

अनुक्रमणिका

1

एक मानवतावादी के मेरे संस्मरण

वह अप्रैल 1993 का समय था। तब डॉ. कलाम डी.आर.डी.ओ. के महानिदेशक और रक्षा मंत्री के वैज्ञानिक सलाहकार थे। वित्तीय सलाहकार का पद रिक्त होने के कारण वह इस पद के लिए उपयुक्त व्यक्ति की तलाश में थे। मैं रक्षा उत्पादन विभाग में संयुक्त सचिव तथा वित्तीय सलाहकार के रूप में काम कर रहा था। मुझे लगा कि वह मेरे लिए डॉ. कलाम के साथ काम करने का एक सुअवसर था, जो उस समय तक एक बहुत ही महत्त्वपूर्ण शख्सियत बन चुके थे। मैंने अपने तात्कालिक बॉस रक्षा सेवाओं के वित्तीय सलाहकार श्री बी.वी. अदवी से बात की, ताकि डी.आर.डी.ओ. में जाने की संभावना पर विचार किया जा सके। उनकी प्रतिक्रिया बहुत सकारात्मक थी। उन्होंने डॉ. कलाम से बात की, जो श्री अदवी का बहुत सम्मान करते थे। डॉ. कलाम ने उनसे कहा कि वह इस बात पर विचार करेंगे। यह उनकी विशेषता थी। वह मुझे स्वीकार करने से पहले मेरे बारे में जाँच-पड़ताल करना चाहते थे। हम एक-दूसरे से परिचित नहीं थे। हम दोनों कुछ समय के लिए भारत डायनामिक्स लिमिटेड के बोर्ड ऑफ डायरेक्टर्स के सदस्य थे, जब वह डिफेंस रिसर्च डेवलपमेंट लेबोरेटरी (डी.आर.डी.एल.) के निदेशक थे। अलबत्ता, हम केवल एक मीटिंग में साथ सम्मिलित हुए थे, क्योंकि उसके तुरंत बाद वह रक्षा मंत्री के वैज्ञानिक सलाहकार के रूप में दिल्ली चले गए थे। उन्होंने मेरे बारे में पूछताछ की और इस बात पर संतुष्ट होने के बाद कि मुझे वित्तीय सलाहकार के रूप में नियुक्त करना डी.आर.डी.ओ. के लिए लाभदायक होगा, उन्होंने श्री अदवी को अपनी सहमति दे दी। सामान्यतः सरकारी विभागों में ऐसे स्थान-परिवर्तन आसान नहीं होते। बहरहाल, डॉ. कलाम के सहयोग से जल्दी ही स्वीकृति मिल

गई। इस प्रकार मेरे आधिकारिक कैरियर का सबसे लाभप्रद समय आरंभ हुआ।

मैंने वहाँ नवंबर 1999 तक काम किया, जो केंद्र सरकार में एक प्रशासनिक अधिकारी के लिए एक अप्रत्याशित लंबा कार्यकाल है। मुझे अपने निर्धारित कार्यकाल, जो 31 मई, 1996 को समाप्त होने वाला था, से काफी लंबे समय तक पद पर बनाए रखा गया। डॉ. कलाम ने महसूस किया कि डी.आर.डी.ओ. से मेरी संबद्धता जारी रहना आवश्यक है। इस उद्देश्य से वह प्रधानमंत्री की स्वीकृति के लिए उनके पास सीधे फाइल ले जाने से नहीं हिचकिचाए। मुझे ऑडिट एंड एकाउंट्स विभाग के पेरेंट कैडर में अतिरिक्त सचिव के पद पर पदोन्नत कर दिया गया। डॉ. कलाम ने सीतू में पदोन्नति देते हुए मुझे बहाल रखने के लिए विशेष प्रयास किया। हालाँकि प्रधानमंत्री ने प्रस्ताव को स्वीकृति दे दी थी, सिस्टम द्वारा उसे प्रभावी नहीं किया गया, जिसमें काफी निहित लाभ थे। मैंने साधारण स्तर पर डॉ. कलाम तथा डी.आर.डी.ओ. के लिए काम जारी रखने का फैसला किया, जब तक कि मुझे उचित समय पर पदोन्नति नहीं मिल जाती। मैंने महसूस किया कि मैं उस व्यक्ति का ऋणी हूँ जिसने मेरी मदद के लिए ऐसे साहसी प्रयास किए।

डॉ. कलाम के साथ मेरा दैनिक आधार पर संपर्क होता था। किसी भी वित्तीय मामले से संबंधित सभी फाइलें मेरे पास होकर जाती थीं। जैसे-जैसे मेरे प्रति उनका विश्वास बढ़ा, वह चाहने लगे कि मैं तकनीकी विषय-वस्तुवाले मामलों को भी देखूँ। उनसे अपनी संबद्धता के विषय में मैं कई घटनाओं को याद करना चाहूँगा; परंतु ऐसा नहीं कर पाऊँगा, क्योंकि हमारी अधिकांश बातचीत संवेदनशील विषयों पर होती थी। अलबत्ता, कई ऐसी घटनाएँ हैं जिनका उल्लेख मैं डॉ. कलाम का एक बॉस तथा एक व्यक्ति के रूप में वर्णित करने के लिए करना चाहता हूँ।

वह '90 के दशक में हुए कई चुनावों में से एक था। चुनाव आयोग ने आंध्र प्रदेश के किसी विधानसभा क्षेत्र में चुनाव ड्यूटी के लिए मेरा नाम चुना था। किसी अधिकारी के लिए निर्देशानुसार चुनाव ड्यूटी के लिए जाना अनिवार्य था। इसमें कोई भी अनियमितता मुख्य चुनाव आयुक्त टी.एन. शेषण सहन नहीं करते थे। इसलिए मैंने निर्देशित स्थान पर जाने के लिए निष्ठापूर्वक अपनी यात्रा का कार्यक्रम बनाया तथा अन्य व्यवस्थाएँ कीं। इस बीच एक विदेश ट्रिप, जिसमें महत्त्वपूर्ण वित्तीय फैसले लिये जाने थे, से पहले डॉ. कलाम के कार्यालय में हुई एक बैठक में एक वरिष्ठ अधिकारी ने अपना दुखड़ा रोया कि मेरी अनुपस्थिति में वह ऐसे महत्त्वपूर्ण वित्तीय कार्य को कैसे सँभाल सकता है। उन्होंने डॉ. कलाम से चुनाव से संबंधित मेरी यात्रा के बारे में सूचित किया, जिसकी तिथियाँ विदेश-यात्रा की

तिथियों से टकराती थीं। डॉ. कलाम ने दृढ़तापूर्वक निर्णय लिया और मुझसे कहा कि तुम्हें विदेश जाना चाहिए, क्योंकि इसमें देश का हित शामिल है। मैं चिंतित था और इस बारे में अत्यंत भयभीत था कि शेषण मेरे साथ पता नहीं कैसा व्यवहार करें। वह उन लोगों को भी नहीं बख्शते थे, जो उचित चिकित्सकीय आधार पर चुनाव ड्यूटी के लिए नहीं जा सकते थे। बहरहाल, डॉ. कलाम स्पष्ट निर्णय ले चुके थे। उन्होंने कहा, 'शेषण को मुझ पर छोड़ दो। हम पुराने मित्र हैं। मेरे अनुरोध पर वह आपको जाने देंगे। आप टीम के साथ समझौते के लिए जाएँ।' मैं जानता था कि शेषण से क्षमा माँगना लगभग असंभव था और ऐसा प्रस्ताव लेकर उनके पास जानेवाले किसी सचिव को वह छोड़ते नहीं। यदि कोई कहता कि कोई महत्त्वपूर्ण कार्य प्रभावित हो सकता है, तो वह जवाब देते कि लोकतंत्र की प्रक्रिया, यानी चुनाव, से अधिक महत्त्वपूर्ण कुछ भी नहीं है। किसी में उनकी बात काटने की हिम्मत नहीं थी। फिर भी डॉ. कलाम शांतिपूर्वक मुझे आश्वस्त कर रहे थे कि सबकुछ ठीक हो जाएगा और मुझे चुनाव ड्यूटी के लिए अपनी व्यवस्थाएँ रद्द कर देनी चाहिए। फिर भी, मैंने दोनों विकल्प खुले रखे, जब तक कि मुझे चुनाव ड्यूटी से आजाद करने संबंधी चुनाव आयोग का आदेश नहीं मिल जाता। डॉ. कलाम ने चमत्कार कर दिखाया। उन्होंने तथा श्री शेषण ने अंतरिक्ष विभाग में साथ-साथ काम किया था। डॉ. कलाम ने अपनी ओर से बेहतरीन प्रयास किया होगा। शेषण जानते थे कि यदि वास्तविक राष्ट्रीय हित की बात नहीं होती तो डॉ. कलाम ने उनसे संपर्क नहीं किया होता। चुनाव ड्यूटी के लिए नियुक्त किए गए लगभग तीन सौ अधिकारियों में एकमात्र मुझे छूट दी गई थी। यह घटना दरशाती है कि डॉ. कलाम अपने उद्देश्यों में स्पष्ट थे और उन्हें प्राप्त करना जानते थे। श्री शेषण का खौफ भी उन्हें विचलित नहीं कर पाया।

सन् 1996 की बात है। भारत-पाकिस्तान में विश्व कप क्रिकेट मैच चल रहे थे। मैं एक टीम के साथ रूस में होने के कारण मैचों का आनंद नहीं ले पा रहा था। जिस दिन बंगलौर में भारत-पाकिस्तान का क्वार्टर फाइनल मैच था, हम सब मॉस्को में इसके लिए बड़े व्यग्र थे। उन दिनों इंटरनेट क्रिकेट साइट लोकप्रिय नहीं थे। किसी ने एक दूतावास अधिकारी को कहते सुना कि भारत इस मैच में हार गया। हम सब बहुत उदास हो गए। अगले दिन हम मॉस्को हवाई अड्डे पर डॉ. कलाम की अगवानी करने गए। वह उनकी बहुत कम विदेश यात्राओं में से एक थी। जैसे ही वह विमान से उतरे, उन्होंने ऊँची आवाज में हम सबको बधाई दी। हम समझ नहीं पा रहे थे कि वह इतने खुश क्यों हैं। उन्होंने हमें बताया कि भारत

वह मैच जीत गया। उन्होंने बहुत जीवंतता से वर्णन किया कि किस प्रकार वकार यूनुस के दो ओवरों में जडेजा ने धुआँधार रन बनाए। मैंने उनसे पूछा कि वह इतने विस्तार से कैसे जानते हैं, क्योंकि वह कभी भी मैच नहीं देखते थे। उन्होंने बताया, 'मैं मॉस्को की फ्लाइट पकड़ने से पहले पिछली रात बंगलौर से दिल्ली की यात्रा कर रहा था। मैच चल रहा था और सभी यात्री स्कोर के बारे में जानने के लिए उत्सुक थे। विमान के कप्तान ने जन संबोधन प्रणाली द्वारा नियमित अंतरालों पर स्कोर रिले करने की व्यवस्था की।' डॉ. कलाम इतने प्रसन्न दिख रहे थे जितना वह एक सफल मिसाइल परीक्षण उड़ान के अवसर पर होते। हम जानते थे कि वह क्रिकेट में रुचि रखते हैं। परंतु क्रिकेट में उनकी रुचि की हद उसी दिन प्रकट हुई।

फरवरी 1998 की बात है। मैं डॉ. कलाम के साथ बेलारूस की राजधानी मिंस्क गया था। बेलारूस के वैज्ञानिक समुदाय के साथ डी.आर.डी.ओ. का काफी लंबा संबंध रहा था। यह संबंध उस समय से अनवरत जारी था जब बेलारूस सोवियत संघ का एक भाग था। बेलारूस व भारत सरकार के विज्ञान एवं प्रौद्योगिकी विभाग के सहयोग से हैदराबाद में एक उन्नत शोध केंद्र स्थापित किया गया था। बेलारूस सरकार लंबे समय से अनुरोध कर रही थी कि डॉ. कलाम उनके देश आएँ। इससे पहले बेलारूस की एक वैज्ञानिक प्रदर्शनी भारत में आयोजित की गई थी। वैज्ञानिक सहयोग विकसित हो रहा था। डॉ. कलाम, जो हमेशा विदेश यात्रा से हिचकिचाते थे, ने वहाँ जाकर सहयोग के क्षेत्र को विस्तृत करने की संभावनाएँ तलाश करने का फैसला किया। उन्होंने मुझे अपने साथ चलने को कहा। एक टीम हमसे पहले जा चुकी थी। हम दोनों के साथ राष्ट्रीय मेहमानों जैसा व्यवहार किया गया और हमें एक विशाल कॉम्पलेक्स में ठहराया गया। वहाँ आस-पास कोई नहीं था।

कुछ ही दिनों पहले डॉ. कलाम को भारत का सर्वश्रेष्ठ नागरिक सम्मान 'भारत रत्न' दिया गया था और यह खबर अब भी ताजा थी। उनके लिए लाल कालीन बिछाया गया था। बेलारूस के वैज्ञानिक यह पता लगाने के लिए मुझे कुरेद रहे थे कि हम बेलारूस से प्रौद्योगिकी प्राप्त करने के लिए कितना खर्च करने के इच्छुक हैं ? मैंने उन्हें जवाब दिया कि उचित कीमत पर उचित प्रौद्योगिकी के लिए धन की कोई बंदिश नहीं है। डॉ. कलाम अपने आस-पास अपने सभी मिलनेवालों को सम्मोहित कर रहे थे। वह यात्रा एक बड़ी सफलता थी।

एक शाम को विज्ञान अकादमी ने हाई-टी आयोजित की, जो देर शाम तक टोस्टों व भाषणों के साथ चली। बेचारे डॉ. कलाम को खाने के लिए कुछ भी नहीं

मिला। ब्राउन ब्रेड के साथ कुछ टमाटर तथा खीरों के अलावा एक शाकाहारी के लिए कुछ भी नहीं था। मैंने उपलब्ध सामग्री से अपनी भूख मिटाई, किंतु वह उन्हें नहीं खा सकते थे। इसके अतिरिक्त, लोग डॉ. कलाम पर टूटे पड़ रहे थे। हालाँकि यदि डॉ. कलाम चाहते भी तो उस स्थिति में नहीं खा सकते थे। खैर, हम अपने गेस्ट हाउस में पहुँचे। हमें हाई-टी के लिए बुलाया गया था, इसलिए हमारे लिए रात के भोजन का आदेश नहीं दिया गया था। डॉ. कलाम बहुत भूखे थे। उन्होंने सूप लेने की इच्छा व्यक्त की। यह सुनकर कुक आश्चर्यचकित हो गया। बेलारूस में रात के भोजन के समय कोई सूप नहीं लेता। यह केवल दोपहर के भोजन का अंग माना जाता है। उसने हमें कुछ दही लाकर दिया। मेरे पास कुछ सेब थे, जिन्हें काटकर मैंने उन्हें दिया। उन्होंने आभार जताते हुए उसे स्वीकार किया और कहा, 'आप पर ईश्वर की कृपा रहे।'

अगली सुबह आठ बजे वह सैर पर जाना चाहते थे। इस बात से उन्हें कोई फर्क नहीं पड़ता था कि बाहर का तापमान 0 से 10 डिग्री कम था; उनके लिए सुबह की सैर जरूरी थी। वह बर्फ के ढेर के बीच बगीचे के आस-पास टहले। कोई महिला रास्ते से बर्फ हटा रही थी और नीचे की सख्त बर्फ बहुत फिसलन भरी थी। मैं चिंतित था कि कहीं वह गिर न पड़ें। सौभाग्यवश वह अंदर जाने के लिए सहमत हो गए। उस समय तक एक अन्य अधिकारी डॉ. ए.एस. पिल्लई भी हमारे साथ शामिल हो चुके थे। हमने वह सुरक्षात्मक भारी पोशाक पहने हुए बर्फ के बीच एक तसवीर खिंचवाई।

शाम को हम मॉस्को जाने के लिए मिंस्क से रेलगाड़ी में सवार हुए। उन हिस्सों की यात्रा के लिए अनुभवी यात्रियों के परामर्श के अनुसार मैंने दरवाजे को बंद करने के लिए एक चेन तथा ताला साथ में रख लिया था। हालाँकि वह एक जटिल प्रक्रिया थी। मैंने चाभी अपने पास रखी और हम सो गए। जब मैं सुबह उठा तो पाया कि डॉ. कलाम पहले से ही जगे हुए मेरे जागने का इंतजार कर रहे थे। उन्होंने सौम्यतापूर्वक पूछा कि ताले की चाभी कहाँ है? वह वॉशरूम जाना चाहते थे, परंतु मुझे जगाना नहीं चाहते थे। मैं अपने लिए उनकी इस भावना से अभिभूत हो गया, साथ ही मैं उनकी पहुँच के अंदर चाभी को न रख पाने के लिए स्वयं को मूर्ख-सा महसूस कर रहा था।

यह फरवरी 1997 की बात है। डी.आर.डी.ओ. की हाई परफॉरमिंग सिविल वर्क्स विंग का कोई प्रमुख नहीं था। मई 1996 में मेजर जनरल के.एन. सिंह की सेवानिवृत्ति के बाद कर्नल एन.आर. वेणुगोपाल छह माह के संक्षिप्त समय तक

इसके प्रमुख रहे। विंग की देख-रेख के लिए डॉ. कलाम को किसी को नामांकित करना था। इसके कई इच्छुक उम्मीदवार थे। बहरहाल, डॉ. कलाम ने एक रात लगभग ग्यारह बजे (यह उनके लिए कोई असामान्य समय नहीं था) मुझे फोन किया और पूछा कि क्या वित्तीय सलाहकार के अपने कार्य के अतिरिक्त मैं इस इकाई का प्रभार लेने का इच्छुक हूँ? वर्क्स विंग डी.आर.डी.ओ. की सभी परियोजनाओं के साथ संबद्ध था। वह नए लोगों को उसमें शामिल नहीं करना चाहते थे। चूँकि वित्तीय दृष्टि से मैं सभी परियोजनाओं में शामिल था, अतः उन्हें लगा कि वर्क्स विंग की प्रमुखता करने के लिए मुझे नियुक्त करना उचित रहेगा। आरंभ में मैं कुछ झिझक रहा था, क्योंकि यह नियुक्ति वित्तीय सलाहकार के रूप में मेरे दायित्वों में बाधक हो सकती थी। इस संबंध में मैंने अपने बॉस, रक्षा सेवाओं के वित्तीय सलाहकार श्री चेत सिंह से संपर्क किया और उनसे सलाह-मशवरा किया। उन्होंने भी महसूस किया कि अपने वित्तीय दायित्वों के साथ एक कार्यकारी दायित्व सँभालना मेरे लिए उचित नहीं होगा। परंतु उन्होंने यह कहते हुए मुझे यह दायित्व स्वीकार करने की सलाह दी, 'डॉ. कलाम जानते हैं कि वह क्या कर रहे हैं। इससे यह प्रमाणित होता है कि आपमें उनका कितना विश्वास है। उन्हें आपकी आवश्यकता है। आपको इनकार नहीं करना चाहिए।' इस क्षमता में, मुझे प्रत्यक्ष रूप से कई तकनीकी परियोजनाओं को सँभालना था और कई तकनीकी निर्णय लेने थे। उन्होंने हमेशा पूर्णरूप से मेरा सहयोग किया और मेरे निर्णयों का समर्थन किया। मैं बड़े आत्मविश्वास के साथ सब उत्तरदायित्वों के साथ एक तकनीकी कार्य सँभाल सकता था। उनके विश्वास ने ही मेरे आत्मविश्वास को और अधिक दृढ़ किया।

अपने वित्तीय सलाहकारों की नकारात्मक प्रवृत्तियों की शिकायत करनेवाले वैज्ञानिक विभागों के अन्य सचिवों के सामने डॉ. कलाम एक आदर्श वित्त अधिकारी के रूप में मेरा उल्लेख करते थे। परंतु यह एक सीमा के बाद बहुत उलझन उत्पन्न करनेवाला हो गया। यह समझा जाता है कि यदि कार्यकारी अधिकारी एक वित्त अधिकारी की प्रशंसा करता है तो इसका अर्थ है कि वह उचित तरीके से कार्य नहीं कर रहा है। वह चाहते थे कि मैं वित्त से संबंधित अपने अनुभवों को लिखता रहूँ। इसलिए जब मैंने 'कॉन्ट्रेक्ट मैनेजमेंट' पुस्तक लिखी और उनसे इसका लोकार्पण करने का अनुरोध किया तो वह तुरंत तैयार हो गए। उस समय तक वह चेन्नई के लिए स्थानांतरित हो चुके थे। इस उद्देश्य के लिए वह विशेष रूप से दिल्ली आए। लोगों को प्रोत्साहित करने का यह उनका अपना तरीका था।

डॉ. कलाम के डी.आर.डी.ओ. छोड़ने से तुरंत पहले नवंबर 1999 में जब मैंने डी.आर.डी.ओ. छोड़ा तो उन्होंने मेरे लिए आयोजित विदाई समारोह में मेरे योगदान को सार्वजनिक रूप से स्वीकार किया। मुझे 'डॉक्टर ऑफ साइंस' की मानद उपाधि दी गई। मैं डॉ. कलाम के साथ अपनी और अधिक कहानियों का जिक्र नहीं करना चाहता। यह कहना पर्याप्त है कि डॉ. कलाम के व्यक्तित्व के कई पहलुओं को बहुत नजदीकी से देखने के बाद मैंने उनके व्यक्तित्व में उनके मानवीय गुणों को सबसे महत्त्वपूर्ण पाया।

वास्तव में यदि डॉ. कलाम के एक सबसे अधिक विशिष्ट गुण का उल्लेख करना हो तो मैं बिना किसी झिझक के उनकी मानवीयता का उल्लेख करूँगा। उनकी सभी वैज्ञानिक उपलब्धियों को हटा दिया जाय, तो भी वे एक बहुत अच्छे मनुष्य के रूप में याद किए जाएँगे। यह एक ऐसा पक्ष है जो डॉ. कलाम के साथ पहली मुलाकात में ही लोगों को सम्मोहित करता है। वह ईमानदारी से दूसरों के बारे में सोचते हैं। उनके द्वारा दिखाई गई संवेदनाएँ सुस्पष्ट होती हैं; हम उनके द्वारा उत्पन्न स्पंदन में इसे महसूस कर सकते हैं। गरीब लोगों की दुर्दशा हमेशा उन्हें कुछ करने के लिए उकसाती है। 'बेचारा! हमें उसके लिए कुछ करना चाहिए', यह उनका एक सामान्य उद्‍गार है। परंतु वह भीख देने में विश्वास नहीं करते। वह लोगों को आत्मसम्मान के साथ अपना जीवन बिताने का एक अवसर देना चाहते हैं।

जब मैं उनकी मानवीयता के विषय में बात करता हूँ तो मेरे दिमाग में कई घटनाएँ चलचित्र की भाँति घूम जाती हैं। डॉ. कलाम की इस विशेषता पर पर्याप्त रोशनी डालने के लिए मैं यहाँ कुछ घटनाओं का विवरण प्रस्तुत करना चाहता हूँ, जो सन् 1993 से उनके साथ मेरी संबद्धता के दौरान घटित हुईं।

सन् 1995 की वर्षा ऋतु में व्यास नदी अनियंत्रित हो गई और उसने मनाली में अपनी धारा बदल ली। मध्य रात्रि में नदी स्नो एंड एवलैंच स्टडीज नामक डी.आर.डी.ओ. की प्रयोगशाला से होकर बहने लगी। इससे व्यापक क्षति हुई। कई महँगे उपकरण तथा मूल्यवान् आँकड़े नष्ट हो गए। इमारतों को अपूरणीय क्षति पहुँची। स्टाफ क्वार्टर भी प्रभावित हुए और कर्मियों ने लगभग अपना सबकुछ खो दिया। इसके तुरंत बाद डॉ. कलाम ने घटनास्थल का दौरा किया और प्रभावित लोगों को सांत्वना दी। उन्होंने आश्वासन दिया कि वह नष्ट संपत्ति की आंशिक भरपाई के लिए कुछ मौद्रिक मुआवजे की व्यवस्था करने का हरसंभव प्रयास करेंगे। दिल्ली लौटने पर उन्होंने अपने वित्तीय सलाहकार के रूप में मुझसे मुआवजे के लिए कोष उपलब्ध कराने को कहा। दुर्भाग्यवश सरकारी नियमों में संपत्ति के

नुकसान के लिए कर्मियों को मुआवजा देने का कोई प्रावधान नहीं है। कुछ मात्रा में बाढ़ राहत दिया जा सकता है, जिसे किस्तों में चुकाना पड़ता है। फिर डॉ. कलाम ने प्रभावित व्यक्तियों को कुछ मुआवजा दिलाने का भार अपने ऊपर लिया। उसके बाद वह प्रधानमंत्री नरसिंह राव, जो रक्षा मंत्री भी थे, से मिले और मुआवजे के तौर पर कुछ रकम देने का अनुरोध किया। प्रधानमंत्री ने राष्ट्रीय रक्षा कोष (नेशनल डिफेंस फंड) के प्रबंध-निकाय (गवर्निंग बॉडी) की एक विशेष बैठक बुलाई और एक विशेष मामले के तौर पर बीस लाख रुपए मंजूर करवाए।

11 जनवरी, 1999 को शाम पाँच बजे रक्षा शोध परिषद् की बैठक चल रही थी। मुख्य नियंत्रक डॉ. आत्रे के निजी सचिव ने अंदर आकर उन्हें एक महत्त्वपूर्ण टेलीफोन कॉल आने की सूचना दी। डॉ. आत्रे कॉल सुनने के बाद निस्तेज चेहरे के साथ वापस आए और प्राप्त संदेश के बारे में सूचना देने के लिए डॉ. कलाम को एक ओर ले गए। ऊपर छतरीनुमा रोटोडोमवाला एक शोध विमान (रिसर्च एयरक्राफ्ट) एरोकोनम नेवल बेस पर लौटते समय दुर्घटनाग्रस्त हो गया था। इस दुर्घटना में चार वैज्ञानिकों तथा चार वायुसेना अधिकारियों की मृत्यु हो गई थी। चारों ओर दुःख का माहौल था। डॉ. कलाम ने तुरंत आदेश दिया कि वरिष्ठ अधिकारियों की एक टीम दुर्घटना-स्थल पर पहुँचने के लिए चेन्नई के लिए रवाना हो जाए। बंगलौर से डायरेक्टर भी घटनास्थल की ओर रवाना हुए। डॉ. कलाम स्वयं अगली सुबह प्रभावित परिवारों को सांत्वना देने के लिए बंगलौर गए। वह बिलकुल टूट गए थे। हमने एक एयरक्राफ्ट खो दिया और एक महत्त्वपूर्ण चरण में एक बहुत महत्त्वपूर्ण कार्यक्रम विफल हो गया। किंतु इससे वह निराश नहीं थे, जितने वह अपने कुछ बेहतरीन लोगों को खो देने पर दुःखी थे। वह जान की क्षति को दुर्घटना का सबसे गंभीर परिणाम बताते रहे। दिल्ली लौटने पर वह बिना थके तुरंत प्रभावित परिवारों को मुआवजा देने के काम में जुट गए और उन परिवारों के सदस्यों को योग्य होने की स्थिति में संवेदनात्मक आधार पर रोजगार का प्रस्ताव दिया।

श्री एच.एम.एल. नरेंद्रजी, गैस टरबाइन रिसर्च स्टेबलिशमेंट (जी.टी.आर.ई.) में सेवारत थे और उन्हें नवंबर-दिसंबर 1998 के दौरान इंस्टीट्यूट ऑफ टेक्नोलॉजी मैनेजमेंट (आई.टी.एम.), मसूरी में एक कोर्स के लिए तैनात किया गया था। उस कोर्स में शामिल होने के दौरान 3 दिसंबर की रात को वह 'सब एरेक्नॉयड हैमरेज' से पीड़ित हो गए। उन्हें तत्काल हिमालयन इंस्टीट्यूट ऑफ मेडिकल साइंसेज, देहरादून में भरती कराया गया। डॉ. कलाम को सूचित किया गया और रक्षा शोध व विकास संगठन (डिफेंस रिसर्च एंड डेवलपमेंट ऑर्गेनाइजेशन) द्वारा आवश्यक

व्यवस्थाएँ की गईं, ताकि उनके पारिवारिक सदस्य देहरादून पहुँच सकें। हिमालयन इंस्टीट्यूट ऑफ मेडिकल साइंसेज के चिकित्सकों के सुझाव पर श्री नरेंद्रजी को उत्तम चिकित्सा के लिए दिल्ली ले जाना आवश्यक माना गया। चूँकि समय व्यर्थ नहीं किया जाना था और परिवहन के अन्य साधनों जैसे रेल तथा सड़क यातायात की सलाह नहीं दी गई थी, जी.टी.आर.ई. के निदेशक ने श्री नरेंद्रजी को दिल्ली ले जाने के लिए संभावित साधनों पर डॉ. कलाम से बात की। उस समय डॉ. कलाम एयरो इंडिया के उद्घाटन समारोह में थे। अपनी नेतृत्व क्षमता को प्रदर्शित करते हुए उन्होंने तत्काल अधिकारी को हेलीकॉप्टर से दिल्ली ले जाने का फैसला किया। उन्होंने अपने व्यक्तिगत हस्तक्षेप द्वारा वहाँ उपस्थित रक्षा मंत्री से भारतीय वायुसेना के हेलीकॉप्टर का एयर क्लीयरेंस प्राप्त किया। यह साथी अधिकारियों के साथ डॉ. कलाम के व्यक्तिगत संबंधों तथा उनकी क्षमता को दरशाता है। चाहे तकनीकी भागीदारी हो या सामाजिक, वह हमेशा आवश्यकताओं को पूरा करने के लिए सबसे ऊपर उठकर नेतृत्व करते रहते थे। उन्होंने इस घटना के सूक्ष्म विवरणों पर भी ध्यान दिया और कोई भी आवश्यकता पड़ने पर विशेषज्ञ सैन्य चिकित्सा अधिकारियों को तैनात रखने पर पूरा ध्यान दिया। डॉ. कलाम ने व्यक्तिगत रूप से श्री नरेंद्रजी और उनके पारिवारिक सदस्यों की मदद तथा देखभाल के लिए डी.आर.डी.ओ. के वरिष्ठ अधिकारियों को भी नियुक्त किया। उन्होंने आश्वासन दिया कि आवश्यक वित्तीय सहयोग दिया जाएगा। अपनी व्यस्तता के बावजूद वह दैनिक आधार पर अधिकारी के स्वास्थ्य की जानकारी लेते रहते थे और डी.आर.डी.ओ. परिवार के प्रति अपनी चिंता दरशाते हुए परिवार के सदस्यों से मिलते रहते थे।

बहरहाल, समय पर चिकित्सकीय देखभाल के बावजूद 10 दिसंबर, 1998 को श्री नरेंद्रजी का देहांत हो गया। उनके पार्थिव शरीर को बंगलौर ले जाने के लिए डी.आर.डी.ओ. मुख्यालय द्वारा आवश्यक व्यवस्थाएँ की गईं। श्री नरेंद्रजी के परिवार को लिखे सांत्वना-पत्र में डॉ. कलाम ने इन शब्दों का उल्लेख किया—'कृपया किसी सहयोग की आवश्यकता पड़ने पर मुझे लिखने में न हिचकिचाएँ।' परिवार के सदस्य डॉ. कलाम की व्यक्तिगत चिंता तथा ध्यान से बहुत अभिभूत हुए और यह मत अभिव्यक्त किया कि वह सरल, बहुत स्नेहिल, हमेशा ताजगी से भरे तथा प्रेरक थे।

किरगिस्तान में तारपीडो परीक्षणों के लिए टीम के साथ काम कर रहे एन.एस.टी.एल. विशाखापत्तनम के एक अधिकारी को सिर में भयंकर दर्द हो

गया। वह अपना सिर कसकर पकड़े हुए जमीन पर गिरकर अचेत हो गए। तुरंत कंपनी के चिकित्सकों को बुलाया गया। डॉक्टरों ने पाया कि अधिकारी का रक्तचाप खतरनाक स्तर पर पहुँच गया था। अधिकारी को काराकोल सिटी अस्पताल में भरती कराया गया, जहाँ उन्हें वेंटिलेशन पर रखा गया।

एन.एस.टी.एल. के निदेशक ने डॉ. कलाम को इस घटना की जानकारी दी और प्रतिदिन चिकित्सा की प्रगति के बारे में उन्हें सूचना देते रहे। डॉ. कलाम का स्पष्ट निर्देश था कि प्रक्रियाओं तथा आधिकारिक औपचारिकताओं पर ध्यान दिए बिना जीवन बचाने का हर संभव प्रयास किया जाय। बिशकेक (किरगिस्तान की राजधानी) के अस्पतालों के सर्वश्रेष्ठ कॉर्डियोलॉजिस्टों तथा न्यूरोलॉजिस्टों को बुलवाया गया, ताकि अधिकारी को अच्छी चिकित्सा-सेवा उपलब्ध कराई जा सके। बिशकेक स्थित दूतावास को भी ऐसे ही आदेश दिए गए।

स्थानीय विशेषज्ञों के अलावा भारत से विशेषज्ञ मँगाने की भी व्यवस्था की गई। मरीज को हेलीकॉप्टर द्वारा कॉर्डियोलॉजिस्टों तथा न्यूरोलॉजिस्टों की देखरेख में और वेंटीलेटर अटैचमेंट के साथ काराकोल अस्पताल से बिशकेक मुख्य अस्पताल ले जाया गया। संगठन द्वारा उनकी जान बचाने का हरसंभव प्रयत्न करने के बाद भी इक्कीस दिनों बाद उनकी मृत्यु हो गई।

उनके शव को भारत ले जाने में समस्या थी, क्योंकि अगले दो दिनों तक वहाँ से भारत जानेवाली कोई उड़ान नहीं थी। शव को वहाँ से भारत ले जाने की औपचारिकताएँ भी बहुत जटिल थीं। शव का पोस्टमार्टम होना था, फिर शव पर रसायनों का लेप किया जाना था। परिवहन के लिए अंतरराष्ट्रीय मानकों के अनुसार सील किया जाना था और मेडिकल प्रमाण-पत्र हासिल करने के बाद कि मरीज को कोई संक्रामक रोग नहीं था, कस्टम क्लीयरेंस लिया जाना था। उसे बिशकेक से मॉस्को, मॉस्को से दिल्ली और दिल्ली से विशाखापत्तनम लाना था। चूँकि दिल्ली से विशाखापत्तनम की कोई सीधी उड़ान नहीं थी, शव को वायु मार्ग द्वारा भुवनेश्वर लाकर वहाँ से सड़क मार्ग द्वारा विशाखापत्तनम लाना था, इसके लिए मॉस्को और दिल्ली में शव के परिवहन तथा भुवनेश्वर से सड़क परिवहन के लिए व्यवस्थाएँ की जानी थीं। और ये सभी व्यवस्थाएँ तीन घंटे के अंदर की जानी थीं। डॉ. कलाम ने स्वयं मॉस्को में भारतीय राजदूत रोनेन सेन से आवश्यक मदद उपलब्ध कराने के लिए बातचीत की। शव की इतनी लंबी प्रतीक्षा करने की रिश्तेदारों की तकलीफ को समझते हुए उन्होंने शव को सीधे दिल्ली से विजाग ले जाने के लिए वायुसेना के विमान की व्यवस्था की। यह डॉ. कलाम के साथ काम

करनेवाले लोगों तथा उनके परिवारों के लिए उनकी चिंता को दरशाता है।

डॉ. कलाम अपने अधीनस्थ सहयोगियों की आवश्यकताओं के प्रति बहुत संवेदनशील हैं। अन्य वैज्ञानिक विभागों की तरह डी.आर.डी.ओ. में अपनी बारी आने पर योग्य पाए जाने पर वैज्ञानिकों को पदोन्नति मिलती है, चाहे स्थान रिक्त हो या नहीं। पद उस ग्रेड में परिवर्तित हो जाते हैं जिसमें वैज्ञानिकों की पदोन्नति होती है। इसे फ्लेक्सिबल कॉम्पिलमेंटिंग सिस्टम (एफ.सी.एस.) कहा जाता है। बहरहाल, आम धारणा के विपरीत, डी.आर.डी.ओ. में पदोन्नति बहुत कठिन है; क्योंकि वैज्ञानिक को एक स्वतंत्र आकलन बोर्ड के सामने प्रस्तुत होने से पहले पूरी तरह खुद को तैयार करना पड़ता है। अधिकारी कैडर के नीचे तकनीकी स्टाफ के लिए एफ.सी.एस. लागू नहीं था। डी.आर.डी.ओ. सरकार में संबंधित मंत्रालयों के साथ इस मामले पर चौदह वर्षों से बिना सफलता के तर्क कर रहा था कि उन्हें भी इन लाभों का भागीदार बनाया जाए। जब डॉ. कलाम रक्षा मंत्री के वैज्ञानिक सलाहकार बने तो उन्होंने इसकी स्वीकृति प्राप्त करने की चुनौती अपने ऊपर ली। जब मैं उनके वित्तीय सलाहकार के रूप में नियुक्त हुआ तो मुझे सौंपा जानेवाला यह पहला दायित्व था। वास्तव में वह इसके लिए कार्य करने का दबाव डालने के लिए उनके कमरे में आए। उन्होंने कहा, 'यह उचित नहीं है कि अधिकारी ऐसे लाभ का आनंद उठाएँ जो उनके अधीनस्थ सहयोगियों-कर्मचारियों को उपलब्ध नहीं है। प्रणालियों के विकास में उनकी भी महत्त्वपूर्ण भूमिका है। हमें इसकी स्वीकृति प्राप्त करने के लिए हर संभव प्रयत्न करना चाहिए। आप मुझे बताएँ कि मुझे किससे मिलना चाहिए। मैं ऐसा ही करूँगा।' इस मामले को सभी स्तरों पर उठाया गया और आखिरकार सरकार ने अधिकारी स्तर के नीचे के तकनीकी स्टाफ के लिए इस योजना को स्वीकृति दे दी। डॉ. कलाम आत्मसंतुष्टि से दमक रहे थे। स्टाफ के निचले वर्ग के लिए उनकी चिंता इतनी अधिक थी कि वह पूरे समर्पण के साथ इस मामले में लगे रहे।

डॉ. कलाम भारत में संयोजित पदार्थों के इस्तेमाल के मार्गदर्शक हैं। ये पदार्थ बहुत मजबूत और हलके होते हैं तथा अंतरिक्ष व एयरक्राफ्ट प्रयोग के लिए आदर्श होते हैं। कार्बन-कार्बन फाइबर को इस्तेमाल करने के लिए पहला प्लांट उनके द्वारा त्रिवेंद्रम में स्थापित किया गया, जब वह अंतरिक्ष विभाग में काम कर रहे थे। बाद में जब उन्होंने भारी कृत्रिम पैर लगे हुए पोलियो प्रभावित बच्चों की तकलीफ देखी, तो उन्हें लगा कि संयोजित पदार्थों से बना हुआ एक फ्लोर रिएक्शन ऑर्थोसिस (एफ.आर.ओ.) काफी हलका होगा। जयपुर के डॉ. पी.के. सेठी ने पहली बार

भारत में एफ़.आर.ओ. का प्रयोग शुरू किया। उन्होंने पोलियो रोगियों की दीर्घ काल तक उपयोगी सेवा की है। डॉ. कलाम ने डिफेंस प्रौद्योगिकी को इस्तेमाल करने की क्षमता को पोलियो प्रभावित बच्चों के लिए लाभदायक पाया। उन्होंने तत्काल एफ.आर.ओ. के बड़ी संख्या में निर्माण का आदेश दिया, ताकि पीड़ित बच्चों का दर्द कुछ कम किया जा सके। इसके लिए डिजाइन और विकास की लंबी प्रक्रिया के बाद विस्तृत परीक्षण की आवश्यकता थी। डॉ. कलाम ने विकास के प्रत्येक चरण में नजदीकी से परियोजना का पर्यवेक्षण किया। इसका परिणाम हुआ संयोजित पदार्थों से बने एफ.आर.ओ. का पूर्ण विस्तार। सामाजिक कल्याण विभाग ने इस उत्पाद की उपयोगिता पर ध्यान दिया और उसके इस्तेमाल को सक्रियता से प्रचारित किया। संयोजित एफ.आर.ओ. का भार केवल 300 ग्राम होता है, जबकि इसके पहले इस्तेमाल होनेवाले लकड़ी से बने पारंपरिक कृत्रिम पैर बहुत भारी होते थे। चूँकि इसे अधिक संख्या में निर्मित किया जा सकता है, अत: लगभग पच्चीस लाख की जरूरत को सीमित समयावधि में पूरा किया जा सकता है। अब तक लगभग दो हजार मरीज इन एफ.आर.ओ. से लाभान्वित हुए हैं।

सन् 1994 में चाँदीपुर अंतरिम परीक्षण रेंज की अपनी एक यात्रा के दौरान डॉ. कलाम नजदीकी शहर बालासोर गए और डी.आर.डी.ओ. में विकसित किए गए संयोजित एफ.आर.ओ. वितरित किए। उन्होंने एक कोने में उदास बैठी हुई सात वर्षीया एक लड़की को देखा। कारण यह था कि उसे कैलिपर पहनने के लिए एक दोष-सुधार सर्जरी की आवश्यकता थी। केवल वही बच गई थी। डॉ. कलाम ने तत्काल हैदराबाद में निजाम अस्पताल में उसके लिए ऑपरेशन की आवश्यक व्यवस्था की। उन्होंने सुनिश्चित किया कि उस पर विशेष ध्यान दिया जाए। छह माह बाद बालासोर की अपनी अगली यात्रा के दौरान वह यह देखकर प्रसन्न हुए कि उस लड़की ने गर्व से अपने कैलिपर पहने हुए थे। डॉ. कलाम ने व्यक्तिगत रूप से यात्रा तथा ऑपरेशन से संबंधित पूरे खर्च का भुगतान किया। लड़की के चेहरे की मुसकराहट ने उनका दिन सार्थक कर दिया।

'भवन्स जर्नल' (31 जुलाई, 2002) में श्री बी.एम. हेगड़े लिखते हैं कि वह विज्ञान के भविष्य पर एक परिचर्चा में डॉ. कलाम के साथ मंच पर उपस्थित थे। श्री हेगड़े ने 'चिकित्सकीय देखभाल बनाम स्वास्थ्य देखभाल' पर भाषण दिया और यह निष्कर्ष निकाला कि यदि घर के अंदर मूलभूत सुविधाएँ, जैसे साफ पेयजल, अदूषित भोजन, स्वच्छ शौचालय तथा खाना पकाने में धुएँ से बचाव आदि उपलब्ध कराया जाए तो लोगों के स्वास्थ्य में स्वत: सुधार आ सकता है।'

वह लिखते हैं, 'मेरे भाषण को सुनने के बाद डॉ. अब्दुल कलाम मेरे पास आए और कहा कि जब मैं बोल रहा था तो उनकी आँखों में लगभग आँसू ही आ गए थे; क्योंकि वह रामेश्वरम में अपने गाँव के दृश्य में यही तसवीर देख रहे थे। वह चाहते थे कि मैं इस बारे में कुछ करूँ और वह किसी संभव तरीके से मेरी मदद करेंगे।'

उनके बारे में जो पहलू सबसे कम प्रचारित है, वह है उनकी उदारता या परोपकार की भावना। उनके द्वारा लिखित पुस्तकें बहुत सफल रही हैं। वह अपनी रॉयल्टी की आय का अधिकांश हिस्सा योग्य स्वयंसेवी संस्थानों को दे देते हैं। मदर टेरेसा द्वारा स्थापित सिस्टर्स ऑफ चैरिटी उनमें से एक है। मदर के निस्स्वार्थ त्याग तथा गरीबों के लिए उनकी करुणा के कारण डॉ. कलाम के दिल में मदर के लिए बहुत सम्मान तथा श्रद्धा थी (जब वह बीमार थीं तो डॉ. कलाम ने एक कविता की रचना कर डाली थी)।

भारतीय विज्ञान तथा प्रौद्योगिकी में उनके योगदान के लिए उन्हें कई पुरस्कार दिए गए हैं। इनमें से कुछ पुरस्कारों के साथ कुछ नकद राशि भी थी। वह इन पुरस्कार राशियों को परोपकार के कार्यों के लिए अलग रखते रहे हैं।

फरवरी 2000 में उन्होंने मुझे परामर्श के लिए बुलाया। उनके सेवानिवृत्ति लाभ उन्हें प्राप्त हो गए थे। वह कोषों का प्रयोग करने के बारे में विचार-विमर्श करना चाहते थे। अन्य लोग, जो यह सलाह चाहते हैं कि बुद्धिमत्तापूर्ण निवेश द्वारा कैसे लाभ को अधिक किया जा सके, मुझसे उपयुक्त स्वयंसेवी संगठनों के बारे में सुझाव चाहते थे, जहाँ वे अपनी बचत का इस्तेमाल कर सकें। उन्होंने मुझसे कहा, 'मेरी आवश्यकताएँ बहुत कम हैं। मुझे इस सारी रकम की आवश्यकता नहीं है। इन्हें अच्छे कार्य के लिए इस्तेमाल किया जाना चाहिए। मैं गरीब बच्चों तथा बुजुर्ग लोगों के कल्याण के लिए काम करनेवाले संगठनों को यह रकम देना चाहता हूँ।' पीड़ितों तथा असहायों के लिए उनकी चिंता तथा अपने सेवानिवृत्ति-लाभों का कुछ अंश इस उद्देश्य के लिए देने की आतुरता को देखकर मैं अत्यंत अभिभूत हो गया।

उनके विकसित भारत के विचार को आकार देने के लिए एक संस्था बनाई गई है, जिसके अध्यक्ष डॉ. कुरियन हैं और कई महत्त्वपूर्ण लोग इसके सदस्य हैं। डॉ. कलाम ने अपने व्यक्तिगत योगदान के रूप में मूल धन दिया है। विकसित फाउंडेशन भारत को तीव्र गति से विकसित होने में मदद देने के लिए सरकारी काररवाइयों का सहयोग करने का एक निजी प्रयास है।

आपदा प्रबंधन

जब-जब देश में प्राकृतिक आपदाएँ आईं, तब-तब डॉ. कलाम की मानवीयता एवं करुणा निखरकर सामने आई। वह अन्य मनुष्यों की पीड़ा के विचार मात्र से दु:खी हो जाते हैं। वह प्रभावित लोगों को राहत पहुँचाने के लिए डी.आर.डी.ओ. के नियंत्रण में मौजूद सभी संसाधनों को एकत्रित करते। तैयार भोजन (एक दिन में कुछ टन तैयार किए और परोसे जाते थे), दवाइयाँ, उपग्रह संचार सुविधाएँ, पीने योग्य पानी के लिए वाटर डिसेलिनेशन प्लांट्स, प्रतिरक्षण किट्स और पूर्वनिर्मित टेंट उपलब्ध कराई जानेवाली कुछ आवश्यक राहत सामग्रियाँ हैं। सबसे महत्त्वपूर्ण यह है कि सभी मामलों में डी.आर.डी.ओ. की टीम सबसे पहले घटनास्थल पर पहुँचती थी। यह इसलिए था, क्योंकि ऐसी किसी आपदा के बारे में खबर लगते ही डॉ. कलाम व्यक्तिगत रूप से राहत गतिविधियों की देख-रेख करते थे। बाद में वह स्वास्थ्य की देखभाल तथा विपत्ति के बाद के तनाव को नियंत्रित करने के लिए डॉक्टरों तथा मनोवैज्ञानिकों को भेजते। डॉ. कलाम के कार्यकाल में सात विपत्तियों में डी.आर.डी.ओ. ने अपनी सेवाएँ दीं : जलेश्वर (उड़ीसा) का तूफान; मानसरोवर के रास्ते में मालपा में भूस्खलन; गुजरात का चक्रवात; चमोली का भूकंप; उड़ीसा का भयंकर चक्रवात; भुज, गुजरात का भूकंप तथा लातूर, महाराष्ट्र का भूकंप।

चूँकि कई प्रयोगशालाएँ इसमें शामिल थीं, गतिविधियों के समन्वयन के लिए दिल्ली में एक नियंत्रण केंद्र बनाया गया। यह देखकर आश्चर्य होता था कि आपातकाल के समय मानवीय पुकार पर किस प्रकार प्रयोगशालाएँ सक्रिय होती थीं और एक अंग के रूप में कार्य करती थीं। लोग कई निजी असुविधाओं पर ध्यान नहीं देते थे। यह बात याद रखनी चाहिए कि इन प्रयोगशालाओं को इस प्रकार के राहत कार्य के लिए प्रशिक्षित नहीं किया गया था। डॉ. कलाम ने मेरे क्षीण विरोधों को दरकिनार कर दिया कि डी.आर.डी.ओ. के बजट को ऐसे उद्देश्यों के लिए इस्तेमाल नहीं किया जा सकता और प्रभावित लोगों की देखभाल का जिम्मा सरकार का है, यह मायने नहीं रखता कि किसका बजट शामिल था। उन्होंने महसूस किया कि डी.आर.डी.ओ. को तत्काल राहत पहुँचाने के लिए विभिन्न क्षेत्रों में विशेषज्ञता हासिल करनी चाहिए और उसे लोगों के फायदे के लिए इस्तेमाल किया जाना चाहिए।

हम डॉ. कलाम के नेतृत्व में आपदा प्रबंधन के दो मामलों का उल्लेख यहाँ पर कर रहे हैं।

उड़ीसा चक्रवात : 29 अक्तूबर, 1999 की सुबह एक भयंकर चक्रवात ने उड़ीसा के तट को चपेट में ले लिया। एक सौ पचपन से एक सौ इकसठ मील प्रति घंटा की रफ्तारवाली हवाएँ, भारी वर्षा और समुद्र में तेरह तथा पंद्रह फीट ऊँची लहरों के साथ तूफान आया। पंद्रह लाख लोग प्रत्यक्ष रूप से प्रभावित हुए, बीस लाख से अधिक घर नष्ट हो गए और दस हजार से अधिक लोग मौत के शिकार हुए। डी.आर.डी.ओ. ने राष्ट्रीय स्तर पर आरंभ किए गए चक्रबात राहत कार्यों में बड़े पैमाने पर भाग लिया।

एक प्रमुख संस्थान डिफेंस फूड रिसर्च लेबोरेटरी, मैसूर भूखे तथा बेघर लोगों के बचाव के लिए आगे आया और उसने तूफान प्रभावित क्षेत्रों में साढ़े चार टन खाद्य पदार्थ हेलीकॉप्टरों से गिराया। उसने बड़ी मात्रा में डिहाइड्रेटेड खाद्य पदार्थ भी गिराए। खाद्य पदार्थों के पैकेटों को सैन्य कर्मियों की मदद से गिराया गया या जरूरतमंद लोगों तक पहुँचाया गया। एक साल तक खराब न होनेवाले उपमा मिश्रण, हलवा तथा पुलाव चक्रवात पीड़ितों तक पहुँचाए गए।

डॉ. कलाम के आदेश पर लेबोरेटरी से तीन वैज्ञानिकों की एक टीम ने व्यक्तिगत रूप से भोजन के वितरण का जायजा लेने के लिए चक्रवात प्रभावित क्षेत्र का दौरा किया। आरंभ में डी.एफ.आर.एल. ने खाद्य पदार्थों की आपूर्ति की, क्योंकि चक्रवात प्रभावित क्षेत्रों में पानी दूषित हो चुका था।

डी.आर.डी.ओ. ने चक्रवात से प्रभावित उड़ीसा के जिलों में युद्ध स्तर पर जल के शुद्धीकरण का कार्य शुरू किया। डिफेंस लेबोरेटरी, जोधपुर (डी.एल.जे.) ने तटीय गाँवों में बीस हजार लीटर प्रतिदिन की क्षमतावाले आठ अल्ट्रा वाटर प्यूरीफिकेशन सिस्टम लगाए। इसके अलावा तीस हजार लीटर प्रतिदिन की क्षमता वाला एक इलेक्ट्रोडायलिसिस-आधारित डिसेलिनेशन प्लांट भी स्थापित किया गया। डी.एल.जे. के वैज्ञानिकों तथा तकनीशियनों की एक टीम ने स्थानीय ग्रामीण जल आपूर्ति स्टाफ को वाटर प्यूरीफिकेशन प्लांटों के संचालन तथा रख-रखाव के लिए प्रशिक्षित किया।

नेवल साइंस एंड टेक्नोलॉजिकल लेबोरेटरी (एन.एस.टी.एल.), विशाखापत्तनम चक्रवात राहत कार्यों में योगदान के लिए आया और उसने कंबलों, साड़ियों तथा तिरपालों की खरीद के लिए तीन लाख छब्बीस हजार रुपए दिए। इसके अलावा लेबोरेटरी ने चालीस बोरी चावल तथा बड़ी मात्रा में कपड़े भी दिए। प्रूफ एंड एक्सपेरीमेंटल इसटेब्लिशमेंट (पी.एक्स.ई.), बालासोर ने गंजम जिले में सड़कों को साफ करने के लिए अपनी टुकड़ियाँ भेजीं। इन टुकड़ियों ने ईस्टर्न कमांड के नौ इंजीनियरिंग रेजीमेंट की मदद से बालासोर से सटे इलाकों के तिरपन गाँवों से

बड़ी संख्या में मैरून पड़ गए गाँववालों को बचाया। पी.एक्स.ई. के कर्मियों ने बाढ़ तथा चक्रवात प्रभावित क्षेत्रों के अंदरूनी इलाकों में स्वयंसेवी शिविर लगाए और पेयजल, दवाइयाँ तथा खाद्य पदार्थों के पैकेट वितरित किए।

सितंबर 1993 का लातूर भूकंप : 30 सितंबर, 1993 की सुबह रिएक्टर स्केल पर 6.3 की क्षमतावाले भूकंप ने महाराष्ट्र के लातूर तथा उस्मानाबाद जिलों को अपनी चपेट में ले लिया। तबाही की भयंकरता इतनी थी कि इन दो जिलों के बहुत से गाँवों के मकान पूरी तरह मलबे में बदल गए।

लातूर तथा उस्मानाबाद जिलों में लगभग सात हजार छह सौ लोग भूकंप में अपने प्राण गँवा बैठे। पड़ोसी राज्य कर्नाटक में नौ लोग मारे गए और लगभग सोलह हजार लोग घायल हुए। भूकंप में लगभग तीस हजार मकान नष्ट हो गए।

इस विनाशकारी घटना की सबसे उल्लेखनीय विशेषता यह थी कि गंभीर क्षति (मिजोसेजमल क्षेत्र) की गहनता उस्मानाबाद तथा लातूर जिलों के उमेरगा एवं औसा तालुकाओं के अपेक्षाकृत छोटे क्षेत्र तक सीमित थी। इस क्षेत्र में पच्चीस गाँव पूरी तरह नष्ट हो गए और अट्ठावन गाँवों को गंभीर क्षति पहुँची। कमजोर तथा कच्चे घर पूरी तरह ढह गए। मजबूत तरीके से निर्मित ईंटों के मकानों में भी आंशिक क्षति हुई और दरारें पड़ गईं। कई गाँवों में आर.सी.सी. बीमों एवं स्तंभों में भी दरारें पड़ गईं।

डी.आर.डी.ओ. को अपनी विभिन्न खाद्य प्रौद्योगिकियों का इस्तेमाल करते हुए भारतीय अंतरिक्ष अभियानों, पर्वतारोहण तथा अंटार्कटिक अभियानों और प्राकृतिक आपदाओं से पीड़ितों के लिए सुविधाजनक खाद्य पदार्थ डिजाइन व उन्हें विकसित करने में अनूठी महारत हासिल है। डी.आर.डी.ओ. द्वारा विकसित खाने योग्य तैयार तथा सुविधाजनक खाद्य पदार्थों को भारतीय अंटार्कटिक अभियानों में नियमित रूप से इस्तेमाल किया जाता है। लातूर तथा गुजरात का भूकंप, मालपा व चमोली भूस्खलनों तथा उड़ीसा के चक्रवात की प्राकृतिक आपदाओं के दौरान इस्तेमाल के लिए इन प्रोसेस्ड खाद्य पदार्थों को चुना गया। अस्थायी निवास द्वारा सहयोग करनेवाली लैब, रिसर्च एंड डेवलपमेंट (इंजीनियर्स) द्वारा टेंट स्थापित किए गए। दवाइयों के साथ चिकित्सकों को भेजा गया।

सोसाइटी फॉर बायो-मेडिकल टेक्नोलॉजी : रक्षा प्रौद्योगिकियाँ कई नाजुक प्रौद्योगिकियों जैसे, नियंत्रण तथा मार्गदर्शन, संरचनाएँ, उन्नत सामग्री, टेलीमेटरी, नोदन आदि का एक समूह है। इनमें से कुछ प्रौद्योगिकियाँ समाज के लिए एक

वरदान हैं। वस्तुतः भारत जैसा विकासशील देश केवल समाज के कल्याण के लिए ऐसी प्रौद्योगिकियों का इस्तेमाल नहीं कर सकता है; क्योंकि इनकी लागत काफी हो सकती है। पश्चिमी विश्व, विशेषकर अमेरिका तथा यूरोप में विश्वयुद्धों के दौरान अधिकतम प्रौद्योगिकियों को विकसित किया गया और बाद में इन प्रौद्योगिकियों के लाभ समाज को प्राप्त हुए। भारत भी इस तथ्य का अपवाद नहीं था।

डॉ. कलाम ने समाज को लाभ पहुँचाने के लिए रक्षा प्रौद्योगिकियों के इस्तेमाल के बारे में सोचा। वह नाजुक प्रौद्योगिकियों के क्षेत्र में देश के सामर्थ्य को जानते थे और इसे निर्दोष तरीके से मानवीय लाभों से जोड़ सकते थे। इस उद्देश्य से उन्होंने एक बार निजाम्स इंस्टीट्यूट ऑफ मेडिकल साइंसेज (एन.आई.एम.एस.), हैदराबाद का दौरा किया, जहाँ वह ऑर्थोपेडिक्स के प्रमुख डॉ. बी.एन. प्रसाद से मिले। वहाँ उन्होंने कई पोलियो प्रभावित बच्चों को भारी तथा पारंपरिक कैलिपरों के साथ खुद को घसीटते हुए देखा (इस विषय पर पहले भी चर्चा की जा चुकी है)। उन्होंने महसूस किया कि हलके संयोजित उपकरण इन पोलियो प्रभावित बच्चों को लाभ पहुँचा सकते हैं। बाद में 'पोलीमेरिक कंपोजिट रिहेबिलिएशन एड्स के मानकीकरण तथा उत्पादन' पर एक परियोजना को डिपार्टमेंट ऑफ साइंस एंड टेक्नोलॉजी (डी.एस.टी.) तथा मिनिस्ट्री ऑफ सोशल जस्टिस एंड एंपावरमेंट (एम.एस.जे.ई.) द्वारा कंपोजिट प्रोडक्ट सेंटर (सी.ओ.एम.पी.आर.सी.), हैदराबाद तथा एन.आई.एम.एस. को संयुक्त रूप से स्वीकृत किया गया। इस परियोजना के सफल परिणाम निकले। इसने सोसाइटी फॉर बायोमेडिकल टेक्नोलॉजी (एस.बी.एम.टी.) का आधार तैयार किया।

एस.बी.एम.टी. के निर्माण में डॉ. कलाम का लक्ष्य सामान्य व्यक्ति की पीड़ा कम करना था। एस.बी.एम.टी. और बायोमेडिकल उपकरणों ने महत्त्वपूर्ण सक्षम क्षेत्रों की पहचान की और उसी उद्देश्य से सहायक उपकरण तैयार किए गए। एस.बी.एम.टी. के उद्भव ने सामाजिक लक्ष्यों के लिए बहुत से रक्षा प्रौद्योगिकी क्षेत्रों की पहचान करने में मदद की, जो डी.आर.डी.ओ. की कई प्रौद्योगिकीय समर्थता पर आधारित थे, जिसके इर्द-गिर्द एस.बी.एम.टी. को डिजाइन किया गया था। ये थे—

सामग्री : एक टेक्नोलॉजी डेमोंस्ट्रेटर के रिएंट्री वेइकल के सिरे के लिए मिलिटरी-क्रिटिकल कार्बन-कार्बन प्रौद्योगिकी विकसित की गई। कार्बन की उत्तम बायो-अनुरूपता उसे कृत्रिम मानव हृदय वॉल्व, बोन इंप्लांटों तथा कृत्रिम कूल्हों में

इस्तेमाल के लिए आदर्श बनाती है।

कवचित संरचनाएँ, इंजन ब्लेड आदि में इस्तेमाल होनेवाली धातुओं तथा मिश्रित धातुओं में विशेषज्ञता को कैथीटर तार, गर्भ-निरोधक उपकरण आदि बनाने के लिए इस्तेमाल किया गया।

माइक्रो-प्रोसेसर आधारित प्रणालियाँ तथा सॉफ्टवेयर : इन्हें मुख्यत: मिसाइल ऑन-बोर्ड कंप्यूटरों तथा मल्टीमोड ऑटोमेटिक चेकआउट तथा लॉन्च प्रणालियों में इस्तेमाल के लिए विकसित किया गया था। इन्हें हृदय रोगियों के लिए कार्डिएक पेसमेकरों में इस्तेमाल किया जा सकता है।

मल्टी-चैनल टेलीमेटरी सिस्टम : फ्लाइट में उड़ान के विभिन्न परफॉरमेंस पैरामीटरों के पर्यवेक्षण तथा विवरण एकत्रित करने में मदद करनेवाला टेलीमेटरी सिस्टम, पल्स कोड मोडुलेशन तकनीकों का इस्तेमाल करता है और भरोसेमंद तथा बिलकुल सही डाटा कम्युनिकेशन प्रदान करता है। इस प्रणाली का बायो-टेलीमेटरी के द्वारा गहन चिकित्सा कक्षों (आई.सी.यू.) में रिमोट पेशेंट मॉनिटरिंग सिस्टम (दूर से मरीज पर नजर रखने की प्रणाली) के रूप में इस्तेमाल किया जा सकता है।

एस.बी.एम.टी. का उद्देश्य लोगों की पीड़ा कम करने के लिए उन्हें उचित कीमत पर लाभदायक उत्पाद उपलब्ध कराना था। एस.बी.एम.टी. द्वारा निम्नलिखित बायोमेडिकल उपकरणों को विकसित किया गया।

कार्डिएक पेसमेकर : कार्डिएक पेसमेकर एक इलेक्ट्रिकल सिमुलेटर (विद्युत् अनुकर्ता) है, जो एट्रिआ (हृदय गुहा) या वेंट्रिकल्स (छिद्रों) या दोनों में संकुचन खोजने के लिए निर्दिष्ट लक्षणों की आवृत्ति-युक्त धड़कनें उत्पन्न करता है। वर्तमान में विभिन्न कार्य-क्षमताओं तथा विशेषताओंवाले पेसमेकरों की व्यापक रेंज विश्व बाजार में मौजूद है। परंतु उनकी कीमत अत्यंत ऊँची है, जिसके कारण सामान्य भारतीय को इन मेडिकल प्रौद्योगिकियों का लाभ नहीं मिल पाता। चूँकि यह रोग गरीब और अमीर में भेदभाव नहीं करता, इसलिए एक सामान्य भारतीय के लिए साधारण कीमत पर कार्डिएक पेसमेकर के विकास का फैसला किया गया।

मिसाइलों के लिए ऑनबोर्ड कंप्यूटरों के डिजाइन हेतु विकसित विशेषज्ञता को कार्डिएक पेसिंग हैंडल करने के लिए एक भरोसेमंद, बुद्धिमत्तापूर्ण प्रोसेसिंग सिस्टम विकसित करने के लिए इस्तेमाल किया गया। उड़ान में मिसाइल के

प्रदर्शन की निगरानी के लिए इस्तेमाल किए जानेवाले टेलीमेटरी प्रणालियों को संशोधित करके कार्डिएक पेसमेकर की रिमोट प्रोग्रामिंग हैंडल करने के उपयुक्त बनाया गया। एक बाह्य कार्डिएक पेसमेकर विकसित किया गया और अस्पतालों में रोगियों पर सफलतापूर्वक प्रयोग किया गया।

घरेलू विकसित स्पिन-ऑफ प्रौद्योगिकियों ने कार्डिएक पेसमेकर की सक्षमता या गुणवत्ता से कोई समझौता किए बिना उसकी कीमत को वर्तमान बाजार मूल्य से लगभग एक चौथाई नीचे लाना संभव बना दिया है।

इंट्रावेसकुलर स्टेंट : चिकित्सा में इस्तेमाल किए जानेवाले सभी स्थायी स्टेंट मिश्रित धातुओं से बने होते हैं। स्वयं फैलनेवाले स्टेंटों में स्प्रिंग जैसी धातुओं को इस्तेमाल किया जा सकता है और विकृत होनेवाले मिश्रित धातु गुब्बारे की तरह फैलनेवाले स्टेंटों में बदल सकते हैं।

सभी उपलब्ध नए एंजियोप्लास्टी तकनीकों में स्टेंट सबसे अधिक लाभदायी है। स्टेंट एंजियोप्लास्टी के बाद के अवरोधों को समाप्त कर सकते हैं और एंजियोप्लास्टी के परिणामों को बेहतर कर सकते हैं। फर्स्ट जेनरेशन स्टेंटों के सब एक्यूट थ्रोमबॉटिक क्लोजर दर अब भी बहुत उच्च हैं; हिपेरिन तथा वारफेरिन के साथ आक्रामक व्यवस्थित एंटीकॉगुलेशन (रक्त को थक्का बनने से रोकना) अवरोधन दर को घटाते हैं, लेकिन उसे समाप्त करने में सफल नहीं होते।

डिफेंस मेटालर्जिकल रिसर्च लेबोरेटरी (डी.एम.आर.एल.), हैदराबाद ने स्टेंट का विकास और उत्पादन किया है और उसे 'राजू-कलाम स्टेंट' नाम दिया गया है। इसे मिश्रित धातु से बनाया गया है और एंजियोप्लास्टी द्वारा धमनियों को साफ करने के लिए इस्तेमाल किया जाता है। यह एयरो स्पेस उपकरणों में इस्तेमाल होनेवाला एक धातुकर्म का स्पिन-ऑफ उत्पाद है। अधिक मात्रा में उत्पादन के लिए इसकी प्रौद्योगिकी को निजी उद्योग को हस्तांतरित कर दिया गया है।

अनामिका : यह इमेज प्रोसेसिंग टेक्नोलॉजी का एक स्पिन ऑफ उत्पाद है। यह सॉफ्टवेयर डी.आर.डी.ओ. की एक प्रयोगशाला 'अनुराग' में विकसित की गई थी। यह सॉफ्टवेयर मानव शरीर की इमेजिंग में मदद करती है और इससे सी.टी. स्केन जैसे इमेज उत्पन्न किए जा सकते हैं।

साइटोस्केन : साइटोस्केन, सिग्नल प्रोसेसिंग तथा इमेज प्रोसेसिंग प्रौद्योगिकी का एक उत्पाद है जिसे मिसाइल में लक्ष्य की पहचान तथा अंतर्रोधन के लिए इस्तेमाल

किया जाता है। इसे मानव शरीर में बीमारियों, जैसे ट्यूमर के निदान के लिए, इस्तेमाल किया जाता है। इस प्रक्रिया में प्रभावित ऊतक या कोशिका को निकाल लिया जाता है और एक माइक्रोस्कोप में देखा जाता है, जिसे बेहतर निदान के लिए आवर्द्धित रूप में देखने के लिए एक कंप्यूटर मॉनीटर से जोड़ दिया जाता है।

डेंटल इंप्लांट (दंत रोपण) : इंप्लांट ऐसे लोगों के लिए उपयोगी होते हैं जिन्होंने अपने सारे दाँत खो दिए हों या पारंपरिक नकली दाँत लगाने में असमर्थ हों या चोट अथवा बीमारी के कारण उनके दाँत वाहक ऊतक इतने हों कि नकली दाँत नहीं लगाए जा सकते। इंप्लांट के लिए टिटैनियम या सिंथेटिक सामग्री का प्रयोग किया जा सकता है। घरेलू डिजाइन पर आधारित, उपयुक्त सर्जिकल टूल किट के साथ संयोजित डेंटल इंप्लांट स्क्रू सफलतापूर्वक विकसित किए गए। इस विकास ने भारत के लोगों पर बहुकेंद्रीय परीक्षणों का रास्ता सुगम बनाया है।

दृष्टि : दृष्टि-1064 नामक एक नेत्र संबंधी लेजर फोटो डिसरप्टर विकसित किया गया और उसे कैप्सूलोटोमी तथा इरिडोटोमी के लिए इस्तेमाल किया जाता है। पहले में, दृष्टि बहाल करने के उद्देश्य से एक केंद्रीय मार्ग बनाने के लिए मोतियाबिंद सर्जरी के बाद बनी झिल्ली में एक चीरा लगाया जाता है। इरिडोटॉमी एक ऐसी प्रक्रिया है, जिसमें इसी लेजर को आयरिस में एक छिद्र बनाकर तरल पदार्थ के बाह्य प्रवाह के लिए एक वैकल्पिक रास्ता बनाने के लिए इस्तेमाल किया जाता है, इस प्रकार ग्लोकोमा के मामलों में नेत्र के अंदर का दबाव कम किया जाता है। सौ से अधिक कैप्सूलोटोमी तथा इरिडोटॉमी करके दृष्टि-1064 के प्रारूप का मूल्यांकन किया गया।

रक्षा प्रौद्योगिकी में इस्तेमाल के लिए लेजर के क्षेत्र में महत्त्वपूर्ण प्रौद्योगिकीय विशेषज्ञता ने साधारण व्यक्ति के लिए इस हाई-टेक उपकरण का इस्तेमाल सफल बनाया। इस उपकरण की कीमत आयातित उपकरण से एक-तिहाई कम है।

इंट्रा यूटेरीन कांट्रेसेप्टिव डिवाइस (आई.यू.सी.डी.) : आई.यू.सी.डी. एक ऐसा यांत्रिक उपकरण है, जिसे गर्भ-धारण से बचाव के लिए गर्भाशय में स्थापित किया जाता है। इसमें बेरियम सल्फेट मिलाया हुआ कम घनत्व का पोलिइथलिन 'टी' और गर्भनिरोधक उपकरण तथा 'टी' के चारों ओर बँधा हुआ उच्च शुद्धता वाला ताँबे का पतला तार शामिल है। इस प्रौद्योगिकी को विशिष्ट धातुकर्म संबंधी आवश्यकताओं की पूर्ति तथा आयामीय परिशुद्धता, शुद्धता तथा जैव-अनुकूलता

के लिए ताँबे के तार के उत्पादन के लिए विकसित किया गया था।

रक्षा प्रौद्योगिकियों के लाभों द्वारा समाज के कष्टों को कम करने का डॉ. कलाम का सपना सच हुआ, क्योंकि उन्नत संयोजित पदार्थों ने पोलियो के रोगियों के लिए चलने में सहायक एस.एम.एफ.आर.ओ. तथा एस.एम.के.ए.एफ.ओ. नामक हलके उपकरणों, लकवा-पीड़ितों के लिए कैलिपर (पोलिप्रोपीनि तथा पॉलिस्टर से निर्मित) तथा कूल्हे के इंप्लांट (कार्बन-कार्बन संयोजित पदार्थ से निर्मित) आदि में मदद की है।

हृदय वॉल्व तथा कूल्हे की हड्डी का इंप्लांट : टिल्ट डिस्क हृदय वॉल्व तथा कूल्हे की हड्डी का इंप्लांट कार्बन-कार्बन संयोजित पदार्थों का इस्तेमाल करके डिजाइन तथा विकसित किए गए। इस निर्माण के लिए प्रौद्योगिकी विकसित की गई। कार्बन-कार्बन संयोजित पदार्थों द्वारा प्रारूप बनाए गए।

एक बार एक बच्चे ने उनसे पूछा, 'पिछले चालीस वर्षों के आपके जीवन में आपको किस चीज ने सर्वाधिक खुशी दी है ?'

उन्होंने कहा, 'जब हृदय रोगी अपनी धमनियों में के.आर. कोरोनरी स्टेंट धारण करते हैं और जब शारीरिक रूप से विकलांग बच्चे हलके फ्लोर रिएक्शन ऑर्थोसिस (एफ.आर.ओ.) कैलिपरों से अपनी कठिनाइयों को कुछ कम महसूस करते हैं। ये दोनों मिसाइल प्रौद्योगिकियों के लाभों के रूप में सामने आए।'

अत्यंत धर्मनिरपेक्ष

डॉ. कलाम सभी मुद्दों को मानवीयता की कसौटी पर परखते हैं। उनके लिए जाति या मत के आधार पर लोगों में कोई भिन्नता नहीं है : ईश्वर की दृष्टि में सब लोग समान हैं। वह सिर्फ निरंतर अन्य मनुष्यों के दर्द को कम करना चाहते हैं, चाहे वह किसी भी संप्रदाय से संबंध रखते हों।

'धर्मनिरपेक्ष' शब्द इसका दावा करनेवाले लोगों से अधिक डॉ. कलाम पर सटीक बैठता है। वह धर्मनिरपेक्षता के साकार रूप हैं। उनका मानवतावाद मनुष्यों की समानता के आधारभूत सिद्धांत पर आधारित है। सामान्यत: यह सभी धर्मों के लोग मानते हैं कि वह पूरी तरह पूर्वग्रहों से मुक्त हैं। 25 जुलाई, 2002 की शाम को भारत के राष्ट्रपति का सर्वोच्च पद सँभालने के दिन घटित घटना से इसे अच्छी तरह से समझा जा सकता है। उस दिन राष्ट्रपति भवन में एक प्रार्थना सभा आयोजित की गई थी, जिसमें रामेश्वरम मसजिद के मौलवी, रामेश्वरम मंदिर के पुजारी, सेंट जोसेफ कॉलेज, त्रिचिरापल्ली (उनका मातृ विद्यालय) के फादर रेक्टर

तथा अन्य ने भाग लिया।

ऐसी ही एक घटना 2 अक्तूबर, 2002 को राष्ट्रपति भवन में हुई। उस दिन महात्मा गांधी का जन्मदिन मनाने के लिए बैठक आयोजित की गई थी। डॉ. कलाम ने एक राष्ट्रीय प्रार्थना लिखी थी, जिसका संगीत तैयार करके सभी धर्मों के नेताओं द्वारा इसे गाया गया। डॉ. कलाम के मत में, सभी धर्मों के नेताओं द्वारा गाई गई राष्ट्रीय प्रार्थना सही संदेश देती है। इस समारोह की एक दिलचस्प विशेषता यह थी कि श्री मानव गुप्ता ने उस कविता की आत्मा को एक पेंटिंग के रूप में अभिव्यक्त किया और उसे महामहिम राष्ट्रपति को भेंट किया।

□

2

जीवन-शैली

लोग हमेशा विख्यात पुरुषों की जीवन-शैली के बारे में जानना चाहते हैं। उनसे संबंधित छोटी-छोटी बातें भी बहुत रुचि की होती हैं। यह एक स्वाभाविक जिज्ञासा है, जिसे शांत किया जाना चाहिए। फिल्मी पत्रिकाएँ फिल्मी सितारों के बारे में लिखती हैं; समाचार-पत्र तथा सामान्य पत्रिकाएँ राजनीतिक व्यक्तियों को स्थान देती हैं और खेल पत्रिकाएँ खेल की दुनिया के सितारों की जानकारी देती हैं। परदे के पीछे से उल्लेखनीय कार्य करनेवाले वैज्ञानिकों और प्रशासनिक अधिकारियों की बात कौन करता है ! इन वर्षों में डॉ. कलाम के बारे में कुछ जानकारियाँ सामने आई हैं, क्योंकि वे लंबे समय तक चर्चा में रहे हैं। फिर भी हम उनके वीणा बजाने, पवित्र कुरान तथा भगवद्गीता का पाठ करने तथा अपने बालों को शायद ही कटवाने की कहानियाँ बार-बार सुनकर ऊब चुके हैं। उनके व्यक्तित्व के विविध पक्षों के बारे में और भी बहुत कुछ जानना शेष रह जाता है।

उनकी एक दीवानगी काम के प्रति है। इसलिए उनकी जीवन-शैली पर किसी भी चर्चा में उनकी कार्य-शैली भी अनिवार्य रूप से शामिल होगी, जिसके बारे में लोगों को बहुत कम जानकारी है। वह अपना अधिकांश समय कार्यालय में बिताते हैं। किसी कार्य-दिवस को या अवकाश को रात के लगभग साढ़े नौ बजे— 'क्या कर रहे हो ? ओह, रात का भोजन कर रहे हो ? रसम चावल अंदर धकेल रहे हो ? मैंने सोचा, 'तुम परियोजना को धकेल रहे होगे !' यह डॉ. कलाम और उनकी निगरानी में स्थित असंख्य प्रयोगशालाओं के किसी परियोजना निदेशक के बीच की पारंपरिक टेलीफोन वार्त्ता है। न केवल वह असामान्य समय पर लोगों से संपर्क करेंगे, बल्कि उनसे प्रयोगशाला में कार्य करते होने की अपेक्षा करेंगे। हालाँकि

अधिकांश समय वह केवल नाटकीय प्रभाव के लिए ऐसा नहीं करते थे, वास्तविकता यह थी कि वह उस समय कार्यालय में मौजूद और उस परियोजना के बारे में चिंतित होते थे। हलकी-फुलकी प्रारंभिक तैयारी के बाद वह चिंता उन्हें परेशान करने लगती थी। अकसर वह उस अभागे व्यक्ति को कुछ उपाय करने के लिए कहते और अगले दिन संभवतया सुबह के समय उससे मिलना चाहते। यदि उन्हें किसी समस्या का आभास हो जाता तो वह बिलकुल भी समय बरबाद नहीं करते।

'सर, मैं आपसे बात करना चाहता हूँ।'

'आपका स्वागत है। कृपया साढ़े दस बजे आ जाएँ।'

'सर, मेरा कार्यालय बहुत दूर है। हो सकता है कि मैं समय पर आपके पास नहीं पहुँच पाऊँ। क्या आप कृपया मुझे कोई और समय दे सकते हैं?'

'आपके पास समय-ही-समय है। मेरा मतलब था साढ़े दस बजे रात को।'

फोन करनेवाले एक मेजर जनरल हैं और बात करनेवाले निश्चित रूप से डॉ. कलाम हैं। यह कहानी अत्यधिक प्रचलित है। हालाँकि इसकी सच्चाई को प्रमाणित नहीं किया जा सकता; लेकिन यह पूरी तरह विश्वसनीय प्रतीत होती है। वह नियमित रूप से देर रात तक काम करते थे। रात आठ बजे के बाद उनसे एप्वॉइंटमेंट लेना हमेशा आसान होता था। उनसे मिलने की इच्छा रखनेवाले किसी को भी वह मिलने से इनकार नहीं करते थे।

'मैं कहता हूँ, हम इतने लोगों के बीच इस मुद्दे पर विस्तार से चर्चा नहीं कर सकते हैं। मुझे रात ग्यारह बजे मिलिए। हम रात के भोजन के बाद टहलते हुए इस पर चर्चा करेंगे।' यह बात लगभग रात आठ बजे की होगी और वह वैज्ञानिक, जिसे वापस जाने के लिए सुबह की उड़ान पकड़नी होगी, समझ नहीं पाएगा कि क्या किया जाए।

देर रात को भी डॉ. कलाम की ऊर्जा तथा फुरतीलापन उनसे दस वर्ष या अधिक छोटे सहकर्मियों से मेल नहीं खाता। ऊर्जा का ऐसा प्रवाह केवल गहरी प्रतिबद्धता तथा समर्पण से ही आ सकता है। यात्राओं के दौरान उनकी बैठकें प्रसिद्ध हैं। वह लगातार पूरे देश की यात्रा करते रहते थे, जिसमें अपने नियंत्रण में स्थित प्रयोगशालाओं का दौरा करते थे। एक सप्ताह में दो यात्राएँ सामान्य बात थी। वह हमेशा शाम की फ्लाइट लेते थे। इसमें उन्हें परियोजनाओं की समीक्षा करने का समय मिल जाता था और साथ ही उनकी सुबह की सैर में कोई व्यवधान नहीं पड़ता था। जब फ्लाइट के लिए चलने में आधा घंटे का समय ही शेष होता था तब भी वह उस समय कार्यालय में शांतिपूर्वक किसी मुद्दे पर चर्चा कर रहे होते थे। उनका

निजी स्टाफ क्षुब्ध होकर एयरपोर्ट पर फोन करके वहाँ पहुँचने में संभावित देरी के बारे में उन्हें सूचित करता। ऐसा हर बार होता था। बार-बार याद दिलाने पर वह बैठक को समाप्त करके अपने बालों को ब्रश करने के लिए वॉशरूम में जाते।

डॉ. कलाम वरिष्ठ अधिकारियों द्वारा गंतव्य पर उन्हें लेने के लिए आना पसंद नहीं करते थे। वह निर्दिष्ट करते कि उनसे मिलने के लिए कौन आएगा। विचार-विमर्श कार में ही शुरू हो जाता। वह आवश्यकता के अनुसार सीधे गेस्ट हाउस या कभी-कभी प्रयोगशाला जाते। प्रस्तुति के लिए लोगों का झुंड उपस्थित होता। वैज्ञानिकों को कम अवधि की सूचना पर प्रस्तुति करने के लिए अच्छी तरह प्रशिक्षित किया जाता है। संबंधित मुद्दे पर एक विस्तृत समीक्षा होगी। मुद्दे से संबद्ध सभी लोगों को निर्भय होकर अपना मत व्यक्त करने की अनुमति दी जाएगी। समय का कोई बंधन नहीं होगा। ऐसी बैठकें दिल्ली में सभव नहीं थीं; वहाँ शांतिपूर्वक बैठक नहीं हो सकती थी। इसके अलावा सभी लोगों को दिल्ली बुलाना महँगा तथा असुविधाजनक होता। ये बैठकें लगभग एक बजे सुबह समाप्त होतीं। यदि चर्चा का मुद्दा अपेक्षाकृत छोटा होता तो वह किसी अन्य समूह को चर्चा के लिए चुनते। अगले दिन हवाई अड्डे पहुँचने से पहले वह तीन या चार बैठकों में शामिल होते। महत्त्वपूर्ण बात यह है कि किसी भी बैठक में वह समय के दबाव में होने का एहसास नहीं कराते। वह अपना पूरा ध्यान इस तरह देते मानो कोई और काम लंबित नहीं है। अगली बैठक के लिए उन्हें ले जाने के जिम्मेदार लोग चिंतित होते, वह नहीं। हर बैठक में वह प्रस्तावित मुद्दे पर अपना पूरा ध्यान देते; वहाँ एकत्र लोगों के प्रति वह अत्यंत सम्मान दिखाते। वास्तव में यदि कोई किसी वक्ता को टोकता तो वह नाराज हो जाते। 'उन्हें रोको मत। उन्हें बोलने दो।' यह उनकी आदर्श झिड़की होती थी।

'सर, आप एक लंबी उड़ान के बाद अभी-अभी पहुँचे हैं। कृपया कुछ आराम कर लें। हम बाद में आकर आपसे चर्चा कर लेंगे।' यह कथन एक वरिष्ठ अधिकारी का था, जिसने अभी-अभी एक विदेशी हवाई अड्डे पर डॉ. कलाम का स्वागत किया था।

'कैसा आराम? मैं थका हुआ नहीं हूँ। मैं बैठा हुआ था और आराम ही कर रहा था। अब आप लोग मुझे बताएँ कि आप लोग यहाँ क्या कर रहे थे?' वह तुरंत एक विस्तृत विचार-विमर्श में उलझ जाते। कई घंटों तक की यात्रा उनके लिए समय की बरबादी थी।

डॉ. कलाम विदेश जाना पसंद नहीं करते थे। वास्तव में, डी.आर.डी.ओ. में

सात वर्षों के दौरान वह केवल तीन या चार बार विदेश गए। यह दिल्ली के आधिकारिक वातावरण में एक प्रकार का कीर्तिमान है, जहाँ पर किसी कार्य का प्रति वर्ष विदेश यात्राओं की संख्या के आधार पर मूल्यांकन किया जाता है। वह भारत सरकार के सचिवों में सबसे कम विदेश यात्राएँ करनेवाले व्यक्ति थे।

जिन कुछ अवसरों पर वह विदेश गए, वह अपने कार्यक्रम को छोटा करके अपनी यात्रा शीघ्र समाप्त करने की संभावना तलाशते रहते थे। मेजबान देश में उनके सहकर्मियों को देर रात तक काम करने के उनके कार्यक्रम का पालन करने के लिए बाध्य होना पड़ता, ताकि वह जल्दी भारत लौट सकें—जहाँ उनके अनुसार असली काम पड़ा होता था। उनकी विदेश-यात्राएँ आयोजित करनेवाले लोगों के लिए यह एक कटु अनुभव होता था। वह अंतिम क्षण में कार्यक्रम में परिवर्तन के लिए कहकर उन्हें परेशान कर देते।

तब यह संदेह व्यक्त किया जाता था कि वह जल्दी इसलिए लौटना चाहते थे, क्योंकि वह विदेश में मिलनेवाला भोजन पसंद नहीं करते। वह एक शाकाहारी व्यक्ति हैं तथा शराब बिलकुल नहीं पीते। वह लंबी पार्टियाँ पसंद नहीं करते हैं, जहाँ मुक्त रूप से शराब का दौर चलता है। यदि वह किसी वैज्ञानिक को शराब पीते हुए देख लेते तो उसे फटकार लगाते। वह कुछ विलक्षण वैज्ञानिकों को जानते थे, जिनकी शराब पीने की आदत के कारण जल्दी मौत हो गई या उनका जीवन बरबाद हो गया था। उन्हें शक होता था कि लोग विदेश इसलिए जाना चाहते हैं, क्योंकि इससे उन्हें सामाजिकता के नाम पर खूब शराब पीने की छूट मिलती है। यह उल्लेखनीय है कि जब भी वह विदेश यात्रा पर गए और किसी वैज्ञानिक से भारत में फोन पर बात करते हैं, तो वह अनिवार्य रूप से इसी शब्द से बातचीत शुरू करते हैं—'एंज्वॉइंग?' (आनंद उठा रहे हैं?)

जब भी औपचारिक रात्रि भोजों के दौरान उन्हें किसी की मंगलकामना के लिए जाम टकराना होगा तो वह पानी से भरे हुए गिलास का इस्तेमाल करते हैं। बहरहाल, उन्होंने अपने विदेशी मेजबानों को मद्यपान से दूर रहने के लिए कहना छोड़ दिया है।

उनकी विदेश यात्राओं का एक अन्य दिलचस्प पहलू यह है कि उन्होंने कभी भी दर्शनीय स्थलों की सैर का इरादा नहीं दिखाया। यदि कार्यक्रम में दौरों का प्रावधान होता तो वह उन्हें निकालकर अपनी विदेश यात्रा को छोटा करने का आदर्श अवसर मानते। विडंबना यह है कि वह किसी विदेश यात्रा से लौट रहे अधिकारियों से उत्सुकतापूर्वक पूछते कि क्या उन्होंने दर्शनीय स्थल देखने के लिए

समय निकाला—और रुचि के स्थानों का विवरण माँगते। दर्शनीय स्थलों की यात्रा में 'समय बरबाद करने' के प्रति उनकी अनिच्छा को जानते हुए इस प्रश्न का उत्तर देना अत्यंत कठिन होता था।

विदेश में खरीदारी करना उन्हें बिलकुल पसंद न था। वह 'भारतीय बनो, भारतीय खरीदो' पर विश्वास रखते थे। भारत में भी, उनकी आवश्यकताएँ इतनी सीमित हैं कि वह शायद ही कभी खरीदारी करते हैं। फिर कोई उनसे विदेश में खरीदारी करने की उम्मीद कैसे कर सकता है!

तो क्या वह अपने साथ काम करनेवालों पर किसी प्रकार का प्रतिबंध थोपते हैं? नहीं, इसके विपरीत, वह वैज्ञानिकों को अकसर विदेश यात्राओं पर जाने के लिए प्रोत्साहित करते थे। वह चाहते थे कि हमारे वैज्ञानिक बाहर जाएँ, शोध-पत्र प्रस्तुत करें और जितने संभव हो उतने सम्मेलनों में शामिल हों, ताकि वे सभी उपलब्ध नई सूचनाओं की जानकारी रख सकें। एक वित्तीय सलाहकार के रूप में मैं निराशा में अपने बाल नोचने लगता था : मुझे सभी खर्चों को परिहार्य समझनेवाले वित्त मंत्रालय के अधिदेश का निरंतर उल्लेख करते हुए विदेश यात्रा पर व्यय को सीमित करना पड़ता। वह मुझे तर्क देते, 'कोई नहीं जानता कि कब कोई छोटी सी वैज्ञानिक जानकारी सहज उपलब्ध हो जाएगी।' वह इस बात पर भी बल देते कि जितने भी युवा जा सकें, उन्हें जाना चाहिए। विदेश यात्रा पर जानेवाले सभी वैज्ञानिकों से वह लौटने के बाद अपने अनुभवों पर 'एक पृष्ठ की' रिपोर्ट की अपेक्षा करते। जब उन्होंने डी.आर.डी.ओ. के वैज्ञानिक सलाहकार का पद सँभाला, विदेश यात्रा बजट पचास लाख रुपए से कम था। जब उन्होंने डी.आर.डी.ओ. छोड़ा तो यह बजट लगभग सात करोड़ था। डी.आर.डी.ओ. से प्रतिवर्ष चार सौ से अधिक वैज्ञानिक विदेश जाते थे।

एक अन्य दिलचस्प पहलू उनका निष्पक्ष होना है। वह अपने नजदीकी लोगों को उनके व्यक्तिगत लाभ के लिए उन्हें नजदीकी का फायदा नहीं उठाने देते। एक दोपहर मैं डॉ. कलाम के कमरे में था, जब डी.आर.डी.ओ. से सेवानिवृत्त हो रहा एक कर्मचारी उनसे मिलने आया। जब उस अवसर की उपयुक्त औपचारिकताएँ पूरी हो गईं तो आगंतुक ने डी.आर.डी.ओ. में अपने पुत्र की नौकरी लगाने के लिए डॉ. कलाम की मदद की माँग की। उन्होंने उसे अपने पुत्र का आवेदन-पत्र भेजने को कहा और कहा कि उपयुक्त पाए जाने पर उसे नौकरी मिल जाएगी। संपर्कों के द्वारा काम करवाने के ऐसे मामलों के प्रति यह उनकी सामान्य प्रवृत्ति है। ऐसा नहीं है कि उन्हें उस व्यक्ति का खयाल नहीं था, बल्कि वह इस

मामले में हस्तक्षेप करते हुए किसी अन्य योग्य लड़के के अवसर को नष्ट नहीं करना चाहते थे। 'सबके लिए न्याय', खासकर उनके लिए, जिनकी कोई पहुँच नहीं है, यह उनका मार्गदर्शक सिद्धांत है। उन्होंने अपने भतीजे के मामले में भी इस सिद्धांत का पालन किया। उन्होंने उसकी कोई पैरवी करने से इनकार कर दिया और उस लड़के को नौकरी नहीं मिली। उन्हें इसका कोई पछतावा नहीं था। इसके विपरीत, उन्होंने कहा कि किसी योग्य लड़के को नौकरी मिलने से वह खुश हैं। यह मामला और किसी चीज से अधिक अल्पाधिकार प्राप्त लोगों के लिए न्याय के प्रति उनके लगाव को दरशाता है।

आधिकारिक मामलों में वह सुनिश्चित करना चाहते हैं कि हर किसी के साथ अच्छा व्यवहार किया जाए, विशेषकर उन लोगों के साथ, जिनकी ऊपर तक पहुँच नहीं है। साधारण लोगों के लिए अपनी चिंता के कारण वह किसी की, विशेष रूप से 'पहुँच' वालों की, सिफारिश करना पसंद नहीं करते हैं; बल्कि सभी मामलों का सख्ती से योग्यता के आधार पर मूल्यांकन करना पसंद करते हैं। सिफारिशवाले किसी मामले को तुरंत अस्वीकार कर दिया जाए। उन्होंने अपने उपदेशों पर खुद अमल किया : वह किसी मामले में सिफारिश नहीं करते। उन्हें पूरी तरह विश्वास होना चाहिए कि वह व्यक्ति उस पद के लिए सर्वथा उपयुक्त है और समान रूप से समर्थ किसी अन्य के हितों से समझौता नहीं किया जाना चाहिए।

अपने काम की धुन में रहनेवाले किसी व्यक्ति से संयमी तथा विनोदप्रिय व्यक्ति होने की उम्मीद नहीं की जाती। डॉ. कलाम के बारे में जो कुछ भी लिखा गया, उससे यह दुर्भाग्यपूर्ण धारणा उत्पन्न हो सकती है कि वह सिर्फ काम करते हैं—काम-ही-काम। यह धारणा और तथ्य सच्चाई से परे हैं।

डॉ. कलाम बड़े ही विनोदप्रिय स्वभाव के हैं। विनोदप्रिय की असली पहचान यह है कि किसी को मजाक करने के साथ उतनी ही शालीनता से मजाक सहने में भी सक्षम होना चाहिए। डॉ. कलाम मजाक बनाने के लिए एक मनोरंजक उम्मीदवार हैं। वह निशाना बनना पसंद करते हैं। बिना किसी आक्रामकता के कोई उन पर अपना गुस्सा उतार सकता है। वह दिल से हँसेंगे। कोई उन्हें सीमा के भीतर, उन पर आक्रमण न करते हुए, कुछ भी कह सकता है।

'उनके साथ काम करना जरूर बहुत कठिन होगा। आखिरकार वह इतने बड़े आदमी हैं।' यह डॉ. कलाम के लिए अकसर की जानेवाली टिप्पणियों में से एक है। मेरा जवाब है, 'नहीं, बिलकुल नहीं।' वास्तव में मुझे कई अन्य वरिष्ठ अधिकारियों

की अपेक्षा उनके साथ काम करना ज्यादा आसान लगा। दूसरों के विपरीत, वह अपनी वरिष्ठता का रोब नहीं दिखाते। उन्हें किसी को यह जतलाने की आवश्यकता नहीं थी कि वह बॉस हैं। वह अपने सभी सहयोगियों के साथ एक मित्र की तरह व्यवहार करते हैं। उनकी विनम्रता मातहतों का संतुलन बिगाड़ देती। उनकी उपस्थिति में कनिष्ठ अधिकारी इतने आरामदेह महसूस करते कि अपने ऊपर से नियंत्रण खो बैठते। उन्हें कुछ ऐसी चीजें बता देते, जो आप एक बॉस को कभी नहीं बताना चाहेंगे। हालाँकि वह आक्रामकता सहन नहीं करते। वह बहुत विनम्रता से चुपचाप जता देते कि वह बॉस हैं—और जब कि वह उनकी सलाह की सराहना करते, उसपर विचार करने के बाद अंतिम निर्णय वह स्वयं लेते। वे उनकी सलाह की कद्र करते और अगले अवसर पर भी वह उन्हें तलाश लेते।

वह सीधे आपकी आँखों में झाँकेंगे और बहुत ध्यानपूर्वक आपकी बात सुनेंगे। जब भी वह आपको विचार-विमर्श के लिए बुलाएँगे, आपको ऐसा महसूस होगा कि आप उनके लिए सबसे महत्त्वपूर्ण व्यक्ति हैं और आपका मत उनके लिए सबसे अधिक महत्त्व रखता है। वह कहेंगे, 'देखिए, मुझे एक समस्या है। मैं आपसे सलाह-मशवरा करना चाहता हूँ।' एक पल में ही उन्हें आपसे अलग करनेवाली चौड़ी दरार मिट जाएगी और आप यह विश्वास करने लगेंगे कि आप वास्तव में महत्त्वपूर्ण हैं और आप उन्हें निराश नहीं कर सकते। आप उन्हें अच्छी सलाह देंगे और उनके द्वारा सुझाए गए किसी छोटे-मोटे काम के लिए अपनी सेवाएँ देने का प्रस्ताव रख डालेंगे। उस समय आपको यह ध्यान नहीं आएगा कि इसी मुद्दे पर डॉ. कलाम ने अन्य लोगों से भी सलाह ली होगी। इस प्रकार वह हर व्यक्ति से उसका उत्कृष्ट प्राप्त कर सकते हैं।

वह कभी भी अपने मतों को दूसरों पर थोपना पसंद नहीं करते। यदि आपका दृष्टिकोण भिन्न है तो वह आपको स्वतंत्र होकर बात करने देंगे और सारे समय यह योजना बनाते रहेंगे कि आपको अपने दृष्टिकोण के पास कैसे लाया जाए। वह एक महान् रणनीतिज्ञ हैं। उनमें अपनी बात मनवा लेने की क्षमता है और वह सुझाव देंगे कि हम इसपर फिर कभी चर्चा कर लेंगे, समीक्षा के लिए और विशेषज्ञों को बुला लेंगे या अपना निर्णय दूसरों तक पहुँचाने के लिए ऐसी ही अन्य नीतियों का प्रयोग करेंगे। वास्तव में, वह किसी अच्छे बिंदु को तुरंत पहचान सकते हैं और पर्याप्त सराहना के बाद उसे स्वीकार करेंगे। परंतु यदि उन्हें लगा कि यह वैज्ञानिक गलत रास्ते पर है तो वह उसे हतोत्साहित करने के लिए प्रत्यक्ष रूप से यह बात नहीं बताएँगे। हममें से कुछ धैर्य खो बैठेंगे और उस व्यक्ति को चुप कराना चाहेंगे,

ताकि हम काम जारी रख सकें; परंतु वह ऐसा नहीं करेंगे।

डॉ. कलाम प्रत्येक सोमवार को डी.आर.डी.ओ. के डिफेंस रिसर्च काउंसिल (डी.आर.सी.) की एक बैठक आयोजित करते थे। डी.आर.सी. की ये बैठकें प्रसिद्ध हो गईं, क्योंकि इनमें वह पूरी तरह अपना व्यक्तित्व उड़ेल देते थे। इस बारे में अन्य मत भी थे कि क्या इनसे कोई उद्देश्य पूर्ण होता है? परंतु वह पूरी तरह आश्वस्त थे कि कम-से-कम डी.आर.सी. के संचालन के संबंध में उनका रास्ता सही था। उन्होंने अंत तक सोमवार की इन बैठकों को जारी रखा। कोई भी व्यस्तता डी.आर.सी. की बैठकों की पवित्रता के साथ हस्तक्षेप नहीं कर सकती थी। यदि कोई उनके साथ डी.आर.सी. की कुछ बैठकों में न गया हो तो वह पूरी तरह डॉ. कलाम को नहीं समझ सकता।

परिषद् में डी.आर.डी.ओ. के शोध तथा विकास के सभी प्रमुख नियंत्रक तथा वित्तीय सलाहकार शामिल थे। उनका स्टाफ ऑफिसर निष्ठा और दायित्व-भाव से सात घंटे तक चलनेवाली लंबी बैठकों के नोट्स रखता था। वह उन अव्यवस्थित चर्चाओं का रिकॉर्ड कैसे रखता था, यह एक आश्चर्य की बात है। परंतु वह बिना किसी चूक के चर्चाओं का रिकॉर्ड प्रस्तुत कर सकता है, जिसमें ऐसे निर्णय शामिल हैं, जो पता ही नहीं कि हमने लिये थे! दो या तीन प्रयोगशालाओं को निर्दिष्ट व्यवस्था में बुलाया जाता, ताकि एक वर्ष में सभी बावन प्रयोगशालाएँ कम-से-कम दो बार डी.आर.सी. के सामने प्रस्तुत हो सकें। प्रयोगशाला के निदेशक को पिछली बैठक के बाद हासिल उपलब्धियों तथा प्रगति की रिपोर्ट प्रस्तुत करने के लिए कहा जाता।

'तो आप अकेले हैं! आप सबकुछ जानते हैं।' यह उनकी टिप्पणी होती, यदि कोई निदेशक अकेला आता और परियोजना पर वास्तव में काम कर रहे वैज्ञानिकों को नहीं लाता, तो इसका अर्थ यह नहीं कि वह निदेशक के ज्ञान पर संदेह करना चाहते थे, बल्कि वह चाहते थे कि वैज्ञानिक डी.आर.सी. के सामने आएँ और स्वयं अपना अध्ययन प्रस्तुत करें। वह इसे एक प्रमुख प्रेरक गतिविधि मानते थे। एक चक्र के बाद सभी निदेशक ठीक हो जाते। हर कोई एक बड़ा समूह लाने में दूसरे से स्पर्धा करता। कमरे में कोई जगह नहीं होती। उन्हें व्यवस्थित करना बहुत कठिन होता। रविवार तथा सोमवार को दिल्ली के गेस्ट हाउस खचाखच भरे रहते। वित्त का व्यक्ति होने के कारण मैं अपने यात्रा बजट पर प्रभाव की गणना करने में लगा रहता। यह सब डॉ. कलाम की चिंता का विषय नहीं थे; जितने अधिक लोग होते डॉ. कलाम उतने ही खुश होते। वह आनेवाले प्रत्येक वैज्ञानिक

की बात सुनने पर बल देते।

कुछ दौरों के बाद डी.आर.सी. बैठकों में दोहराव लगने लगा। निदेशकों को हर बार कुछ नया खोजने में कठिनाई होने लगी। वे प्रतिभाशाली हो गए। वे बिना किसी आधार कार्य के कागजों पर चीजों का आविष्कार कर देते। डी.आर.सी. के सदस्य अब इन बैठकों में रुचि नहीं लेते थे। वे एकरसता भंग करने के लिए वडा, समोसा और गरम कॉफी की आशा लगाए रहते थे (ये नाश्ते भी डी.आर.सी. के स्थायी खाद्य पदार्थ थे)। हालाँकि डॉ. कलाम इन गतिविधियों से बेखबर नहीं थे, परंतु फिर भी वह महसूस करते थे कि डी.आर.सी. की विस्तृत बैठकें लाभदायक हैं।

हालाँकि आरंभ में मैं भी इस प्रारूप में डी.आर.सी. की बैठकों की प्रभावकारिता पर संदेह करनेवालों में शामिल था, पर बाद में मुझे लगा कि इन बैठकों से एक उद्‌देश्य पूर्ण होता है। वे फील्ड यूनिटों को मुख्यालय के करीब आने और कई संपर्क खाइयों को पाटने का एक अवसर प्रदान करते हैं। प्रयोगशालाओं को बिना किसी मध्यस्थ के अपनी प्रशासनिक समस्याओं को प्रत्यक्ष रूप से उच्च प्रबंधन के सामने रखने का मौका मिलता था। युवा वैज्ञानिक खुद को संगठन में महत्त्वपूर्ण होने का अनुभव करते थे। डॉ. कलाम के सामने प्रस्तुत करना किसी भी वैज्ञानिक के लिए गर्व की बात थी। ये उन बैठकों के सकारात्मक पक्ष थे।

क्या डॉ. कलाम हमेशा अच्छे मिजाज में रहते थे? कभी तनाव की मन:स्थिति में नहीं रहते थे? कभी नाराज नहीं होते थे? आखिरकार, वह एक मनुष्य हैं। वह भी क्रोधित होते हैं। वास्तव में वह बहुत क्रोधित होते हैं, जब उन्हें पता चलता है कि किसी ने बेईमानी अथवा छल किया है। वह तब भी नाराज होते हैं, जब निजी स्वार्थों-उद्‌देश्यों के लिए उनके नाम का इस्तेमाल किया जाता है। वह अपने नाम की कीमत तथा उससे होने वाले लाभ के बारे में बहुत सचेत रहते हैं। यदि किसी ने निजी लाभ के लिए उनके नाम का गलत उपयोग किया तो उसकी खैर नहीं। वह जानते हैं कि उनका नाम तथा उनकी प्रतिष्ठा उनकी पूँजी है और वह दूसरों को उसे नष्ट करने की इजाजत नहीं देंगे।

जब वरिष्ठ अधिकारी अपने अधीनस्थों को नीचा दिखाते हैं तो वह नाराज हो जाते हैं। अधीनस्थों को हतोत्साहित करना उनके स्वभाव के विपरीत है। जितनी बार मेरा उनसे संपर्क हुआ, मैंने कभी भी उन्हें किसी की पीठ पीछे बुराई करते नहीं सुना। सबसे अधिक वह कहते हैं, 'वह ऐसा क्यों करेगा?' संगठन के हित की वह बहुत सावधानी से रक्षा करते हैं। जो इसका उल्लंघन करता है तो समझो वह स्वयं के लिए कड़ी सजा को आमंत्रित कर रहा है।

जब कोई आयातित प्रौद्योगिकी के पक्ष में स्वदेशी प्रणालियों को नीचा दिखाने का प्रयास करता है तो वह गुस्से में आ जाते हैं। वह शस्त्र प्रणालियों के आयात को अपनी सहमति देते हैं जब वह महसूस करते हैं कि डी.आर.डी.ओ. उसे निर्दिष्ट समय-सीमा के अंदर सफलतापूर्वक विकसित करने में सफल नहीं हो पाएगा। इसका अर्थ यह नहीं है कि वह आयातित प्रणालियों को श्रेष्ठ समझते हैं। वह रक्षा उत्पादन इकाइयों (डिफेंस प्रोडक्शन यूनिट्स) की आलोचना करते थे, जो प्रणालियों का व्यावहारिक ज्ञान उपलब्ध न होते हुए भी आयातित प्रौद्योगिकी की प्रणालियों को प्रसन्नतापूर्वक खारिज कर रहे थे। निर्माण के लिए व्यावहारिक ज्ञान प्राप्त करने के लिए अच्छी रकम देना देश को प्रगति के पथ पर नहीं ले जाता; क्योंकि इससे हर तरक्की के लिए आपको विदेशी विक्रेता पर निर्भर रहना होगा। वह प्रौद्योगिकी के उदार आयात का समर्थन करनेवालों को यह भेद समझाना चाहते थे।

वह अपने निर्णय आम सहमति द्वारा लेते थे। वह किसी नतीजे पर पहुँचने से पहले कई लोगों से परामर्श करते। अकसर ऐसा होता कि सामनेवाला उनकी सोच को समझ नहीं पाता। परामर्श के बाद, यदि उनकी सहमति पर आम सहमति होती तो वह निर्णय घोषित करते। यदि वह आम सहमति से सहमत नहीं होते तो संकेत देते कि वह इन तथ्यों पर विचार करना चाहेंगे। सामान्यत: इसका अर्थ होता था कि वह प्राप्त सलाहों पर विचार किए बिना अपने निर्णय लेंगे। वह बॉस थे और उन्हें इसका अधिकार था। अधिकतर लोग खुश होते थे कि उन्होंने सम्मानपूर्वक उनके मतों को सुना। बहरहाल, कुछ लोग यह अनुभव करते थे कि यह पूरी प्रक्रिया एक छलावा थी और वह कभी किसी अन्य की सलाह का पालन करने का इरादा नहीं रखते थे।

रक्षा मंत्रालय उनसे 'लाइटनिंग रॉड' (बिजली की छड़) की तरह व्यवहार करता था। जब भी जन लेखा समिति (पब्लिक एकाउंट्स कमेटी) या संसद् की स्थायी समिति की बैठक होती थी तो रक्षा मंत्रालय उन्हें भी साथ ले जाता था चाहे वह उस मामले से जुड़े हुए हों या नहीं। जब रक्षा सचिव के लिए कोई मामला अधिक पेचीदा हो जाता था तो वह डॉ. कलाम से कुछ शब्द कहने का अनुरोध करते थे। समिति के सदस्यों के मन में उनके लिए इतना सम्मान था कि वे तत्काल शांत हो जाते थे। वह बार-बार रक्षा मंत्रालय के बचाव के लिए आते थे। एक रक्षा सचिव ने उन्हें 'बिजली की छड़' कहा, जो सभी झटके झेल जाती है और इमारत को सुरक्षित रखती है!

डॉ. कलाम राजनेताओं को बहुत सम्मान से देखते हैं। वह ध्यानपूर्वक उनकी

बातें सुनते और ईमानदारी से उनके सुझावों को कार्यान्वित करने का प्रयास करते थे। कोई मंत्री उन्हें उपेक्षित-भाव से नहीं लेता था और न ही वह किसी मंत्री को उपेक्षित-भाव से देखते थे। सभी मंत्री जानते थे कि प्रधानमंत्री तक उनकी सीधी पहुँच है। सामान्यतः ऐसी परिस्थिति संकट के अनुकूल होती है; क्योंकि राजनेता हमेशा महत्त्वपूर्ण होने की इच्छा रखते हैं। इसका श्रेय डॉ. कलाम को जाता है कि वह मंत्रियों को ऐसा महसूस कराते थे कि वे (मंत्री) ही उनके बॉस हैं। इससे वे प्रसन्न रहते थे और डॉ. कलाम के निर्णयों में कोई हस्तक्षेप नहीं करते थे। यहाँ तक कि डॉ. कलाम के हस्ताक्षर करने के बाद अधिक महत्त्ववाले मामले भी स्वीकृत हो जाते थे। ऐसा भी समय था, जब डॉ. कलाम के प्रस्ताव तुरंत स्वीकृत हो जाते थे, बल्कि अन्य मामलों को काफी अवरोधों का सामना करना पड़ता था। एक अफवाह है कि एक बार एक सेवा प्रमुख ने डॉ. कलाम से कहा था, 'हम शस्त्र प्रणालियों के लिए आपकी स्वदेशी प्रौद्योगिकी नहीं चाहते। कृपया हमें रक्षा मंत्री से मामलों को स्वीकृत कराने के लिए प्रौद्योगिकी प्रदान करें।'

राजनेताओं के साथ उनके संबंधों की बात करते समय कुछ समय के लिए रक्षा मंत्री रहे मुलायम सिंह यादव के साथ उनके संबंधों का उल्लेख करना महत्त्वपूर्ण होगा। पहली बैठक में मुलायमजी ने (हिंदी में) कहा कि एक मुसलमान होने के कारण डॉ. कलाम को हिंदी के साथ कोई समस्या नहीं होनी चाहिए। इस कथन को डॉ. कलाम के लिए अंग्रेजी में अनुवादित किया गया। रक्षा मंत्री ने सामान्य निर्देश जारी किए कि उन्हें सभी नोट्स हिंदी में मिलने चाहिए। डॉ. कलाम इतनी अच्छी हिंदी नहीं जानते कि वह उसमें बातचीत कर सकें या नोट्स तैयार कर सकें। मामले का विवरण देते हुए अंतिम आधिकारिक नोट हिंदी में लिखा जाता। डॉ. कलाम हिंदी में बड़े पत्रों पर हस्ताक्षर करने से पहले अंग्रेजी में अपनी टिप्पणियाँ जोड़ते।

ये दोनों केवल दुभाषियों के माध्यम से ही बातचीत कर पाते थे। परंतु उनके बीच विचारों का आदान-प्रदान बहुत अच्छे ढंग से होता था। उन्होंने घनिष्ठ आपसी सम्मान विकसित कर लिया था। जब मुलायमजी ने पद छोड़ा तो उन्होंने गर्व के साथ याद किया कि डॉ. कलाम ने हिंदी में हस्ताक्षर करके उनके प्रति बहुत सम्मान दिखाया था।

डॉ. कलाम अपने व्यक्तिगत वित्तीय लेन-देन में बहुत सिद्धांतवादी हैं। वह सभी सेवाओं के लिए भुगतान करने पर जोर देते थे। वह कभी भी गेस्ट हाउस नहीं छोड़ते थे, जब तक कि कमरे का किराया तथा अन्य खर्चों का एकाउंट उन्हें

भुगतान के लिए नहीं दिया जाता। वह कभी किसी प्रकार का आर्थिक लाभ नहीं लेते थे। दीवाली जैसे अवसरों पर भी कोई उन्हें मिठाइयाँ, सूखे मेवे या अन्य उपहार भेजने की हिम्मत नहीं कर सकता था। वह दूसरों से भी इसी प्रकार की निष्ठा की अपेक्षा करते थे।

डॉ. कलाम अपने घर पर आनेवाले सभी अखबारों के लिए व्यक्तिगत रूप से भुगतान करते थे, हालाँकि उन्हें कार्यालय से इसका भुगतान लेने का अधिकार था। वह कहते थे, 'सरकार मुझे वेतन दे रही है। मैं निजी अखबारों का भुगतान क्यों नहीं कर सकता!' सरकार ने निर्देश जारी किए कि एक निश्चित स्तर तक के अधिकारी सरकारी खर्चे पर अपने घर पर समाचार-पत्र मँगवा सकते हैं। वरिष्ठता के आधार पर प्रत्येक अधिकारी के लिए समाचार-पत्रों की संख्या निर्धारित की गई थी। जब इस सुविधा को डी.आर.डी.ओ. के वैज्ञानिकों के लिए देने की बात हुई तो डॉ. कलाम ने इसे स्वीकृति देने से इनकार कर दिया। उन्होंने कहा कि लोगों को अपने अखबारों के लिए स्वयं भुगतान करना चाहिए। इसकी बजाय वह वैज्ञानिक पत्रिकाओं के लिए भुगतान मंजूर करने पर सहमत थे।

सरकारी खर्च के प्रति डॉ. कलाम की प्रवृत्ति सामान्य से कुछ भिन्न है। वह घरेलू वैज्ञानिक परियोजनाओं के लिए भारी राशि के लिए सरकार की स्वीकृति माँगने से नहीं हिचकिचाते। इस संबंध में कई बार मेरा विरोध निरर्थक हो जाता। वह मुझे विभिन्न तरीकों से परियोजना की आवश्यकता के प्रति आश्वस्त करने का प्रयास करते। वह वित्तीय स्वीकृति प्राप्त करने के लिए परियोजना के विस्तार में सुधार के लिए तैयार रहते। बहरहाल, बहुत कम मामलों में, यदि वह परियोजना पर अपना पूरा ध्यान लगा चुके होते तो, वह वित्त मंत्री से मेरी आपत्तियाँ खारिज कराने से भी नहीं चूकते।

परंतु जब एक बार राशि मंजूर हो जाती तो वह बहुत कंजूस बन जाते। वह कभी भी अनावश्यक खर्च की अनुमति नहीं देते। उन्होंने मुझे स्वतंत्रता से काम करने दिया और कभी भी वित्तीय मामलों में मेरी सलाह के विपरीत कुछ नहीं किया। मैंने डी.आर.डी.ओ. की सभी परियोजनाओं की समीक्षा की और लगभग तीन सौ परियोजनाओं को बंद करने का आदेश दिया; क्योंकि वे सफलतापूर्वक पूर्ण होने की किसी संभावना के बिना लंबे समय से घिसट रही थीं। मैंने ऐसा करते समय उनसे परामर्श नहीं किया। मैंने केवल सूचना के लिए अपनी अंतिम रिपोर्ट उनके पास भेज दी। मैं चिंतित था कि मैंने सीमा पार कर दी है और उनसे किसी प्रकार की झिड़की की उम्मीद कर रहा था। इसके विपरीत, उन्होंने फिजूलखर्ची

पर लगाम लगाने के मेरे प्रयासों की सराहना की। वह परियोजनाओं की समीक्षा तथा उनके मूल्यांकन के लिए मुझे विभिन्न स्थानों पर भेजते थे। वह सुझावों पर काफी ध्यान देते थे। अंत तक, मैंने राशि स्वीकृत कराते समय उदार प्रवृत्ति तथा उसे खर्च करते समय कंजूसी के बीच विरोधाभास को समाधानहीन पाया। फाइलों, विशेषकर वित्तीय मामलों, पर उनकी सहमति लेना बहुत कठिन था। वह ऐसे मामलों को लटका देते और पूरी तरह आश्वस्त होने के बाद ही उनपर हस्ताक्षर करते।

उनकी दैनिक आदतों में सुबह की सैर, प्रार्थना, योगासन, स्नान से पहले सिर पर नारियल के तेल की मालिश तथा रात को सोने से पहले अनिवार्य रूप से एक गिलास दूध पीना शामिल है। वह रात को रेडियो पर खबरें तथा शास्त्रीय संगीत सुनते हैं। वह दक्षिण भारतीय भोजन पसंद करते हैं। उन्हें मीठा खाना भी पसंद है।

उनके व्यक्तित्व का एक अन्य दिलचस्प पक्ष यह है कि वह खुद से मिलने की इच्छा रखनेवाले लोगों के साथ बहुत सम्मान के साथ पेश आते हैं। वह दूसरे व्यक्ति, खासकर उसके हितों, के बारे में पता करने का कष्ट उठाते हैं। जब भी वह उपहार देते हैं तो उन्हें बहुत सावधानी से चुनते हैं। जहाँ तक संबंधों का प्रश्न है, उनके लिए कुछ भी दैनिक कार्य नहीं है। यदि उन्हें एक सभा में किसी सहकर्मी को विदाई देने के लिए बोलना है तो वह उस व्यक्ति के विशिष्ट पहलुओं के बारे में पता करके उस अवसर के लिए खुद को तैयार करते हैं। एक बार जब मैंने उन्हें अपने घर पर आमंत्रित किया था तो वह मेरे पुत्र के लिए एक पुस्तक लाए थे—पॉल कोएलो लिखित 'द एलकेमिस्ट'। उन्होंने उस पुस्तक पर 'ब्रीथ सक्सेस' (सफलता प्राप्त करो) शब्दों के साथ हस्ताक्षर किया। वह एक स्पेनिश गड़रिया लड़के की कहानी है, जो अपनी स्थिति से ऊँचे सपने देखता था। डॉ. कलाम चाहते हैं कि हमारे देश के युवा ऊँचे सपने देखें और ऊँचे लक्ष्य निर्धारित करें। वह लोगों से अपनी रुचियों की बजाय उनकी रुचियों के बारे में बातचीत करना पसंद करते हैं। वह बहुत अच्छे श्रोता हैं और बड़े ध्यान से दूसरे की बात सुनते हैं। वह हमेशा प्रेरक शब्दों का इस्तेमाल करते हैं। अधिकतर लोग उनके कमरे से बाहर आने के बाद कहते हैं कि वह सकारात्मक ऊर्जा का विकिरण करते हैं।

□

3

स्वप्नदर्शी

हम नहीं जानते कि हमारे सपने हमें कहाँ ले जाएँगे; परंतु संभवत: हम काफी स्पष्ट रूप से देख सकते हैं कि हम उनके बिना कहाँ जाएँगे।

—मर्लिन ग्रे

डॉ. कलाम ने अपनी पुस्तक 'तेजस्वी मन' को इन शब्दों से आरंभ किया—

'स्वप्न, स्वप्न, स्वप्न
स्वप्न विचारों में परिवर्तित होते हैं
और विचार कार्यों में परिणत होते हैं।'

जब डॉ. कलाम सपने देखने की बात करते हैं, तो उनका मतलब होता है कि युवा अपने लिए एक लक्ष्य निर्धारित करें। जब तक किसी के पास लक्ष्य न हो, वह विपथित होता रहता है। यदि कोई दृढ़ता से किसी चीज में विश्वास करता है और केंद्रित तरीके से प्रयास करता है, तो उसके पास अपने सपनों को साकार करने का अधिक अवसर होता है। वह महान् अमेरिकी संत रॉल्फ वाल्डो एमर्सन को दुहराते प्रतीत होते हैं, जो आत्मनिर्भरता पर अपने लेख 'स्वयं पर विश्वास करो' में कहते हैं कि 'अपने विचारों में विश्वास करना, यह विश्वास करना कि तुम्हारा दिल तुम्हारे लिए जिसे सही मानता है, वह सभी लोगों के लिए सही है—यह प्रतिभा है। 'कल एक अजनबी आत्मविश्वास के साथ बिलकुल वही कहेगा, जो हमने हमेशा सोचा और महसूस किया है—और हमें शर्मिंदगी के साथ अपना मत किसी अन्य से लेने पर बाध्य होना पड़ेगा।' यही डॉ. कलाम भी कहते हैं। यदि हम स्वयं में विश्वास

नहीं करते और अपनी प्रौद्योगिकी का विकास या उससे कार्य नहीं करते, तो यही चीज हमारे पास अन्य देशों से 'एक विदेशी गौरव' के साथ आएगी। यदि हम 'स्वयं पर विश्वास करते हैं' और अपनी बुद्धिमत्ता पर निर्भर करते हैं तो प्रौद्योगिकी संबंधी परनिर्भरता अतीत की बात हो जाएगी। एमर्सन अपने लेख में लिखते हैं, 'उत्साह के बिना कोई भी महान् चीज प्राप्त नहीं की जा सकी है।'

इसलिए 'स्वप्न' डॉ. कलाम की इस इच्छा से संबंधित है कि देश के युवा अपने लिए बड़ा लक्ष्य रखें और देश के रूपांतरण के लिए कार्य करें। उनके स्कूली शिक्षक श्री अयादुरई सोलोमन ने उन्हें उचित दृष्टि तथा विश्वास रखने की शिक्षा दी थी। बाद में डॉ. कलाम को कई दूरदर्शी लोगों के साथ काम करने का अवसर मिला, जिन्होंने उन्हें ऊँचे लक्ष्य तथा साहसिक योजनाओं का महत्त्व और मूल्य समझाया। जब उन्हें बड़े संस्थानों का प्रभारी बनने का अवसर प्राप्त हुआ तो उन्होंने महत्त्वाकांक्षी योजना निर्माण के उसी सिद्धांत का पालन किया। उन्होंने उपलब्ध संसाधनों को विस्तृत किया और हमेशा विश्वास रखते थे कि दिए गए मिशनों को सँभाल रहे लोग पूरी योग्यता से काम करेंगे। अब वह स्वयं युवाओं को वह सब करने के लिए कहते हैं, जो उन्होंने स्वयं सीखा और सफलतापूर्वक उसपर अमल किया।

जब भी वह डी.आर.डी.ओ. में किसी परियोजना की समीक्षा करवाते, उनके लिए एक निदेशक को उसकी सीमाओं के परे जाने के लिए प्रेरित करना असामान्य नहीं था। यदि कोई व्यक्ति चुनौती स्वीकार करने में झिझकता तो वह उसके सामने अनेक उदाहरण रखते हुए बहुत सौम्यता से उसे साहसपूर्वक योजना बनाने के लिए प्रेरित करते। यदि फिर भी वह निदेशक हिचकिचाहट महसूस करता तो वह कहते कि अन्य लोग भी हैं, जो उस कार्य को सँभाल सकते हैं। यह सामान्यत: अधिकतर लोगों को एक बड़े उद्देश्य के साथ परियोजना को नया रूप देने के लिए आत्मविश्वास प्रदान करता। परंतु यदि डॉ. कलाम को लगता कि उस व्यक्ति की परेशानी उचित है तो वह कभी भी एक सीमा से आगे उसे विवश नहीं करते थे। डेविड लॉयड जॉर्ज ने कहा था, 'आवश्यकता पड़ने पर बड़ा कदम उठाने से मत डरो। तुम दो छोटे कदमों में एक खाई पार नहीं कर सकते।'

एक बड़ी परियोजना का पहला उदाहरण—जहाँ उन्होंने अपने दृष्टिकोण की छाप छोड़ी, वह था इंटीग्रेटेड गाइडेड मिसाइल डेवलपमेंट प्रोग्राम (आई.जी. एम.डी.पी.)। उपलब्ध प्रौद्योगिकी की स्थिति तथा देश में औद्योगिकी समर्थन का स्तर देखते हुए यह एक बहुत कठिन परियोजना थी। इस क्षमता के उत्तरदायित्व को प्रस्तावित करने तथा उसका जिम्मा लेने में साहस और अत्यधिक आत्मविश्वास

की आवश्यकता थी। हालाँकि उन्हें अपने बॉस डॉ. अरुणाचलम, जो एक महान् दूरदर्शी वैज्ञानिक हैं, का पूरा सहयोग प्राप्त था। उस परियोजना को उस विश्वास के आधार पर स्वीकृत किया गया, जो इस महत्त्वपूर्ण परियोजना को सँभालने में डॉ. कलाम की क्षमता पर सरकार को था। यहाँ यह याद रखा जाना चाहिए कि वह एस.एल.वी. (सेटेलाइट लॉञ्च वेहिकल) परियोजना के परियोजना प्रमुख के रूप में स्वयं को विशिष्ट साबित करके और सरकार द्वारा 'पद्मभूषण' से सम्मानित होकर पहले ही एक राष्ट्रीय शख्सियत बन चुके थे। उनकी व्यक्तिगत प्रतिष्ठा दाँव पर थी। फिर भी उन्होंने इस उत्तरदायित्व से मुँह नहीं मोड़ा। इसके विपरीत, वह प्रसन्न हुए कि सरकार ने उनपर विश्वास किया है और उन्होंने दोहरे उत्साह के साथ काम किया। वह सेटेलाइट वेहिकल्स (उपग्रह यान) विकसित करते समय भी मिसाइल परियोजनाओं का सपना देखते रहे थे। उन्होंने उस विकास का पूर्वानुमान किया, जो अंतरिक्ष तथा मिसाइलों की प्रौद्योगिकियों में लाया जा सकता था। हैदराबाद में रक्षा अनुसंधान एवं विकास प्रयोगशाला (डिफेंस रिसर्च एंड डेवलपमेंट लेबोरेटरी) के निदेशक के रूप में उनकी नियुक्ति तथा आई.जी.एम.डी.पी. परियोजना की उत्तरवर्ती स्वीकृति एक साहसी सपने की पूर्णता भर थी।

उनका अगला साहसी स्वप्न था देश के लिए विजन-2020। वह विज्ञान तथा प्रौद्योगिकी विभाग के अंतर्गत एक संस्था टेक्नोलॉजी इन्फॉरमेशन फोरकास्टिंग एंड असेसमेंट काउंसिल (टी.आई.एफ.ए.सी.) के अध्यक्ष थे। जब वह रक्षा मंत्री के वैज्ञानिक सलाहकार थे तो यह उनके पास एक अंशकालिक दायित्व था। यह अवसर डॉ. कलाम को बड़ा सोचने को प्रेरित करने को पर्याप्त था। उन्होंने भारत के आर्थिक विकास को प्रेरित करने के लिए उपयुक्त प्रौद्योगिकियाँ विकसित करने में भारत के पुनरुत्थान हेतु विभिन्न क्षेत्रों के लगभग पाँच सौ विशेषज्ञों को इसमें शामिल किया। अंतरिक्ष तथा रक्षा के क्षेत्र में उनके कार्य ने भारत को एक उल्लेखनीय उच्च विकास दर पर ले जाने तथा उसे विकसित देशों में शुमार करने में विज्ञान व प्रौद्योगिकी की अत्यंत समर्थता के प्रति उनकी आँखें खोलीं। वह तुरंत एक स्वप्न तथा बाद में एक सनक बन गया। उनकी पुस्तक 'भारत 2020 : नवनिर्माण की रूपरेखा' को पढ़ने के बाद पाठक प्रौद्योगिकियों के विशाल क्षेत्र के प्रति जागरूक हो जाता है, जिन्हें भारत में विकसित करना संभव है।

12 जून, 1989 को डॉ. कलाम ने वायु-प्रदर्शन में पेरिस के आकाश पर कई देशों के लड़ाकू विमानों को गरजते देखा। वह उस दिन का सपना देखने लगे जब भारत निर्मित एल.सी.ए. पेरिस शो में आकाश पर छाएँगे। उन्होंने 'स्वप्न' शीर्षक

से एक लघु कविता लिखी और उसे तत्कालीन वैज्ञानिक सलाहकार डॉ. अरुणाचलम को भेंट किया, जो उस समय उनके साथ थे। वह कविता तमिल में लिखी गई थी। उसका तात्पर्य था—'हम स्वनिर्मित विमानों को उड़ाने का सपना देखते हैं, जो धरती को हिलानेवाली बिजली की तरह उड़े तथा पेरिस के आकाश में गरजे। यह सपना हकीकत बन सकता है, यदि हम सब एक साथ मिलकर काम करें।'

यहाँ यह ध्यान रखना अत्यंत महत्त्वपूर्ण है कि वह केवल सपना ही नहीं देखते, बल्कि उन्हें वास्तविकता में परिणत भी करते हैं। उन्होंने सरकार को विजन दस्तावेज स्वीकृत करने के लिए तैयार किया। उन्होंने इंडिया मिलेनियम मिशन (आई.एम.एम.) की कल्पना की, जो विजन दस्तावेज को कार्यान्वित करने में सभी सरकारी विभागों को शामिल करेगा। जब तक आई.एम.एम. सरकार के विचाराधीन था, उन्होंने टी.आई.एफ.ए.सी. के तत्त्वावधान में कई छोटी प्रौद्योगिकी परियोजनाओं पर काम किया, जो आई.एम.एम. के पूर्वगामी के रूप में काम कर सकते थे। इन परियोजनाओं की संक्षिप्त रूपरेखा अपने सपनों को साकार करने के प्रति उनकी प्रतिबद्धता की सीमा तथा गहराई को बताने में मदद करेगी।

टी.आई.एफ.ए.सी. के कुछ प्रयास

सन् 1988 से टी.आई.एफ.ए.सी. की आरंभिक गतिविधियाँ भारत में उद्योग तथा शोधकर्ताओं की लंबे समय से महसूस की जा रही आवश्यकता पर केंद्रित थीं। कृषि से लेकर उन्नत प्रौद्योगिकियों तक व्यापक क्षेत्रों से पर्याप्त अनुसंधान, ज्ञान आधारित रिपोर्टों की बड़ी संख्या (वर्तमान में 250) को प्रकट किया गया। इन रिपोर्टों ने बड़ी संख्या में प्रौद्योगिकी संबंधी 'व्यवसाय अवसरों' को सफल बनाया है और शुगर, फ्लाई ऐश, संयोजित पदार्थों तथा चमड़े पर टी.आई.एफ.ए.सी. के प्रौद्योगिकी लक्ष्यों के लिए आधार तैयार किया (बाद में सी.एस.आई.आर/ सी.एल.आर.आई. ने ग्रहण किया)।

टी.आई.एफ.ए.सी. की उपलब्धियों का महत्त्वपूर्ण गौरव 25 प्रौद्योगिकी विजन 2020 रिपोर्ट थी, जो डॉ. कलाम के पूर्ण मार्गदर्शन में तैयार की गई थी और 2 अगस्त, 1996 को प्रधानमंत्री द्वारा देश को समर्पित की गई थी। भारत विश्व के कुछ देशों के एक चयनित समूह में शामिल हुआ, जिन्होंने एक दीर्घकालीन दृष्टिकोण तैयार किया था। विजन रिपोर्टों को भारत सरकार के सभी विभागों में व्यापक रूप से प्रसारित किया गया, जिसमें योजना आयोग तथा अन्य संगठनों को विस्तृत प्रस्तुतियाँ प्रदान की गईं। आंध्र प्रदेश जैसे राज्यों ने इनका इस्तेमाल किया और

To With best Compliments Dr. V.S. Arunachalam — PARIS AIRSHOW witnessed on 12/6

கனவு

நான் இன்று கண்ட கனவிது
விமானங்கள், பறந்த பறந்த.
பாரிஸ் நகர் விண்ணில் இடியிடித்து
மின்னலென ஏகுவோம்;
கனவுகள் நனவாகும், [illegible]
ஒன்றுபட்டு உழைப்பு கனவில்

கலாம

12/6/85

सिक्किम जैसे अन्य राज्यों ने टी.आई.एफ.ए.सी. से राज्य-विशिष्ट विजन तैयार करने का अनुरोध किया।

अन्य टी.आई.एफ.ए.सी. रिपोर्टों को अद्यतन करने का एक प्रयास भी किया गया (बारह को नई प्रौद्योगिकियों पर नवीनतम सूचनाओं से अद्यतन किया गया), साथ ही तेज पहुँच के लिए इलेक्ट्रॉनिकीकरण किया गया (स्वास्थ्य तथा खाद्य क्षेत्र पर दो सी.डी. लाए जा चुके हैं)। टी.आई.एफ.ए.सी. ने पहली बार बारह वैज्ञानिक विभागों की उपलब्धियों को समेटते हुए भारत में विज्ञान तथा प्रौद्योगिकी पर एक विस्तृत शृंखला प्रस्तुत की। इस योजना अवधि के दौरान प्रमुख प्रौद्योगिकियों—जैसे ट्रांसजेनिक सीड्स, रिकॉम्बिनेंट डी.एन.ए. उत्पाद, बायोडिग्रेडेबल प्लास्टिक तथा उद्योग की सुरक्षा एवं जोखिमवाले पक्षों पर लगभग इकतीस रिपोर्टें जारी की गईं।

टी.आई.एफ.ए.सी. रिपोर्टों के सुझावों ने अन्य विभागों/एजेंसियों द्वारा बड़े कदम उठाए जाने को प्रेरित किया है : उदाहरण के लिए, स्टील क्षेत्र पर अध्ययन के परिणामस्वरूप स्टील मंत्रालय ने परियोजनाओं की बड़ी संख्या (कुल एक सौ पचास करोड़ से अधिक की परियोजनाएँ) का जिम्मा लिया है। इसी प्रकार, राष्ट्रव्यापी उद्योग कार्यशालाओं पर आधारित सरफेस इंजीनियरिंग पर रिपोर्टों ने कई नई परियोजनाओं को जन्म दिया, जैसे हाइड्रो पावर घटकों के लिए कोटिंग (परत), डिटोनेशन गन जॉब शॉप आदि।

प्रौद्योगिकी मिशन

टी.आई.एफ.ए.सी. द्वारा निर्मित जानकारी के आधार और विशेषज्ञों के तंत्र ने विशिष्ट उपलब्धियों के साथ केंद्रित मिशनों तथा देश में शेयर होल्डरों की सक्रिय भागीदारी के साथ लक्ष्यों के निर्माण को प्रेरित किया। उदाहरण के लिए, शुगर टेक्नोलॉजी मिशन ने पौधों की सक्षमता बढ़ाने, ऊर्जा की बचत तथा चीनी की बेहतर गुणवत्ता के उद्देश्य से तीस चयनित चीनी फैक्टरियों में सुधार लाने की अगुवाई की और ये सफल रहीं तथा दुहराई गईं पंद्रह नई प्रौद्योगिकी परियोजनाएँ हैं—पतली फिल्म सल्फर बर्नर, सल्फर मुक्त चीनी, वैकम फिल्टरेटों की अलग सफाई, अंतरराष्ट्रीय स्तर की गुणवत्तावाली चीनी का निर्माण तथा कई अन्य।

इसी प्रकार, फ्लाई ऐश मिशन ने थर्मल पावर प्लांटों में वर्ष भर में उत्पन्न लगभग पचास मिलियन टन फ्लाई ऐश के विशाल स्तर पर उपयोग तथा सुरक्षित ठिकाने लगाने की चुनौती स्वीकार की (यह संख्या अब पंचानबे मिलियन टन है)। पचपन में से लगभग चालीस प्रौद्योगिकी प्रदर्शन परियोजनाएँ सफलतापूर्वक

पूर्ण की जा चुकी हैं, जिसने गुणक प्रभावों तथा पुनरावृत्ति को प्रेरित किया है, जैसे निजामुद्दीन पुल के लिए तटबंध, रायचूर में ग्रामीण सड़कें आदि। भारतीय सड़क सम्मेलन (इंडियन रोड्स कांग्रेस) ने सड़कों के किनारों को बाँधने में फ्लाई ऐश के प्रयोग के लिए मार्गदर्शक सिद्धांतों को स्वीकृत कर लिया है। विविध नए प्रयोगों जैसे सेलुलर लाइटवेट कंक्रीट, कृषि उत्पाद की बढ़ोतरी, बंजर भूमि के सुधार तथा फ्लाई ऐश के गड्ढों पर फूलों की खेती के कारण फ्लाई ऐश का उपयोग तीन प्रतिशत (सन् 1994 में, जब यह परियोजना आरंभ हुई थी) से बढ़कर अब पंद्रह प्रतिशत हो गया है।

एडवांस्ड कंपोजिट्स मिशन का उद्देश्य उत्पादों तथा विभिन्न क्षेत्रों जैसे रेलवे, ऑटोमोबाइल्स निर्माण, जलयानों, जीव-चिकित्सा आदि में इस्तेमाल द्वारा इस आश्चर्यजनक हलके पदार्थ का उपयोग बढ़ाना है। नए संयोजित पदार्थों जैसे लकड़ी के विकल्पों के उत्पादन में प्राकृतिक रेशों; जैसे जूट, कॉयर (नारियल का रेशा) आदि को विस्तृत पैमाने पर इस्तेमाल किया जा रहा है। मिशन ने बाईस उद्योग आधारित परियोजनाओं को प्रेरित किया है, जिनमें से ग्यारह पूर्ण हो चुके हैं और उद्योगों द्वारा वाणिज्यिक संचालन आरंभ हो चुका है। मिशन ने गुजरात में भूकंप प्रभावित क्षेत्रों में ऐसी सैकड़ों इकाइयाँ उपलब्ध कराते हुए समस्या के समाधान के प्रति अपनी त्वरित प्रतिक्रिया दी और संयोजित पदार्थों से निर्मित कृत्रिम अंग वितरित किए। टी.आई.एफ.ए.सी. के बारहवें वार्षिक दिवस के अवसर पर डॉ. कलाम ने शारीरिक रूप से अक्षम व्यक्तियों को संयोजित कृत्रिम अंग प्रदान किए।

टी.आई.एफ.ए.सी. प्रौद्योगिकी मिशनों की गतिविधियाँ, संबंधित मंत्रालयों, जैसे शुगर मिशन के मामले में खाद्य मंत्रालय के सहयोग से संचालित की जाती हैं। फ्लाई ऐश मिशन, ऊर्जा मंत्रालय, एम.ओ.ई.एफ. तथा अन्य एजेंसियों, जैसे पी.डब्ल्यू.डी. द्वारा संयुक्त रूप से चलाया जा रहा है; संयोजित मिशन रक्षा (शोध तथा विकास), भारतीय रेलवे आदि के सहयोग से चलाया जा रहा है।

होम ग्रीन टेक्नोलॉजी (एच.जी.टी.) (घरेलू विकसित प्रौद्योगिकी) कार्यक्रम

यह सफल शोध तथा विकास परियोजनाओं के नतीजों को भारतीय प्रयोगशालाओं से वाणिज्यिक स्तरों पर प्रयोगात्मक रूप में विकसित करने की एक अन्य नवप्रवर्तक प्रणाली है। सॉफ्ट लोन (नरम ऋण) के रूप में वित्तीय सहयोगों

के अलावा एक अनूठी विशेषता है समिति विशेषज्ञों की पड़ताल द्वारा परियोजना को प्रौद्योगिकी-प्रबंधकीय सहयोग।

हालाँकि यह गतिविधि सन् 1992 में आरंभ की गई थी, इसने पिछले पाँच-छह वर्षों में गति पकड़ी है और अब पचास से अधिक प्रौद्योगिकियाँ विकास के भिन्न चरणों में हैं। सफलता से लॉञ्च किए गए कुछ नए उत्पाद हैं—इको-फ्रेंडली प्राकृतिक डाई; मुरगियों/मवेशियों के लिए रेपिड डायग्नोस्टिक किट्स; टाँका-रहित सर्जरी के लिए बायो-एड्हेसिव (इसे हाल के भूकंप-पीड़ितों को राहत पहुँचाने के लिए भी इस्तेमाल किया गया था); इको-फ्रेंडली गुंबद (गैस आधारित), इसने आगरा के प्रदूषक कारखानों द्वारा ताजमहल को पहुँचनेवाली क्षति को काफी कम किया है; दिल्ली विद्युत् बोर्ड के लिए ऊर्जा प्रबंधन प्रणाली; थर्मल पावर प्लांटों में हानिकारक प्रदूषण का शमन; पिगमेंट प्रिंटिंग में मिट्टी तेल के लिए संश्लेषी (सिंथेटिक) स्थानापन्न तथा कई अन्य।

पेटेंट फेसिलिटेटिंग सेंटर (पी.एफ.सी.) (पेटेंट सरलीकरण केंद्र)

नए विश्व व्यापार संगठन पद्धति की प्रतिक्रिया में तथा बौद्धिक संपदा अधिकारों के क्षेत्र में गतिविधियों पर नजर रखने तथा सूचना के प्रसार की आवश्यकता के कारण सन् 1995 में पी.एफ.सी. की स्थापना की गई। इस केंद्र ने एक सौ बीस से अधिक पेटेंटों को फाइल करने में मदद करने के अलावा विभिन्न स्थानों पर नब्बे से अधिक पेटेंट जागरूकता कार्यक्रम आयोजित करके तथा हजारों वैज्ञानिकों को इस मामले में संवेदनशील बनाकर पूरे देश में अपनी पहुँच बनाई है। भारतीय पेटेंट आँकड़ों पर दो सीडी-रोम लाए गए हैं। पेटेंटों पर एक विशिष्ट वेबसाइट (www.indian. patents.org) स्थापित की गई है।

उच्च क्षमता संगणना सुविधाएँ (हाई परफॉरमेंस कंप्यूटिंग फेसिलिटीज)

टी.आई.एफ.ए.सी. ने भारत में सात इंजीनियरिंग तथा अनुसंधान संस्थानों में उच्च क्षमता संगणना सुविधाएँ स्थापित करने तथा उनके संचालन के लिए एक बड़ी परियोजना को कार्यान्वित करने में मदद की है। वर्तमान में दो सौ से अधिक शोधकर्ता, वैज्ञानिक तथा छात्र स्थापित की गई प्रणालियों का इस्तेमाल कर रहे हैं। फरवरी 2000 में डॉ. कलाम ने पंजाब विश्वविद्यालय में आई.सी.ओ.एस.ई.आर. केंद्र का उद्घाटन किया।

नई प्रौद्योगिकियों का प्रसार

टी.आई.एफ.ए.सी. ने अपनी वेबसाइट (www.tifac.org.in) शुरू की है, जिसे विभिन्न कार्यक्रमों द्वारा विकसित प्रौद्योगिकियों पर सूचना के साथ नियमित रूप से अद्यतन किया जाता है। यह वेबसाइट बहुत लोकप्रिय हो गई है और पूरे विश्व के लगभग एक लाख लोग प्रतिमाह इसका इस्तेमाल करते हैं। उनकी संख्या प्रतिमाह दस से पंद्रह प्रतिशत बढ़ रही है। एक त्रैमासिक पत्रिका 'टिफेक-न्यूज' भी निकाली जाती है और भारत तथा विदेश में उद्योग, शिक्षा तथा शोध से संबंधित लगभग पाँच हजार पाठकों को भेजी जाती है। इसके दिलचस्प लेखों तथा आकर्षक ले-आउट को व्यापक प्रशंसा मिल रही है।

टी.आई.एफ.ए.सी. की उत्तम नेटवर्किंग सशक्तता के कारण विदेश मंत्रालय तथा विज्ञान व प्रौद्योगिकी विभाग ने टी.आई.एफ.ए.सी. को अंतरराष्ट्रीय विज्ञान तथा प्रौद्योगिकी सहयोग में प्रमुख भूमिका निभाने के लिए कहा है। अब टी.आई.एफ.ए.सी., ए.सी.ई.ए.एन. के लिए एक प्रमुख केंद्र के रूप में कार्य कर रहा है, जिसमें उन्नत सामग्रियों तथा सूचना प्रौद्योगिकी पर परियोजनाओं ने काफी विकास किया है। नामीबिया तथा श्रीलंका जैसे अन्य देशों ने प्रौद्योगिकी प्रबंधन से संबंधित क्षेत्रों में इससे सहयोग लिया है।

साकार होते सपने

टी.आई.एफ.ए.सी. की विशाल उपलब्धियों तथा नए उत्पादों व सेवाओं की समय पर आपूर्ति को देखते हुए सरकार ने सन् 2000-2001 के बजट में छह क्षेत्रों में चयनित प्रौद्योगिकी प्रदर्शन परियोजनाओं के लिए पचास करोड़ रुपए का विशेष आवंटन किया। आवश्यक संपर्कों तथा काररवाइयों के लिए परियोजना समूहों को साथ लाते हुए सभी क्षेत्रों में कार्य आरंभ किए गए हैं।

बिहार में 'सिस्टम्स एप्रोच' को अपनाते हुए कृषि उत्पादकता को बढ़ाने में उल्लेखनीय परिणाम प्राप्त हुए हैं। यह परियोजना बारह एकड़ भूमि में बारह कृषक परिवारों के साथ एक प्रदर्शन परीक्षण द्वारा आरंभ की गई थी, जो 'खरीफ 99' प्रणाली के द्वारा आगे बढ़ाई गई। दो वर्षों के अंदर यह प्रौद्योगिकी विस्तृत होकर सौ एकड़ से दो हजार हेक्टेयर तक फैल गई। बाद में, बिहार में सोन कमांड डिस्ट्रिब्यूटरी, जिसमें कुल बारह सौ हेक्टेयर कृषि योग्य क्षेत्र के साथ पचपन गाँव हैं, को सिस्टंस एप्रोच प्रौद्योगिकी के इस्तेमाल द्वारा अंगीकृत किया गया है।

उच्च शिक्षा के महत्त्व को स्वीकार करते हुए चयनित विज्ञान तथा इंजीनियरिंग

कॉलेजों को उन्नत करने के लक्ष्य से मिशन रीच (आर.ई.ए.सी.एच.-रेलिवेंस एंड एक्सीलेंस इन एचीविंग न्यू हाइट्स इन एजुकेशनल इंस्टीट्यूशंस) शुरू किया गया—ऐसे आठ केंद्र पहले ही औद्योगिक सुरक्षा, कर्मचारी-परिस्थिति-विज्ञान (एर्गोनॉमिक्स) तथा मानवीय कारक, इंजीनियरिंग, हर्बल दवाओं आदि के क्षेत्र में इस दिशा में काम करना आरंभ कर चुके हैं।

टी.आई.एफ.ए.सी. के नए भवन के स्थापना दिवस समारोह के दौरान डॉ. कलाम ने टिप्पणी की कि 'टी.आई.एफ.ए.सी. न तो उद्योग है, न प्रयोगशाला और न ही कोई संस्थान, बल्कि यह प्रभावी नेटवर्किंग द्वारा इन तीनों का कार्य एक साथ कर रहा है।'

ये कुछ प्रसिद्ध विचार हैं, जो डॉ. कलाम टी.आई.एफ.ए.सी. के सहकर्मियों के साथ बाँटते थे, 'छोटा लक्ष्य एक अपराध है। देश के हित में दृष्टिकोण बेहतरीन मनुष्यों का निर्माण करेगा।' साथ ही 'सोचना प्रगति है। नहीं सोचना उस व्यक्ति, संगठन तथा देश के लिए विनाश है।'

डॉ. कलाम ने टी.आई.एफ.ए.सी. को एक छोटे पौधे से उसकी वर्तमान स्थिति तक विकसित किया, अब वह एक 'सक्रिय ज्ञान तंत्र' के रूप में प्रसिद्ध है। टी.आई.एफ.ए.सी. के सहकर्मी डॉ. कलाम के दो क्रमवर्ती कार्यकालों (1993-2001) के दौरान उनके साथ गर्मजोशी भरे और लाभदायक संबद्धता को हमेशा दिल में रखेंगे।

डॉ. कलाम का नवीनतम सपना बच्चों के तेजस्वी मस्तिष्कों की मेधा-शक्ति को विकसित करना है। उन्हें विश्वास है कि 'विकासशील' से 'विकसित' देश के दर्जे तक देश के सफल रूपांतरण में बच्चों की भागीदारी एक अनिवार्य तत्त्व है। वह कुछ समय से कहते रहे हैं कि तेजस्वी आत्मा की शक्ति धरती पर, धरती के ऊपर या धरती के नीचे किसी भी शक्ति से अधिक शक्तिशाली है। वह बच्चों को एक लक्ष्य निर्धारित करने और वर्तमान स्तरों से काफी ऊपर उपलब्धियाँ हासिल करने के लिए उत्साहित करना चाहते हैं। वह उन्हें अपेक्षा पर खरा न उतरने की मानसिकता से बाहर निकालना चाहते हैं। इस उद्देश्य से वह पूरे देश के विभिन्न विद्यालयों के हजारों विद्यार्थियों को संबोधित करते रहे हैं। बच्चे पूरे उत्साह के साथ सकारात्मक रुख प्रदर्शित करते हैं। यदि वह अपने नवीनतम सपने को वास्तविकता में बदल सकते हैं और युवा मस्तिष्कों को प्रज्वलित करने में सफल होते हैं तो कोई भी शक्ति भारत की प्रगति को नहीं रोक सकती।

□

4

सर्वव्यापकता

मजदूरों द्वारा बरगद के एक बड़े से पेड़ को गिराए जाते देखकर डॉ. कलाम चिल्लाए, 'रुको, रुको।' सन् 1988 में वह एक नए गेस्ट हाउस कोणार्क के लिए उपयुक्त स्थान का पता लगाने चाँदीपुर अंतरिम परीक्षण रेंज गए थे। काफी सोच-विचार के बाद एक स्थान चुना गया। परंतु वह बेचारा पेड़ प्रस्तावित गेस्ट हाउस के निर्माण की राह में बाधक था, अत: उसे काटा जा रहा था। डॉ. कलाम अपनी सुबह की सैर पर थे, जब उन्होंने देखा कि मजदूर उस पेड़ को काट रहे हैं। वह गेस्ट हाउस बनाने के लिए किसी पेड़ को गिराने की आवश्यकता को स्वीकार नहीं कर सकते थे। इसकी बजाय उन्होंने पेड़ को बचाने के लिए उस स्थान से सौ मीटर दूर गेस्ट हाउस बनाने का आदेश दिया। हालाँकि वह पेड़ सूखता जा रहा था और मरणासन्न स्थिति में था; परंतु डॉ. कलाम को विश्वास था कि यदि उस पेड़ को न काटा जाए तो वह जीवित रहेगा। उन्होंने उस पेड़ के लिए प्रार्थना की। पेड़ फिर से बढ़ने लगा। उन्होंने अपनी एक कविता में, कविता की स्वतंत्रता का अवलंब लेते हुए लिखा है कि जब भी वह उस पेड़ के नीचे से गुजरते हैं तो वह पेड़ उनपर फूल बरसाता है।

डॉ. कलाम एक बहुआयामी व्यक्तित्व के धनी हैं। विज्ञान, प्रौद्योगिकी, देश के विकास और युवा मस्तिष्कों को प्रज्वलित करने में अपनी निमग्नता के अतिरिक्त वह पर्यावरण की चिंता भी खूब करते हैं, साहित्य में रुचि रखते हैं, कविता लिखते हैं, वीणा बजाते हैं और अध्यात्म से गहरे जुड़े हुए हैं।

'अग्नि' का पहला परीक्षण होना था। वह सन् 1989 का वर्ष था। हर ओर तनाव दृष्टिगोचर हो रहा था। तीन सौ से अधिक लोगों की टीम ने विभिन्न चरणों में परीक्षण करते हुए निरंतर इस मिसाइल पर काम किया था। उनमें से कई लोग

महीनों तक तीन घंटा प्रतिदिन से अधिक नहीं सोए थे। परंतु डॉ. कलाम शांत थे। वह अभी-अभी समुद्र के किनारे सुबह की सैर करके लौटे थे। ऐसा लगता था कि वह अपने ईश्वर के संपर्क में थे। उन्हें पूरा विश्वास था कि यह उड़ान सफल होगी। तत्कालीन रक्षा मंत्री श्री के.सी. पंत ने डॉ. कलाम से पूछा कि यदि अग्नि की उड़ान सफल हो गई तो वह क्या लेना चाहेंगे। उन्होंने बिना हिचकिचाहट के कहा कि वह हैदराबाद में नव स्थापित मिसाइल रिसर्च सेंटर कॉम्पलेक्स (आर.सी.आई.) के लिए एक लाख पेड़ लेना चाहेंगे। पर्यावरण के लिए उनकी चिंता ऐसी थी कि वह उड़ान की सफलता के बारे में तात्कालिक चिंता से खुद को दूसरी ओर ले जाने में सफल हो पाए थे। आर.सी.आई. बड़ी-बड़ी चट्टानों से भरे एक सूखे स्थान पर स्थित था। उस पूरे क्षेत्र को डॉ. कलाम के मार्गदर्शन में मेजर जनरल के.एन. सिंह तथा उनकी टीम द्वारा हरियाली में बदल दिया गया है।

चाँदीपुर परीक्षण रेंज में अपनी सुबह की सैर करते समय डॉ. कलाम ने महसूस किया कि वहाँ भूमि का उपयुक्त इस्तेमाल नहीं किया गया है। उन्होंने लैब के निदेशक डॉ. एस.के. सालवान को वहाँ एक पक्षी अभयारण्य विकसित करने के लिए कहा। सालवान ने कार्य शुरू कर दिया और उड़ीसा सरकार की तकनीकी मदद से सात एकड़ भूमि पर पक्षियों के रहने के लिए दो तालाब बनवाए। उड़ीसा सरकार ने पानी उपलब्ध कराने के लिए अभयारण्य के बीच से एक नहर निकालने में मदद की। पक्षियों ने उस शीतकाल से वहाँ आना शुरू किया और प्रतिवर्ष उनकी संख्या बढ़ती जा रही है। इन दिनों वहाँ कई प्रकार के पक्षी हैं। साइबेरियन सारस भी वहाँ देखने को मिलता है।

डॉ. कलाम अपनी एक कविता में लिखते हैं कि कयामत के दिन पक्षी उन्हें स्वर्ग में स्थान देने की विनती करेंगे, क्योंकि उन्होंने उन्हें घर दिया है।

डॉ. कलाम सैर करना, खासकर सुबह की सैर, पसंद करते हैं। साथ ही, वह चाँदनी रातों में शाम की सैर करना भी पसंद करते हैं और उस पवित्र शांति का आनंद उठाते हैं, जो चंद्रमा की रोशनी के साथ आती है। जब वह दिल्ली के एशियाड गाँव में रह रहे थे तो सुबह की सैर के लिए वह दिल्ली विकास प्राधिकरण (डी.डी.ए.) के शानदार खेल परिसर में जाया करते थे। कुछ वर्षों में एक समान लोगों का एक समूह सा बन गया। समूह के सब लोग सैर पसंद करनेवाले हैं। डॉ. कलाम बहुत दिलचस्पी से श्री पँवार को प्रतिदिन पक्षियों को दाना खिलाते देखते थे (वह पंद्रह वर्षों से प्रतिदिन पक्षियों को तीस किलोग्राम गेहूँ खिलाते रहे हैं)। वे एक-दूसरे का अभिवादन करते थे। जैसे-जैसे समय बीता, वे साथ-साथ टहलने

लगे। अन्य सदस्य भी इस समूह में शामिल होते रहे। अब पाँच लोगों का समूह बन गया—डॉ. कलाम, श्री पँवार, श्री बजाज, श्री नायक और श्री प्रभाकर। वे अलग-अलग क्षेत्रों, जैसे कानून, ऊर्जा, शिक्षा तथा वास्तुशिल्प से संबंध रखते हैं। जो सामान्य रुचि उन सबको एक साथ बाँधे रखती थी वह थी प्रकृति से प्रेम। उस समूह को 'कलाम वॉकिंग ग्रुप' के नाम से जाना जाने लगा। वह समूह पार्क में एक विशिष्ट स्थान पर जाया करता था, जहाँ पेड़ पीले फूलों से लदे होते थे। डॉ. कलाम के सुझाव पर उस समूह का 'येलो हेवन ग्रुप' के रूप में पुनर्नामकरण किया गया; वह पहले नाम में निहित वैयक्तिकता को पसंद नहीं करते थे। उन लोगों ने एक घोषणा-पत्र बनाया, जिसमें प्रत्येक सदस्य को अपने-अपने क्षेत्र में एक विशिष्ट सामाजिक उद्देश्य पूर्ण करना था। वह समूह अपने नजदीकी संबंध के बारे में बात करते हुए भावविभोर हो जाता है। डॉ. कलाम हमेशा इस संबंध की शुद्ध प्रकृति पर बल देते हैं। कोई भी व्यक्ति राष्ट्रपति डॉ. कलाम से अपनी नजदीकी का दावा नहीं करता, बल्कि उन्हें केवल एक व्यक्ति के रूप में जानता है। उस समूह द्वारा डॉ. कलाम के बारे में सुनाए गए किस्से उनके प्रकृति-प्रेम को उजागर करते हैं। अपनी अद्वितीय तथा गूढ शैली में उन्होंने बिना जताए उस समूह को कई मूल्यवान् पाठ पढ़ाए।

उन्होंने उस समूह को एक प्रेरक संदेश दिया। युवाओं को इसमें निहित भावनाओं को समझना चाहिए।

'जब आप किसी महान उद्देश्य, किसी असामान्य शक्ति से प्रेरित होते हैं, आपके सभी विचार अपनी सीमाएँ तोड़ देते हैं, आपका मस्तिष्क सीमाओं से परे चला जाता है, आपकी चेतनता प्रत्येक दिशा में विस्तृत होती है और आप स्वयं में एक नया, महान् और आश्चर्यजनक विश्व पाते हैं। प्रसुप्त शक्तियाँ, क्षमताएँ तथा प्रतिभाएँ सजीव हो जाती हैं और आप खुद को उससे अधिक महान् व्यक्ति के रूप में पाते हैं, जैसा आपने अपने बारे में कभी सोचा था।'

वह समूह गर्व से एक पेड़ (नागफल्ली) को याद करता है, जिसकी मृत्यु हो गई थी। उसके स्थान पर दो नए पौधे लगाए गए। डॉ. कलाम ने नागफल्ली वृक्ष पर 'लाइफ ट्री' नामक एक कविता लिखी। वह उस वृक्ष की सराहना करते थे, जो बिना किसी अपेक्षा के हर समय शांतिपूर्वक और चुपचाप सिर्फ देता रहता था। वह एक कविता में लिखते हैं कि वह पेड़ मौन होकर हमें देता रहता था और बिना किसी अपेक्षा के चुपचाप नष्ट हो गया। वह वृक्षों के इस निरंतर देने के गुण से बहुत प्रभावित हैं। उन्होंने समूह के सदस्यों को प्रत्येक को देने तथा नुकसान

पहुँचाने का प्रयास करनेवालों को क्षमा करने की सलाह दी। 'बिना क्षमा के देने का कोई मूल्य नहीं है।' जब सैर करनेवाले एक साथी ने पक्षियों को दाना खिलाने पर आपत्ति की, तो उन्होंने समूह को यह कहते हुए उसे क्षमा करने के लिए कहा कि वह देने का सुख नहीं जानता।

उन्होंने इस ओर संकेत किया कि वह वृक्ष स्वयं गरमी को झेलकर हमें छाया प्रदान करता था। ऐसा ही महान् लोग करते हैं—सभी आघातों को झेलकर दूसरों की सुरक्षा करते हैं।

डॉ. कलाम पौधों की तरह ही पशुओं के प्रति बहुत चिंता दिखाते हैं। उनके पास कोई पालतू पशु नहीं है। परंतु ऐसा प्रतीत होता है, मानो सभी जानवर उनके पालतू हैं। एक दिन जब पक्षियों तथा कुत्तों को भोजन कराया जा चुका तो एक अकेला पिल्ला वहाँ पहुँचा। डॉ. कलाम देर से आनेवाले उस कुत्ते के चेहरे पर लालसा देखकर इतने द्रवित हुए कि उन्होंने थोड़ा सा केक ले जाकर उसे खिलाया। उसके खाने तक वह वहीं खड़े रहे। एक अन्य अवसर पर, नियमित रूप से आनेवाले कुत्तों में एक नहीं आया तो वह बहुत उदास हो गए। उस समूह ने उस कुत्ते को केक का टुकड़ा खिलाने के लिए उसकी तलाश की। उस कुत्ते को ढूँढ़कर उसे खिलाने के बाद ही डॉ. कलाम ने अपना केक तथा चाय लिया। दीन-हीनों तथा पददलितों के लिए उनकी चिंता ऐसी है कि वह स्वाभाविक रूप से उसे पशुओं तथा पौधों तक विस्तृत कर देते हैं।

समूह के लोग याद करते हुए बताते हैं कि वह राह से गुजरनेवालों का सबसे पहले अभिवादन करते थे। वह कहा करते थे कि पैगंबर हमेशा पहले अभिवादन करते थे। डॉ. कलाम किसी के दर्जे की परवाह न करते हुए हर किसी का अभिवादन करते थे। वह किसी को छोटा महसूस नहीं होने देते थे। वह हर किसी में सराहना-योग्य ऐसी कोई अच्छी बात खोज ही लेते थे तथा जिम्मेदार, मेहनती और देशभक्त लोगों को वह बहुत पसंद करते थे।

डॉ. कलाम पूर्णिमा से तीन दिन पहले तथा तीन दिन बाद तक चाँदनी रात में भ्रमण करना बहुत पसंद करते। वह समूह के सदस्यों को फोन करके अपने साथ चलने का अनुरोध करते थे। वह कहते कि चंद्रमा की रोशनी में वृक्ष, घास तथा प्रत्येक वस्तु बहुत खूबसूरत लगती है। ऐसा लगता है मानो चंद्रमा द्वारा फैलाए जा रहे प्रेम में वे आनंदित हों। वह पत्तों के बीच से चंद्रमा की किरणों को देखना पसंद करते थे। जब एक सदस्य ने उनसे पूछा कि क्या वह अमावस्या की रातों को पसंद नहीं करते, तो उन्होंने जवाब दिया कि वह उन रातों को भी पसंद करते हैं, क्योंकि

तब वह तारों को स्पष्ट देख सकते हैं। हर चीज में कुछ अच्छा खोज लेना उनकी विशेषता है। वे सकारात्मक सोच के हैं। उनके अंदर नकारात्मक भावनाओं का कोई स्थान नहीं है।

डॉ. कलाम 'येलो हैवन ग्रुप' से बहुत गहरे जुड़े हुए थे। वह उनके साथ बड़े अनौपचारिक थे, इतना कि वह समूह उन्हें 'टेक्नीशियन' कहकर बुलाता था। वह हमारे साथ पिकनिक में भी शामिल होते थे, जहाँ सब परिवार सहित उपस्थित होते थे। उन सैर-सपाटों का वह पूरा आनंद उठाते थे। कोई यह नहीं बता सकता था कि वह 'भारत रत्न' से सम्मानित प्रसिद्ध वैज्ञानिक हैं। एक ऐसे ही अवसर पर 16 जुलाई, 2000 को मौज-मस्ती तथा खेल-कूद के बाद उन्होंने हमसे एक प्रश्न पूछा। उन्होंने पतंजलि के एक सूत्र का उद्धरण दिया और समूह से स्रोत पहचानने के लिए कहा। बहुत सिर खपाने और अनुमान लगाने के बाद हमने यह कहते हुए हार मान ली कि इतनी मौज-मस्ती तथा अच्छे भोजन के बाद ऐसा गंभीर प्रश्न पूछना उचित नहीं है। किंतु कई महीनों के शोध के बाद श्री प्रभाकर ने इसका उत्तर प्राप्त कर लिया। तब से वह समूह उस दिन को 'पतंजलि दिवस' के रूप में मनाता है। पूछा गया सूत्र था—'प्रतिभाद वा सर्वम्'। इस पर कई टीकाएँ हैं। सरल भाषा में इसका अर्थ है कि 'सहजता ही सबकुछ है'। भारत के राष्ट्रपति पद का चुनाव 15 जुलाई, 2002 को होना था। परिणाम 18 जुलाई को आने वाले थे। फिर भी, वह 16 जुलाई, 2002 को 'पतंजलि दिवस' मनाने के लिए समूह के साथ शामिल हुए।

समूह के साथ डॉ. कलाम का संबंध अनूठा है। 'सामान्यत: वह राजनीति पर चर्चा नहीं करते थे। वह देश की समस्याओं तथा उनको सुलझाने के तरीकों के बारे में विचार-विमर्श करना चाहते थे। चेष्टा और समाधान उनका अपरिवर्तनशील विषय था। वह दर्शनशास्त्र, आध्यात्मिक तथा अन्य गंभीर विषयों पर बहस करना पसंद करते थे। वह बहुत से विषयों पर काफी अध्ययन करते थे और उनपर चर्चा करते थे। वह पुस्तकों का आदान-प्रदान भी करते थे।'

डॉ. कलाम दिल्ली विकास प्राधिकरण के खेल परिसर में स्थित बगीचे को बहुत पसंद करते थे। उन्होंने वहाँ बागवानी के विकास में गहरी रुचि दिखाई और इस बारे में वहाँ के प्रमुख माली बाबूलाल को कई सुझाव दिए। बाबूलाल का कहना है कि डॉ. कलाम को हरियाली से प्यार है और वह पौधों के नामों की जानकारी रखते हैं। वह उसे लगातार बगीचे के रख-रखाव में सुधार के लिए कहते रहते थे। उन्होंने पार्क में एक पौधा रोपा, साथ ही येलो हैवन ग्रुप के प्रत्येक सदस्य ने एक-एक पौधा लगाया। डॉ. कलाम ने जिस दिन राष्ट्रपति का पद ग्रहण किया

उस दिन वह बाबूलाल को नहीं भूले। उन्होंने उसे उद्घाटन समारोह में शामिल होने का आमंत्रण भेजा। उनके लिए कोई व्यक्ति छोटा नहीं है।

जब वह उप-कुलपति डॉ. कलानिधि के आमंत्रण पर अन्ना विश्वविद्यालय में अध्यक्ष प्रोफेसर के रूप में कार्यभार ग्रहण करने के लिए चेन्नई गए तो येलो हैवन ग्रुप ने सुबह की दिनचर्या में अपने संस्थापक अध्यक्ष की कमी महसूस की। वे बार-बार कलाम को दिल्ली लौटने के लिए कहते रहे। उन्होंने उनके लौटने के लिए प्रार्थना की। डॉ. कलाम को स्वेच्छा से दिल्ली छोड़ने के बाद यहाँ लौटने का कोई रास्ता नहीं दिख रहा था। फिर भी अपने मित्रों को निराश न करने के उद्देश्य से उन्होंने उनसे कहा कि यदि वे एक साथ पार्क में छह रेड वैटल लैपविंगों (लाल रंग की ललटी—पंखों को फड़फड़ाने के तरीके के कारण उसका यह नाम पड़ा है) को देखें, तो वह वापस आ जाएँगे। वह समूह पक्षियों को देखा करता था (पक्षियों की लगभग पचास प्रजातियाँ उस पार्क में रहती हैं)। श्री बजाज एक उत्सुक पक्षी-विज्ञानी हैं। उन्होंने बहुत से पक्षियों के बारे में समूह को बताया था। डॉ. कलाम अपने अनुभव से यह जानते थे कि छह रेड वैटल लैपविंगों को एक साथ देखना लगभग असंभव है। उन्होंने जान-बूझकर समूह के लिए एक असंभव शर्त रखी। कई सप्ताह के निरीक्षण के बाद समूह ने छह लैपविंगों का एक दल देखा। डॉ. कलाम ने तुरंत यह संख्या बढ़ाकर आठ कर दी! जब समूह ने यह शर्त भी पूरी कर दी तो उन्होंने संख्या बढ़ाकर दस कर दी। वह लक्ष्य को आगे बढ़ा रहे थे, क्योंकि उन्हें दिल्ली आने का कोई रास्ता नहीं दिख रहा था, न ही वह ऐसा इरादा रखते थे। वह अन्ना विश्वविद्यालय में काफी खुश थे। उन्होंने मुझे बताया था कि वह उस अवधि को अपने जीवन की सबसे सुखद अवधियों में से एक गिनते हैं। समूह आखिरकार एक समय में चौदह पक्षियों को देखने में सफल हो गया और यह डॉ. कलाम को दिखाया। उन्होंने उनसे संख्या को न बढ़ाने का अनुरोध किया।

उन्होंने अनिच्छा से कहा, 'ऐसा लगता है कि मुझे दिल्ली वापस आना ही होगा। आपका प्यार मुझे यहाँ खींच रहा है।' उस समय वह या समूह का कोई अन्य सदस्य शायद ही जानता था कि राष्ट्रीय जनतांत्रिक गठबंधन द्वारा उन्हें राष्ट्रपति पद के उम्मीदवार के रूप में नामांकित किया जाएगा। दो माह से कम समय में उन्हें नामांकित किया गया और बाकी इतिहास आपके सामने है। येलो हैवन ग्रुप अपनी प्रार्थना की शक्ति के लिए खुद पर गर्व करता है, जिसके कारण वह डॉ. कलाम को राष्ट्रपति के रूप में दिल्ली ला पाए। उनका लाभ देश का लाभ है।

डॉ. कलाम एशियाड के आवास में अपनी खिड़की से तोतों को देखना पसंद

करते थे। आज, वह अपनी डायनिंग टेबल से सैकड़ों तोतों को मुक्त रूप से आस-पास उड़ते हुए देख सकते हैं। वह आगंतुकों को बड़े गर्व से यह सब दिखाते हैं।

जब सन् 1989 में रिसर्च सेंटर कॉम्पलेक्स (आर.सी.आई.) विकसित किया जा रहा था, तब मजदूरों ने दुर्गा के एक प्राचीन मंदिर को खोदकर निकाला। वह एक गुफा में चट्टानों के अंदर दबा हुआ था। उस क्षेत्र के आस-पास के गाँववाले वहाँ एक प्राचीन मंदिर के अस्तित्व का उल्लेख किया करते थे; परंतु उस संबंध में उनके पास ठीक-ठीक जानकारी नहीं थी। डॉ. कलाम ने आदेश दिया कि मंदिर का पुनरुद्धार किया जाए और नियमित पूजा आरंभ की जाए। पुरातत्त्व विभाग ने उसी समय से उस मंदिर को एक संरक्षित स्मारक का दर्जा दे दिया है।

डॉ. कलाम के बारे में सामान्य तौर पर यह प्रसिद्ध है कि वह साहित्य में रुचि रखते हैं। वह पुस्तकों के विवेकशील संग्रहकर्ता हैं। उन्हें सभी पुस्तकों को आद्यंत पढ़ने का समय नहीं मिलता। वह पुस्तक को तेजी से पलटते हुए आकर्षित करनेवाले अंशों को चिह्नित करते हुए चलते हैं। वह उस पुस्तक की उपयोगिता का अनुमान लगा लेते हैं और यदि वह उन्हें अच्छी लगी तो अपने नजदीकी लोगों को उसे पढ़ने की सलाह देते हैं। वह प्राचीन तमिल साहित्य, विशेषकर तिरुवल्लुवर लिखित 'तिरुक्कुरल' से सुपरिचित हैं। यह पुस्तक लगभग दो हजार वर्ष पुरानी है और इसमें नीतिशास्त्र एवं राजनीति से लेकर अर्थशास्त्र तक सभी विषयों पर ज्ञान के रत्न समेटे एक हजार तीन सौ तीस दोहे शामिल हैं। ज्ञान का यह कोष आज भी प्रासंगिक है। डॉ. कलाम अवसर के अनुसार एक उपयुक्त दोहे का उद्धरण देने से नहीं थकते। राष्ट्रपति भवन में उनकी मेज पर इस कवि-संत की काँसे की छोटी सी प्रतिमा रखी हुई है।

मुझे याद आता है कि सन् 1993 में, जब मैंने उनके साथ काम करना शुरू किया, एक संध्या समारोह में मेरी पत्नी उनसे मिली। उन्होंने उसमें अपने प्रकार की प्रकृति देखी और वे 'कंब रामायण' (नौवीं शताब्दी में प्रसिद्ध कवि कंबन द्वारा तमिल में लिखी रामायण) के उत्तम पहलुओं पर चर्चा करते रहे।

डॉ. कलाम ने अंग्रेजी में अपनी कविताओं के एक संग्रह 'माई जर्नी' को प्रकाशित कराया। वे मूल रूप से एक समयावधि में तमिल में लिखी गई थीं। जब भी वह अपनी भावनाओं को अभिव्यक्त करने की इच्छा महसूस करते थे तो कविता लिख डालते थे। ये कविताएँ सहज हैं और कवि की संवेदनशील प्रकृति को स्पष्ट रूप से बाहर लाती। हर कविता उनके चरित्र तथा प्रकृति के एक भिन्न अंश को बाहर लाती है। उनके आस-पास की घटनाओं के प्रति उनकी प्रतिक्रिया उनकी कविताओं में प्रतिबिंबित होती है। केवल मूड नहीं, बल्कि विचार-प्रक्रिया

के साथ उत्पन्न विचार भी उनकी कविताओं में दिखते हैं। इनमें से कई कविताओं में ईश्वर में उनकी स्थायी आस्था दिखती है। वह उस संदर्भ का भी उल्लेख करते हैं, जिसमें हर कविता लिखी गई थी।

जब मदर टेरेसा बीमार पड़ीं तो उन्होंने दु:ख में लिखा—

उनका दिल उन लोगों का घर है, जिनके पास घर नहीं
वह बीमार क्यों हैं?
वह जो बीमारों की देखभाल करती हैं
जो त्यक्त लोगों को अपनाएँगी
भटके हुए लोगों को घर कौन ले जाएगा?
चलिए, हम सब प्रार्थना करें
सर्वशक्तिमान् से कहें कि उसे न ले जाएँ
धरती पर उनकी अधिक जरूरत है
ताकि वह कुछ दिन और ईश्वर के संतानों की देखभाल कर सकें।

जब हैदराबाद में सांप्रदायिक दंगों में बड़ी संख्या में लोग मारे गए तो उन्होंने अपनी कविता 'गॉड' में ईश्वर से अपील की—

जब पीड़ितों ने ईश्वर को खोजना चाहा
और एक रोशनी के लिए आवाज दी
रोशनी ने उनसे किनारा कर लिया
रोशनी ने कहा, 'नहीं, मैं तुम्हारा नहीं हूँ'
तुमने मेरे आनंद को मार डाला है
मैंने तुम्हें प्यार फैलाने के लिए भेजा
इसकी बजाय तुमने घृणा फैलाई
अब तुम खुदा और भगवान् को जानते हो
अब तुम राम और रहीम को जानते हो
दोनों तुम सबका एक विधाता है?

लोगों को संदेश देते हुए वह 'मेसेज' (संदेश) नामक कविता में लिखते हैं—

याद रखो कि सभी लोगों को समान बनाया गया है
विधाता ने उन्हें अहरणीय अधिकार दिए हैं
जीवन, स्वतंत्रता और खुशहाली का रास्ता

सफलता के रहस्य का सूत्र
अपने कार्य के लिए प्रेम, अपने सपनों में विश्वास
धरती की कोई शक्ति तुम्हारे सपनों को नहीं तोड़ सकती।

उनकी पुस्तक 'तेजस्वी मन' में उनकी आध्यात्मिक रुचियों को अच्छा स्थान दिया गया है। वह देश के प्रमुख आध्यात्मिक गुरुओं के नियमित संपर्क में थे। उनकी आध्यात्मिकता धर्म से परे है। वह बड़े ही धार्मिक व्यक्ति हैं। वह प्रतिदिन सुबह नमाज पढ़ते हैं। परंतु यह उन्हें अन्य धर्मों के लोगों के साथ सहजता से घुलने-मिलने से नहीं रोकता। वह धर्मनिरपेक्ष शब्द के सच्चे अर्थों में 'धर्मनिरपेक्ष' हैं। जाति तथा धर्म संबंधी विचार कभी भी उनके निर्णयों को बाधित नहीं करते। ईश्वर की नजर में सभी समान हैं; वह व्यक्ति-व्यक्ति में भेदभाव नहीं करते। यह जानते हुए कि वह एक आस्थावान् मुसलमान हैं, बहुत से हिंदू संगठनों ने उन्हें सम्मानित किया है। यह उनकी बाह्य दृष्टि की सहिष्णुता को दरशाता है।

डॉ. कलाम हर समय आध्यात्मिक खोजों में लगे रहते हैं। उन्हें विश्वास है कि यह खोज अंदर से होनी है। अपनी कविता 'संदेश' में वह कहते हैं, 'सत्य को खोजो और सत्य तुम्हें मुक्त कर देगा।' वह अकसर चिंतनशील मुद्रा में आ जाते हैं। वह 'प्रकृति' नामक कविता में लिखते हैं कि एक संध्या को वह यह विचार करते हुए टहल रहे थे कि ईश्वर कहाँ है।

अचानक एक फूल मेरे सिर पर गिरा
और बोला
ओ! सपने बनानेवाले
ईश्वर की तलाश क्यों?
वह हर कहीं है
जीवन उसका आशीर्वाद है
प्रकृति से प्रेम करो और उसके सभी जीवों का ध्यान रखो
तुम हर जगह ईश्वर को पाओगे।

डॉ. कलाम हर समय अपने ईश्वर की तलाश में अपने अंदर झाँकते रहते हैं। वह अपनी आत्मा की आवाज पर चलते हैं। धर्म केवल एक पुल है, जो हमें आध्यात्मिकता से जोड़ता है, जो किसी भी धर्म से बहुत ऊपर है। उनका पूरा जीवन इसी सिद्धांत पर आधारित है।

□

5

लोकप्रिय धारणा

मेरा भतीजा, जो पिलानी में इंजीनियरिंग का अध्ययन कर रहा था, मई 2000 में अपने कुछ दोस्तों के साथ मुझसे मिलने दिल्ली आया। इससे पहले मैंने डॉ. कलाम के मनाली भ्रमण का प्रबंध किया था, जहाँ वे स्नो एंड एवलेंच स्टडीज इस्टेब्लिशमेंट के डी.आर.डी.ओ. गेस्ट हाउस में ठहरे थे। लैब के निदेशक ने उन्हें वह कमरा दिखाया, जिसमें डॉ. कलाम लैब के भ्रमण के समय सामान्यतः ठहरा करते थे। लड़के उस कमरे में रहने के विचार से काफी रोमांचित हुए और डॉ. कलाम द्वारा इस्तेमाल किए गए बिस्तर पर उन्होंने अपनी तसवीरें खिंचवाईं। जब उन्हें पता चला कि मैं डॉ. कलाम के साथ काम कर रहा था तो उन्हें गश जैसा आ गया। वे विश्वास नहीं कर पा रहे थे कि वे कभी डॉ. कलाम के साथ काम करनेवाले व्यक्ति से भी मिल पाएँगे। वह गुट डॉ. कलाम के बारे में अत्यंत उत्साहित था, जो उनके लिए एक नायक थे। उनमें से एक ने तुरंत 'विंग्स ऑफ फायर' की एक प्रति प्रस्तुत कर दी, जो वह प्रेरणा के लिए अपने साथ रखे हुए था। वे उनसे मिलने के लिए अनुनय-विनय करने लगे; परंतु मैं डॉ. कलाम से उनकी मुलाकात नहीं करवा सकता; दुर्भाग्यवश वह उस दिन शहर से बाहर गए हुए थे।

डॉ. कलाम के पुणे के एक दौरे के समय मैं उनके साथ था। इंस्टीट्यूट ऑफ आर्मामेंट टेक्नोलॉजी में डी.आर.डी.ओ. के लगभग तीन सौ इंजीनियर प्रशिक्षुओं की वार्षिक सैन्य शिक्षा पूरी हो रही थी। डॉ. कलाम को उन्हें संबोधित करना था। हॉल खचाखच भरा हुआ था। सभी औपचारिकताओं के पूरा होने के बाद खुले लॉन में रात का भोजन परोसा गया। युवा प्रशिक्षुओं के लिए यह डॉ. कलाम के

इर्द-गिर्द मँडराने का अवसर था। उन तीन सौ युवाओं ने उन्हें ठीक से खाने भी नहीं दिया। सभी उनका ऑटोग्राफ चाहते थे, उनसे बात करना चाहते थे, उन्हें छूना चाहते थे, उनके साथ तसवीर खिंचवाना चाहते थे; उनके पास रहने के लिए वे कुछ भी कर सकते थे और वह जो कहते थे, उसे ध्यानपूर्वक सुनते थे। वह ऐसा दृश्य था, जो हमेशा के लिए मेरे मस्तिष्क में अंकित हो गया। मैं यह देख सकता था कि यह इस वजह से नहीं था कि वह संगठन के प्रमुख थे। मैंने अन्य स्थानों पर भी ऐसे समारोह देखे थे—आम तौर पर प्रशिक्षु दोषदर्शी होते हैं और आधिकारिक रूप से महत्त्वपूर्ण लोगों से बचते हैं। इस मामले में वह युवाओं की ओर से स्नेह के सच्चे भावोद्‍गार थे। डॉ. कलाम भूखे ही गेस्ट हाउस लौटे और मुझसे यह सब कहा। वह शिकायत नहीं कर रहे थे; वह केवल खाने के लिए कुछ चाहते थे। ऐसे कई अवसर आए हैं, जब मैं लैबों और फैक्टरियों जैसे प्रतिष्ठानों में डॉ. कलाम के साथ गया हूँ। जिस पल उनपर नजर पड़ती, सारे लोग उनकी एक झलक पाने के लिए उनके पास झुंड में आ जाते। फैक्टरियों में लोग एक स्थान से दूसरी स्थान तक उनका अनुसरण करते। वह इस प्रकार का ध्यान बिलकुल नहीं चाहते; क्योंकि वह महसूस करते थे कि वह उन लोगों को काम से विचलित कर रहे हैं। वह इतनी नजरों के सामने अपने कार्य पर ध्यान केंद्रित नहीं कर सकते थे।

काफी वर्षों बाद मैंने उन्हें दिल्ली के निकट गाजियाबाद में उन्नत स्तर के टेलीकॉम प्रशिक्षण केंद्र पर टेलीकॉम प्रशिक्षुओं को संबोधित करने के लिए आमंत्रित किया। वहाँ लगभग दो सौ पचास प्रशिक्षु थे। वह हॉल न केवल प्रशिक्षुओं बल्कि संस्थान के पूरे स्टाफ से भरा हुआ था, जिसमें शैक्षिक तथा प्रशासनिक स्टाफ और उनके परिवार शामिल थे। उनके द्वारा बोले जा रहे हर शब्द को सब लोगों के द्वारा बहुत उत्सुकता से ग्रहण किया जा रहा था। भाषण के बाद चाय का आयोजन पुणे समारोह की पुनरावृत्ति था—वह भीड़ से घिर गए। लड़कों ने उनपर एकाधिकार कर लिया। डॉ. कलाम ने ध्यान दिया कि कुछ लड़कियाँ उन तक पहुँचने का असफल प्रयत्न कर रही हैं। उन्होंने मुझे अपने बचाव के लिए आने का संकेत किया। जब मैंने उन्हें पुरुषों की भीड़ से निकाला तो उन्होंने उन लड़कियों को बुलाया और उन्हें ऑटोग्राफ दिए तथा उनके साथ तसवीरें खिंचवाईं। यह भी मेरे लिए एक स्मरणीय अवसर था।

मैंने उनके साथ जुड़े करिश्मे और उनके द्वारा दूसरों, विशेषकर युवाओं, में उत्पन्न की गई भावनाओं को दरशाने के लिए उपर्युक्त घटनाओं की चर्चा की है। वह जहाँ भी जाते थे, ऐसा ही दृश्य उपस्थित हो जाता था। वह क्या है, जो लोगों में

इस प्रकार की प्रतिक्रिया उत्पन्न करता है? राजनेताओं को लोगों के बीच हिस्टीरिया (उन्माद) उत्पन्न करने के लिए जाना जाता है। सामान्यत: उन्हें अच्छा संगठनात्मक सहयोग प्राप्त होता है और जनता उनका मतदाता वर्ग होता है। डॉ. कलाम तो सिर्फ एक वैज्ञानिक हैं, जिनके पास एक बौद्धिक आकर्षण है। उनकी निष्ठा एवं सच्चाई लोगों को उनकी ओर खींचती है।

जब भी वह भाषण देते हैं, एक विनम्र, सच्चे व्यक्ति के रूप में सामने आते हैं। ऐसा प्रतीत होता है कि वह हर किसी से व्यक्तिगत रूप से बात कर रहे हों। लोगों को उनके कथन में विश्वास होता है। जब वह कहते हैं कि यदि हम अपनी प्रौद्योगिकी का इस्तेमाल करें तो भारत एक विकसित राष्ट्र बन सकता है, तो युवाओं को पक्का विश्वास हो जाता है कि ऐसा हो सकता है। उनका यह कथन कि उन्होंने जिस चीज का भी समर्थन किया है, उसे हासिल किया है, उनके शब्दों को विश्वसनीयता प्रदान करता है।

एक सार्वजनिक व्यक्तित्व की सही पहचान है उसके बारे में जन-जागरूकता की सीमा। जन-धारणा बनाने के लिए उस व्यक्ति का प्रोफाइल मजबूत होना चाहिए। जनमत को बहुत से कारकों द्वारा प्रभावित किया जा सकता है, जिसमें जनसंपर्क फर्मों की सेवाओं द्वारा शख्सियतों की मार्केटिंग भी शामिल है। जन-धारणा अब भी समाज में किसी व्यक्ति की स्थिति का एक अच्छा संकेतक है।

राष्ट्रपति पद के लिए राष्ट्रीय जनतांत्रिक गठबंधन के उम्मीदवार के रूप में नामांकित किए जाने पर डॉ. कलाम की लोकप्रियता में और भी वृद्धि हुई। लगभग सभी दल खुद को उनके नामांकन के साथ संबद्ध करने के लिए आतुर थे। उन्हें उम्मीदवार बनाए जाने का सभी ने स्वागत किया। उनके नामांकन का समर्थन करते हुए प्रमुख समाचार-पत्रों में संपादकीय लिखे गए।

उनके लिए व्यापक समर्थन की हद दिखाने के लिए लोगों द्वारा इंटरनेट पर भेजी गई टिप्पणियों का एक नमूना नीचे दिया गया है :

सन् 1963 से डॉ. कलाम के एक नजदीकी मित्र (सन् 1963 से) तथा सहयोगी आर. अरवामुदन ने 'रेडिफ' स्पेशल के 18 जुलाई, 2002 के अंक में लिखा—

> 'कलाम हमेशा खुद को बहुत गंभीरता से लेते थे और जो भी करते थे, उसके बारे में काफी सच्चे रहते थे। वह खुद को पूरी तरह किसी परियोजना में व्यस्त कर लेते और दूसरों को भी अपनी तरह मेहनत से काम करने के लिए प्रेरित करते।

'90 के दशक के बाद जैसे-जैसे कलाम एक राष्ट्रीय शख्सियत बनते गए, उनके प्रति एक पुराने मित्र तथा दूरस्थ निरीक्षक की मेरी धारणा बदलती गई। मैंने ध्यान दिया कि उन्होंने व्यक्ति-प्रबंधन की अपनी विशेषताओं को पूर्णता के उच्च स्तर तक पहुँचाया है। वह वैज्ञानिक क्षेत्र के अपने साथियों के साथ राजनीतिज्ञों तथा सैन्य उच्चाधिकारियों के साथ समान सहजता से उठते-बैठते थे।

जब हमने उनके नामांकन पर उन्हें बधाई देने के लिए उन्हें फोन किया तो मेरी पत्नी ने पूछा कि यदि '60 के दशक में कोई उन्हें त्रिवेंद्रम की सड़कों पर रोककर कहता कि वह एक दिन भारत के राष्ट्रपति बनेंगे, तो उनकी प्रतिक्रिया क्या होती? उन्होंने जवाब दिया, 'मैं हँसता। वह अकल्पनीय बात थी।'

अब वह पूरी तरह एक अलग कार्यभार सँभाल रहे हैं। परंतु उनके पिछले रिकॉर्ड को देखते हुए मुझे विश्वास है कि वह तेजी से खुद को अपनी नई भूमिका में आत्मसात् कर लेंगे और एक उत्कृष्ट राष्ट्रपति साबित होंगे।'

श्री अरवामुदन इसरो उपग्रह अनुसंधान केंद्र, बंगलौर के निदेशक के पद से सेवानिवृत्त हुए हैं।

उनकी उम्मीदवारी की घोषणा से काफी पहले जब अन्य लोग राष्ट्रपति पद के संघर्ष में थे, 'फाइनेंशियल एक्सप्रेस' ने 20 मई, 2002 को एक बहुत ग्रहणीय बात और भविष्यवाणी करते हुए संपादकीय लिखा—

'राष्ट्रपति पद के चुनाव में सार्वजनिक बहसों में जिनके नाम उभरकर सामने आए हैं, उनमें महान् निष्ठा तथा बौद्धिकतावाले सबसे योग्य, प्रतिष्ठित तथा राजनेताओं के गुणवाले व्यक्ति हैं रक्षा मंत्री के पूर्व वैज्ञानिक सलाहकार तथा भारत रत्न डॉ. ए.पी.जे. अब्दुल कलाम। भारतीय राजनीति के मानकों द्वारा वह अब भी युवा हैं, जो अपनी आयु के छठे दशक में हैं! वह देश तथा विदेश में भ्रमण करने में सफल होंगे और राष्ट्रपति नारायणन के बिना आदान-प्रदान के देशों की यात्राओं को पूर्ण करने में सफल होंगे। भारतीय मिसाइल कार्यक्रम के जनक के रूप में वह सशस्त्र सेनाओं का सम्मान तथा श्रद्धा प्राप्त कर सकते हैं और गणतंत्र दिवस पर उनकी सलामी लेने के लिए दो घंटे तक बिना थके सीधे खड़े रह सकते हैं। वह बुद्धिमत्तापूर्ण भाषण लिखने में समर्थ होंगे, जो राष्ट्र प्रमुख को समय-समय पर देना आवश्यक

होता है और हालाँकि वह राष्ट्रपति के संवैधानिक पद से भटकेंगे नहीं, उनसे अपने विवेक का इस्तेमाल करने की अपेक्षा की जाएगी। कुल मिलाकर एक पूर्ण राष्ट्रपति। हम उनकी उम्मीदवारी का समर्थन करते हैं।'

इंजीनियरिंग का इक्कीस वर्षीय एक छात्र सूरज उनके वेबसाइट में अन्य चीजों के अलावा यह लिखता है—

'हमारे पाठ्यक्रम के अनुसार, अंतिम वर्ष में हमें परियोजना कार्य करना होता है। मेरी परियोजना थी भारत हैवी इलेक्ट्रिकल्स, ट्रिची। परंतु मेरा मित्र अरविंद भाग्यशाली था कि उसे अपना परियोजना कार्य मेरे आदर्श संगठन इसरो (भारतीय अंतरिक्ष अनुसंधान संगठन) में करने का अवसर मिला। मैं बहुत पहले से इसरो को पसंद करता हूँ (वास्तव में, मुझे लगता है कि सही-सही कहूँ तो मुझे डी.आर.डी.ओ. से प्यार था।...मुझे याद आता है कि बचपन में मैं 'अग्नि' तथा 'पृथ्वी' के ढेर सारे रेखाचित्र बनाता था) और जब से मैंने डॉ. ए.पी.जे.अब्दुल कलाम की आत्मकथा 'अग्नि की उड़ान' पढ़ी है, इसरो के लिए मेरा प्यार कई गुना बढ़ गया है। मैं डॉ. कलाम की 'भारत 2020 : नवनिर्माण की रूपरेखा' खरीदने की योजना बना रहा हूँ और मैं यह जानकर बहुत-बहुत खुश हूँ कि अब डॉ. ए.पी.जे. कलाम को राष्ट्रपति पद का उम्मीदवार बनाया जा रहा है।'

निम्नलिखित पढ़ना काफी दिलचस्प होगा।

राष्ट्रपति पद के लिए निर्वाचित डॉ. कलाम का तमिलनाडु में फैन क्लब

रविवार, 21 जुलाई, 2002, भारतीय समयानुसार 13.24 बजे

शिवगंगा : राजनीतिज्ञों तथा सिनेमा कलाकारों की तरह तमिलनाडु के शिवगंगा जिले के लादानेंदल में राष्ट्रपति पद के लिए निर्वाचित डॉ. ए.पी.जे.अब्दुल कलाम का फैन क्लब है, जो लंबे समय से चल रहा है।

इक्कीस सदस्योंवाले इस क्लब में कृषक बालासुब्रमणि अध्यक्ष हैं।

बालासुब्रमणि ने हाल में लादानेंदल में संवाददाताओं को बताया, 'कलाम के बारे में जिस चीज ने मुझे सबसे अधिक प्रभावित किया, वह यह है कि उन्होंने अपनी सभी विशेषज्ञताओं और ज्ञान का देश की भलाई के लिए इस्तेमाल किया है।

'हमने युवाओं को उनके निस्स्वार्थ भावनाओं की जानकारी देने के

लिए यह क्लब आरंभ किया। वह देश हित में सोचते हुए बहुत साधारण ढंग से रहते हैं और आज के युवाओं के लिए सच्चे मार्गदर्शक हैं।'

अब यह क्लब विभिन्न सामाजिक सेवा गतिविधियों में संलग्न है। इस विषय पर यूनाइटेड न्यूज ऑफ इंडिया द्वारा कराए गए एक सर्वेक्षण के नतीजे निम्नलिखित हैं—

'राष्ट्रपति पद के उम्मीदवार डॉ. ए.पी.जे. अब्दुल कलाम को अपने समकक्ष समूह का असाधारण समर्थन मिला है, जो कहते हैं कि राजनीतिक क्षितिज पर उनकी उपस्थिति 'भारत को घेरे हुए खराब शासन-प्रणाली के बादल में बिजली की कौंध' है और वह देश को सही दिशा की ओर ले जा सकते हैं।

यू.एन.आई. की एक प्रश्नावली के जवाब में सर्वोच्च शिल्प-विज्ञानियों, शिक्षाविदों तथा नौकरशाहों जैसे पूर्व प्रमुख सतर्कता आयुक्त एन. विट्टल ने सर्वोच्च पद के लिए डॉ. कलाम की उम्मीदवारी का स्वागत किया है और कहा है कि भ्रष्टाचार के दलदल में धँसी व्यवस्था समय-समय पर इस पुरानी कहावत के प्रमाण के रूप में सामने आती है कि बादल में हमेशा बिजली की एक कौंध होती है। श्री विट्ठल का मत था कि 'डॉ. कलाम आवश्यक विषरोधी सिद्ध होंगे, ताकि राजनीति के शरीर की बीमारी को प्रभावी तरीके से दूर करना सुनिश्चित कर सकें।' डी.ए.ई.—होमी भाभा चेयर तथा चेन्नई स्थित एम.एस. स्वामीनाथन रिसर्च फाउंडेशन के कार्यकारी निदेशक प्रो. पी.सी. केशवन के अनुसार, 'डॉ. कलाम सांस्कृतिक, सामाजिक तथा व्यावसायिक रूप से भी एक निष्ठावान् भारतीय हैं।' कमेटी ऑन साइंस एंड टेक्नोलॉजी इन डेवलपिंग कंट्रीज (सी.ओ.एस.टी.ई.डी.) (विकासशील देशों में विज्ञान तथा प्रौद्योगिकी पर समिति) के वैज्ञानिक सचिव जी. त्यागराजन ने मत व्यक्त किया कि डॉ. कलाम के लिए व्यापक राजनीतिक समर्थन आधार तथा आम जनता से सकारात्मक प्रतिक्रिया को जनता की पसंद का प्रतिबिंब माना जा सकता है।

श्री विट्ठल ने कहा, 'एक वैज्ञानिक तथा शिल्प-विज्ञानी होने के कारण हम उनसे उम्मीद करते हैं कि वह अपने सामने लाए गए मुद्दों के प्रति वस्तुनिष्ठ तथा निर्णायक रुख अपनाएँगे।' जबकि डॉ. त्यागराजन ने उन्हें डॉ. एस. राधाकृष्णन के समकक्ष माना, जो दार्शनिक-शिक्षक होते हुए राष्ट्रपति बने थे और अत्यंत गरिमा से यह पद सँभाला था।

कुछ अनिवासी भारतीय इस प्रकार महसूस करते हैं—

'खलीज टाइम्स' ने दुबई में भारतीय समाज के विभिन्न वर्गों का प्रतिनिधित्व करनेवाले भारतीय अनिवासियों से यह जानने के लिए बात की कि ए.पी.जे. अब्दुल कलाम के भारत के बारहवें राष्ट्रपति बनने पर वे कैसा महसूस करते हैं ?

इंडियन फार्मास्यूटिकल एसोसिएशन के अध्यक्ष बी.आर. शेट्टी— 'यह हमारे महान् प्रधानमंत्री की दूरदर्शिता है और यह दिखाता है कि भारत में बुद्धिमत्ता तथा वफादारी के गुणोंवाला कोई व्यक्ति कुछ भी हासिल कर सकता है। पोखरण में परमाणु परीक्षणों के समय से उस वैज्ञानिक का प्रशंसक होने के नाते मैंने उत्साह से डॉ. कलाम के नामांकन तथा विजय का जश्न मनाया। डॉ. कलाम खाड़ी के इसलामी देशों तथा उपमहाद्वीप के बीच स्थित दरार को पाटने में मदद कर सकते हैं। पद ऊँचा है और साथ ही हमारी उम्मीदें भी; परंतु मुझे लगता है कि डॉ. कलाम सही स्थान पर सही व्यक्ति हैं। डॉ. कलाम के नामांकन के पीछे कोई राजनीति नहीं थी।'

इंडियन एसोसिएशन के अवैतनिक सलाहकार सुनील भाटिया—'डॉ. अब्दुल कलाम एक शिल्प-वैज्ञानिक हैं, न कि राजनेता और यह उन्हें पूरी तरह निष्पक्ष व्यक्ति बनाता है। कोई राजनीतिक महत्त्वाकांक्षाएँ न रखनेवाले वह राष्ट्रपति के पद के बिलकुल उपयुक्त हैं।'

इंटरनेट पर मौजूद संपूर्ण सामग्री को यहाँ प्रस्तुत करने का मेरा इरादा नहीं है। इसका उद्देश्य केवल उस स्नेह तथा सम्मान का उदाहरण प्रस्तुत करना है, जो उन्हें भारत तथा विदेशों में सभी वर्गों के लोगों द्वारा दिया जाता है।

कविता के रूप में तमिल में लिखा गया निम्नलिखित पत्र राष्ट्रपति डॉ. कलाम को संबोधित था। ऐसे हजारों पत्र हैं। मैंने इसे केवल एक प्रतिनिधि बानगी के रूप में चुना है :

सेवा में
सम्माननीय डॉ. ए.पी.जे. अब्दुल कलाम,
राष्ट्रपति
राष्ट्रपति भवन
नई दिल्ली

महान् वैज्ञानिक श्री कलाम

तमिलनाडु के प्रिय बच्चे!
आज आप भारत के राष्ट्रपति बन गए हैं
आपको ढेर सारे आशीर्वचन तथा शुभकामनाएँ
हम सर्वशक्तिमान् को धन्यवाद देते हैं
ओह ईश्वर, उन्होंने शपथ ली है
भारत को मजबूत तथा महान् बनाने की
कृपया हमारे योग्य तथा सम्माननीय राष्ट्रपति को
एक लंबा और खुशहाल जीवन दे!
इस प्रकार एक भाई सर्वशक्तिमान् ईश्वर से प्रार्थना करता है।
जय हिंद।

एक देशभक्त
सैयद निसार अहमद

□

6
नेता

डॉ. कलाम डॉ. विक्रम साराभाई को अपना आदर्श मानते हैं। वह खास तौर पर साराभाई के नेतृत्व-गुणों के प्रशंसक हैं। उन्होंने डॉ. साराभाई का अदृश्य नेता के रूप में वर्णन किया, जिन्हें वह इस प्रकार परिभाषित करते हैं, 'अदृश्य नेतृत्व पारंपरिक भूमिकाओं को बदलने का दृष्टिकोण अपनाना है। यह कमांडर से प्रशिक्षक, प्रबंधक से शिक्षक, निदेशक से प्रत्यारोजक और सम्मान की माँग रखने वाले से सम्मान को सरल बनाने की ओर परिवर्तन है।'

डॉ. कलाम ने अपने बलबूते पर स्वयं में एक महान् नेता को आकार दिया है। उन्होंने विभिन्न अवसरों पर सशक्त नेतृत्व के कई गुणों को प्रदर्शित किया है।

एक नेता की सबसे प्रमुख विशेषता दूरदर्शिता होती है। यदि वह आखिरी गंतव्य को नहीं जानता तो वह अपनी टीम का नेतृत्व नहीं कर सकता। दूरदर्शिता तात्कालिक उद्देश्यों तथा लक्ष्यों से कहीं आगे अंतिम परिणाम पर होती है। उसकी रेंज लंबी-चौड़ी होती है और वह प्रवृत्ति में आधारभूत परिवर्तन की माँग कर सकती है। डॉ. कलाम मुख्यतः एक दूरदर्शी तथा स्वप्नदर्शी व्यक्ति हैं। वह संकल्पना बनाने में माहिर हैं और अपनी अंतर्दृष्टि की रूपरेखा को बहुत प्रभावी ढंग से व्यक्त करते हैं। अपने कैरियर के प्रत्येक चरण में वह अपने संगठन के लिए एक अंतर्दृष्टि बनाते हैं। डी.आर.डी.ओ. में रहते हुए उन्होंने इसके लिए दृष्टिकोण निर्धारित करने के लिए चयनित वरिष्ठ निदेशकों की दो बैठकें आयोजित कीं। चर्चा के मार्गदर्शन के लिए वारविक विश्वविद्यालय के डॉ. भट्टाचार्य को इससे जोड़ा। आत्म-परीक्षा करने के कई दिनों के बाद समिति ने डी.आर.डी.ओ. के लिए अग्रलिखित दृष्टिकोण अंगीकृत किया।

दृष्टिकोण

'विश्व स्तरीय विज्ञान तथा प्रौद्योगिकी आधार स्थापित करते हुए भारत को खुशहाल बनाएँ और हमारी रक्षा सेवाओं को अंतरराष्ट्रीय प्रतिस्पर्धात्मक प्रणालियों तथा समाधानों से लैस करते हुए उन्हें निर्णायक आधार प्रदान किया जाए।'

इस दृष्टिकोण को व्यापक रूप से संगठन में प्रसारित किया गया।

डॉ. कलाम ने रक्षा मंत्रालय को सेवाओं के लिए एक आत्मनिर्भरता का दृष्टिकोण अंगीकृत करने के लिए प्रेरित किया। बाद में उन्होंने देश के लिए एक विकसित राष्ट्र का लक्ष्य निर्धारित किया। प्रत्येक चरण में वह सजगता के साथ संगठन के लिए एक उपयुक्त दृष्टिकोण अंगीकृत करते हैं।

नेता एक प्रशिक्षक की तरह होता है। उसे अपनी टीम के प्रत्येक सदस्य की क्षमता का आकलन करना और उसे विकसित होने में मदद देना होता है। डॉ. कलाम ने इसे एक ललित कला के रूप में विकसित किया है। अपनी बैठकों में वह मुक्त चिंतन तथा बातचीत को प्रोत्साहित करते हैं। वह एक श्रेष्ठ श्रोता हैं। जब कोई एक महत्त्वपूर्ण विचार रख रहा हो तो वह कभी हस्तक्षेप नहीं करते। किसी समूह में जिस प्रकार की बहस देखने को मिलती है, उससे अस्थिरता का आभास मिलता है। वस्तुस्थिति इससे बहुत भिन्न है। डॉ. कलाम जान-बूझकर मतभेदों को प्रोत्साहित करते हैं, ताकि समूह को सभी विकल्पों के मूल्यांकन का पूरा अवसर मिल सके। जब वह हैदराबाद में डी.आर.डी.एल. में गए तो उन्होंने वहाँ के वातावरण में घुटन जैसी महसूस की। वहाँ विचारों के स्वतंत्र आदान-प्रदान की कोई व्यवस्था अथवा परंपरा नहीं थी। वहाँ 'बॉस हमेशा सही होता है' की सामंती प्रवृत्ति प्रचलित थी। उन्होंने मानसिक अवरोधों को दूर करने के लिए बहुत मेहनत की, ताकि लोग जो महसूस करें उसे अभिव्यक्त कर सकें। मुक्त चिंतन को बाधित करके कोई भी वैज्ञानिक प्रगति हासिल नहीं की जा सकती। उन्होंने डी.आर.डी.एल. और बाद में डी.आर.डी.ओ. में स्वतंत्र चिंतन को प्रोत्साहित किया। इस प्रक्रिया में वह प्रत्येक व्यक्ति के महत्त्व से परिचित हुए। उन्होंने उन लोगों को कार्य सौंपते समय उस सूचना का उपयोग किया। उन्होंने लोगों को उपयुक्त कार्य सौंपे।

आशावादी और श्रेष्ठ नेता की तरह वह अपनी टीम की उम्मीदें जीवित रखते हैं। यदि कोई बुरी खबर हो तो वह स्वयं उसे सहन करते हैं और उन तक केवल प्रोत्साहन व उम्मीद ही पहुँचाते हैं। वह हमेशा सकारात्मक रुख रखते हैं। सामान्य पत्रों में भी वह सभी नकारात्मक संवेदनाओं को बाहर कर देते हैं। वही

चीज सकारात्मक भाषा में व्यक्त की जाएगी। यह प्रवृत्ति अपने आदर्श रूप में तब देखी जा सकती है, जब वह विफलता का विश्लेषण करते हैं। विफलताएँ किसी भी विकास-चक्र का एक हिस्सा होती हैं। उससे निराश या निरावलंब होने की कोई आवश्यकता नहीं है। वास्तव में डॉ. कलाम इस कहावत में दृढ़ता से विश्वास करते हैं कि विफलता सफलता की सीढ़ी है। यदि आप शुरुआत में पर्याप्त विफलताओं का सामना नहीं करते, आत्मसंतुष्टि सिर उठाने लगती है और बाद के चरण में विफलताओं से सामना होगा, जो अधिक उलझन तथा क्षति का कारण बनती है। वह विफलता की स्थिति को बहुत अच्छी तरह सँभालते हैं। सबसे पहले वह टीम को आश्वस्त करते हैं कि विफलताएँ जीवन का हिस्सा हैं और इन्हें लेकर निराश नहीं होना चाहिए। वह किसी को एक-दूसरे में दोष ढूँढ़ने की इजाजत नहीं देते। हालाँकि वह व्यावसायिक मतभेदों को प्रोत्साहित करते हैं, किंतु व्यक्तिगत दोषारोपण निषिद्ध है। वह धैर्यपूर्वक प्रत्येक पक्ष को गहराई से अध्ययन करते, जब तक कि तर्कसंगत निश्चितता के साथ विफलता का कारण नहीं मिल जाता। यदि समाधान अनियंत्रित प्रतीत होता तो वह शिक्षाविदों के साथ बाहर के विशेषज्ञों को आमंत्रित करते। वह विफल हुई टीम को अपमानित किए बिना गरिमा के साथ पूरी स्थिति को सँभालते। वह प्रोत्साहन के शब्दों द्वारा उन्हें दुबारा प्रयास करने के लिए उत्साहित करते। टीम का मनोबल बनाए रखना हमेशा उनकी उच्च वरीयता में रहा है।

अपने परामर्शदाता डॉ. धवन की तरह उन्होंने एक अदृश्य नेता बनना पसंद किया। वह सभी प्रौद्योगिकियाँ जानने का दिखावा नहीं करते। वह समस्या के व्यापक पैरामीटरों की ओर संकेत कर देंगे और समाधान सुझाने का काम पूरी तरह विशेषज्ञों पर छोड़ देंगे। समस्याओं को पहचानना और उनसे निपटने के लिए सही टीमें बनाना उनकी विशेषता थी। ऐसा ही एक मामला था हलके लड़ाकू विमानों के लिए नियंत्रण कानून के विकास का। एक विमान के लिए नियंत्रण कानून बनाना, जो उस नियंत्रण कानून के आधार पर कंप्यूटर द्वारा उड़ाया जाता है। यह एक लंबी प्रक्रिया थी। उन्होंने तुरंत महसूस किया कि वह किसी एक संगठन की क्षमता के परे था। उन्होंने नियंत्रण कानून विकसित करने के लिए डी.आर.डी.ओ. तथा सी.एस.आई.आर. के विभिन्न लैबों से एक राष्ट्रीय टीम गठित की। यह योजना सफल रही और नियंत्रण कानून विकसित किया जा सका।

अधिकांश समस्याओं के प्रति उनकी प्रवृत्ति ऐसी ही होती है। वह जटिल समस्याओं को निपटाने के लिए विभिन्न लैबों से टीमें बनाते। इससे उन लैबों के बीच कुछ एकजुटता आई, जो अकेले-अकेले काम कर रहे थे। वह उत्साहपूर्वक

लैबों की नेटवर्किंग करते थे।

एक अच्छा नेता वही होता है, जो विभिन्न प्रणालियों को अपने लिए कार्य करने पर मजबूर कर देता है। वह उपयुक्त वातावरण की शिकायत नहीं करते। नेतृत्व की मूल विशेषता है, विद्यमान सुविधाओं को अनुकूलतम स्तर तक इस्तेमाल करके उनसे बेहतरीन लाभ प्राप्त करना। डॉ. कलाम किसी प्रणाली को अपनी आवश्यकताओं के अनुकूल बनाने में विशेषज्ञ हैं। जब आई.जी.एम.डी.पी. को स्वीकृत किया गया, डॉ. कलाम ने विभिन्न समितियों को विभिन्न वित्तीय शक्तियाँ देकर तीन श्रेणियोंवाली एक अद्वितीय प्रबंधन संरचना बनाई। परियोजना प्रबंधन बोर्ड इसमें सबसे नीचे था और उसे पचास लाख रुपए तक की खरीद करने की शक्तियाँ दी गई थीं, जो सन् 1984 में पर्याप्त राशि थी। परियोजना निदेशक इस बोर्ड का अध्यक्ष होता है। कार्यरत अधिकारियों से लेकर भागीदार एजेंसियाँ तक इसकी सदस्य होती हैं। कार्यक्रम प्रबंधन बोर्ड एक वरिष्ठ स्तर का बोर्ड है, जिसमें उपभोक्ताओं के साथ सभी एजेंसियों की भागीदारी होती है। उत्पादन एजेंसियाँ भी इसकी सदस्य हैं। भारत में पहली बार डॉ. कलाम ने समकालीन इंजीनियरिंग की अवधारणा विकसित की, जिसमें उत्पादन सुविधाओं का निर्माण किया गया और विकास प्रक्रिया के दौरान ही उसका इस्तेमाल किया गया। किसी उत्पाद पर उपयोगकर्ताओं की सहमति के बाद उत्पादन में विलंब की समस्या को दूर करने के लिए ऐसा किया गया। दूसरा लाभ यह था कि आरंभ से ही उत्पादन एजेंसियों की संगति के कारण विकास के चरण में ही उपयुक्त इंजीनियरिंग मानक अपनाए गए।

नियंत्रित प्रक्षेपास्त्र (गाइडेड मिसाइल) बोर्ड महत्त्वपूर्ण शक्तियोंवाला एक सर्वोच्च अंग है। यह अंग आवश्यकता के अनुसार बैठक करता था; परंतु वर्ष में दो बार से कम नहीं। इन बैठकों में वित्तीय मंजूरी देने के अलावा परियोजना की विस्तृत समीक्षा की जाती थी और जहाँ भी आवश्यक हों, मध्यवर्ती सुधार किए जाते थे। परियोजना धन की कमी, वित्तीय स्वीकृति या निर्णयों के कारण कभी प्रभावित नहीं होती थी।

नई प्रबंधन संरचना ने परियोजना में प्रशासनिक विलंब का अवरोध हटा दिया है। डॉ. कलाम ने व्यवस्था के अंदर कार्य करके उसे अपने अनुकूल बनाया। यह व्यवस्था को अपने अनुकूल बनाने का उत्तम तरीका है। उन्होंने कभी भी अनुक्रिया न करनेवाली व्यवस्था के बारे में शिकायत नहीं की। उन्होंने व्यवस्था को नियंत्रित करने का भार वैज्ञानिकों से अपने ऊपर ले लिया और उन्हें शुद्ध तकनीकी कार्य के लिए स्वतंत्र कर दिया।

अपनी टीम के सदस्यों, वैज्ञानिकों और सहयोगियों का मनोबल ऊँचा रखना डॉ. कलाम की प्रबंधन शैली की एक विशेषता है। उदाहरण के लिए, जब पहली बार 'अग्नि' का सफल परीक्षण हुआ तो उन्होंने डी.आर.डी.एल. में प्रत्येक को मौद्रिक पुरस्कार देने के लिए सरकार को सहमत किया। इसने पूरे लैब को उत्साहित किया। बाद में, जब वह रक्षा मंत्री के वैज्ञानिक सलाहकार बने, तो उन्होंने आकर्षक नकद राशिवाले डी.आर.डी.ओ. पुरस्कारों की प्रणाली शुरू की। इन पुरस्कारों में लीक से हटकर शोध के लिए वैज्ञानिकों से लेकर प्रयोगशालाओं, प्रौद्योगिकी अंगीकरण के लिए उद्योगों, शैक्षिक संस्थानों, युवा वैज्ञानिक पुरस्कार, रक्षा प्रौद्योगिकी विकास पुरस्कार आदि शामिल थे। कुल मिलाकर सभी क्षेत्रों को समेटते हुए ऐसे सत्रह पुरस्कार हैं। लोग इन पुरस्कारों की आशा में रहते हैं और इनके योग्य बनने के लिए अच्छा कार्य करते हैं।

पुरस्कार प्रदान करना लोगों को प्रेरित करने के उनके कई तरीकों में से एक है। उनके द्वारा अपनाया गया आदर्श तरीका था कि वह हर समय उनकी पहुँच में रहते थे और प्रत्येक के लिए उनके पास प्रेरक शब्द तैयार रहते थे।

□

7

कलाम और बच्चे

किसी जगह उत्सव सा माहौल है। बच्चे लंबे समय से इस दिन की प्रतीक्षा कर रहे थे। अभिभावकों ने उनके कपड़ों पर विशेष ध्यान दिया है। कुछ मेहनती बच्चों ने शृंखलाबद्ध तरीके से आगंतुक के जीवन-वृत्त को चित्रित किया है। कुछ ने उनके बारे में कविताएँ लिखी हैं। अत्यंत महत्त्वपूर्ण व्यक्ति के आस-पास रहनेवाले बच्चों को बहुत सावधानी से चुना गया है। बहुत से पूर्वाभ्यास किए गए हैं। कोई भी कसर नहीं छोड़ी गई है। आखिरकार, आगंतुक प्रसिद्ध वैज्ञानिक भारत रत्न डॉ. ए.पी.जे. अब्दुल कलाम हैं। हर ओर उत्तेजना है। शिक्षक भी पीछे नहीं रहेंगे। सब लोग अवसर के अनुकूल सज-धजकर आए हैं। प्रिंसिपल बहुत मुश्किल से अपने उत्साह को नियंत्रित कर पा रहे हैं। जब उन्होंने डॉ. कलाम को आमंत्रित किया था तो यह उनकी उम्मीद से परे था कि वह बच्चों को संबोधित करने के लिए उनके विद्यालय आने के निमंत्रण को वास्तव में स्वीकार कर लेंगे। उन्हें यह कैसे मालूम होता कि वह उतनी ही आतुरता से ऐसे अवसरों की आशा में रहते हैं! वह बच्चों के लिए भाषण की विषय-वस्तु पर अत्यंत मेहनत करते रहे हैं। वह उस विद्यालय के बारे में खोज-बीन करेंगे और अपने भाषण को विद्यालय की संस्कृति के आधार पर तैयार करेंगे। उपर्युक्त दृश्य देश के सभी भागों में, कई विद्यालयों में बहुत बार दोहराया जा चुका है।

डॉ. कलाम तथा बच्चों के बीच आपसी प्रेम बहुत प्रसिद्ध है। परंतु वह बच्चों के बीच जिस प्रकार का भावातिरेक उत्पन्न करते हैं, उसे देखकर ही यकीन किया जा सकता है। वह जान-बूझकर बच्चों से मिलते रहे हैं, क्योंकि वह छोटी अवस्था में ही उन्हें प्रेरित करना चाहते हैं। वह लंबे समय से बच्चों से मिलते रहे

हैं। उन्होंने शायद ही कभी किसी विद्यालय जाने तथा बच्चों से बात करने के निमंत्रण को अस्वीकार किया है। उन्हें जो उत्साहपूर्ण प्रतिक्रिया मिली, उसने उन्हें अपनी 'एक लाख' परियोजना आरंभ करने के लिए प्रेरित किया। (उन्होंने एक वर्ष में एक लाख बच्चों से मिलने की अपनी परियोजना पूरी की है।) उन्होंने महसूस किया कि बच्चे देश में आत्मसम्मान विकसित करने की आवश्यकता को प्रचारित करने में उनकी मदद करेंगे और स्वदेशी प्रौद्योगिकी विकास को प्रेरित करते हुए खुशहाली के एक युग का स्वागत करेंगे। वह उन्हें सोचने के लिए प्रेरित करते हैं। 'छोटा लक्ष्य एक अपराध है।' यह उनका पसंदीदा वाक्य है। उन्होंने देश के सभी कोनों में सैकड़ों बार यह संदेश दुहराया है, 'स्वप्न, स्वप्न, स्वप्न। स्वप्न विचारों में परिवर्तित होते हैं और विचार कार्यों में परिणत होते हैं।'

आम तौर पर विद्यार्थी अन्य लोगों के ऐसे संदेशों को उदासीनता से सुनते हैं, जबकि डॉ. कलाम के मामले में वे उत्सुकता से उनसे मिलने की आशा लगाए रहते हैं और ध्यानपूर्वक उनकी सलाह सुनते हैं। कौन सी चीज डॉ. कलाम को एक श्रेष्ठ व्यक्ति बनाती है ? वह बच्चों के बीच इतने लोकप्रिय क्यों हैं ? इसका उत्तर बहुत कठिन नहीं है। अन्य महत्त्वपूर्ण व्यक्तियों की अपेक्षा उन तक पहुँचना आसान है। वह बड़ी सरलता से बात करते हैं। वह बच्चों से अधिकाधिक बात करना पसंद करते हैं। वह बच्चों को महत्त्वपूर्ण होने का एहसास कराते हैं। वह सभा को जल्द समाप्त करके अगले स्थान पर जाने की हड़बड़ी में नहीं रहते हैं। वह बच्चों को प्रश्न पूछने के लिए प्रोत्साहित करते हैं और धैर्यपूर्वक उनका उत्तर देते हैं। वह अपने उत्तर को स्पष्ट करने के लिए उदाहरण देते हैं। 'क्या तुम्हारे प्रश्न का जवाब मिल गया ?' यह उनकी एक सामान्य अभिव्यक्ति है। वह यह सुनिश्चित करना चाहते हैं कि बच्चे को उसका जवाब मिल गया है। वह किसी प्रश्न को टालते नहीं हैं। वह बच्चों तथा उनके प्रश्नों को जो सम्मान देते हैं, वही उन्हें बच्चों से सम्मान तथा स्नेह दिलाता है। वह बच्चों के प्रति सच्चा स्नेह प्रकट करते हैं। बच्चों की उपस्थिति में वह बुद्धिमत्ता तथा सकारात्मक ऊर्जा विकिरित करते हैं। उनके तथा बच्चों के बीच का तालमेल समझने के लिए आपको उन्हें बच्चों के बीच देखना होगा। उनके बीच विचारों का आदान-प्रदान त्रुटि रहित होता है। केवल बच्चों के साथ होने का एहसास उन्हें ऊर्जा से भर देता है : उनकी ओर देखना ही बच्चों को प्रोत्साहित कर देता है। यह स्वतंत्र भारत के इतिहास में अतुलनीय है। केवल जवाहरलाल नेहरू बच्चों के साथ बहुत अच्छा तालमेल स्थापित कर पाते थे। लगभग उसी प्रकार से 'चाचा कलाम' भारतीय बच्चों के हृदय में अंकित हैं।

अपने कैरियर के इस चरण में बच्चों को लक्ष्य बनाने के लिए क्या उन्हें प्रेरित करता है? क्या यह बड़ों से उनका मोहभंग है? वह आज के सार्वजनिक जीवन की विशेषता के बारे में 'तेजस्वी मन' में लिखते हैं, '…बातचीत का छिछला स्तर और अहंकार, लालच, ईर्ष्या, घृणा, क्रूरता, कामुकता, भय, चिंता तथा अशांति! मैंने अपने अंदर एक नई संकल्प-शक्ति को उभरते महसूस किया।

'इस सबसे महत्त्वपूर्ण निर्णय में मैंने बच्चों में भारत की सच्ची तसवीर खोजने में मदद करने का फैसला किया। मेरा अपना कार्य और एक व्यक्ति के रूप में स्वयं मैं पृष्ठभूमि में चले गए। मेरा वैज्ञानिक कैरियर, मेरी टीमें, मेरे पुरस्कार—यह सब गौण हो गए। मैंने उस शाश्वत मेधा का अंग बनना चाहा, जो भारत है। मैंने चहकते बच्चों के साथ अपना मेलजोल बढ़ाकर, स्वयं से परे जाकर अपने भीतर मौजूद आत्म-शक्ति को तलाश करने का आरंभ किया।'

लगभग चालीस हजार विद्यार्थियों को संबोधित करने के बाद वह लिखते हैं, 'मैंने हजारों विद्यार्थियों को संबोधित किया है, अंतिम गिनती चालीस हजार की है। मैंने पाया है कि मैं इस आयु समूह के साथ अच्छी तरह घुल-मिल पाता हूँ : हमारी कल्पनाएँ समान हैं। सबसे महत्त्वपूर्ण यह है कि उनके साथ अपने विचारों के आदान-प्रदान के द्वारा मैं उनके मस्तिष्क में विज्ञान के लिए प्रेम और उसके द्वारा एक विकसित भारत प्राप्त करने के लिए मिशन की भावना प्रज्वलित कर सकता हूँ।'

डॉ. कलाम इस तथ्य से पूरी तरह परिचित हैं कि आज के बच्चे जीवन की अच्छी चीजों की चाह रखते हैं। वह जानते हैं कि यह बच्चों के विदेश जाने की इच्छा का एक कारण है, जहाँ भौतिक अर्थों में जीवन का स्तर यहाँ से अच्छा प्रतीत होता है। वह कोई संन्यासी नहीं हैं कि बच्चों से ये इच्छाएँ त्याग देने को कहें। इसके विपरीत वह लिखते हैं, 'उनके सपनों को जानना और उन्हें बताना कि एक अच्छे जीवन, एक समृद्ध-संपन्न जीवन, खुशियों तथा सुविधाओं से पूर्ण जीवन का सपना देखना और उस स्वर्णिम युग के लिए कार्य करना बिलकुल सही है। तुम जो भी करो, वह दिल से करो, अपना उत्साह अभिव्यक्त करो और इस प्रकार तुम अपने आस-पास प्रेम तथा खुशियाँ भी फैला सकते हो।' वह उन्हें केवल यह बताना चाहते हैं कि यह भारत में ही संभव है, यदि हमारे अंदर आत्मसम्मान और स्वयं पर विश्वास हो।

स्कूली बच्चों के लिए डॉ. कलाम के एक पारंपरिक भाषण के निम्नलिखित पहलू होते हैं—

वह उन्हें यह बताते हैं कि भारत में उनके आयु-समूह के उनकी तरह के

तीस करोड़ बच्चे हैं। वह चाहते हैं कि वे संदेश ग्रहण करें और उसे दूसरे बच्चों तक फैलाएँ। वह उन 'भारत के भविष्यों' से आगे की सोचने और एक विकसित देश में रहने का सपना देखने की उम्मीद करते हैं। ऐसा देश, जो सैकड़ों अन्य विकासशील देशों के साथ कोष्ठक में घिरा हुआ न हो, बल्कि जी-8 देशों की बराबरी पर हो। वह उनको एक विकसित भारत की अंतर्दृष्टि देना चाहते हैं। वह उन्हें उस प्रगति के बारे में बताते हैं, जो हमारे देश ने विज्ञान तथा प्रौद्योगिकी के क्षेत्र में की है। अब हमारा देश ख़ाद्य के मामले में आत्मनिर्भरता के काफी करीब है। सफेद क्रांति ने देश में दूध की नदियाँ बहा दी हैं। स्वास्थ्य के क्षेत्र में सुधार ने कुछ संक्रामक रोगों को जड़ से समाप्त कर दिया है। औसत आयु में वृद्धि हुई है। लघु उद्योग सकल घरेलू उत्पाद में भारी वृद्धि करते हैं। भारत विश्व स्तरीय जियो-स्टेशनरी तथा सूर्य के समकालीन दूरस्थ उपग्रहों को डिजाइन, विकसित तथा लॉञ्च कर सकता है। परमाणु वैज्ञानिकों के पास हमारे परमाणु पावर प्लांटों को डिजाइन करने, उन्हें बनाने, नाभिकीय्र दवा के लिए नाभिकीय ऊर्जा को इस्तेमाल करने और विकिरण ऊर्जा के प्रयोग द्वारा खाद्य पदार्थों के संरक्षण की क्षमता है। यह सूची अंतहीन है।

बहरहाल, बहुत कुछ करना बाकी है। उसके बाद वह उन बच्चों को विज्ञान तथा प्रौद्योगिकी के द्वारा विकास की भावी संभावनाओं की यात्रा पर ले जाते हैं। 'सूचना प्रौद्योगिकी से प्रेरित उत्पादों तथा प्रणालियों, जैव-प्रौद्योगिकी तथा अंतरिक्ष प्रौद्योगिकी द्वारा जन-जीवन समृद्ध होगा। एक भावी क्रांति के रूप में यह भविष्यवाणी की जा रही है कि मानव जाति मनुष्य को किसी ग्रह पर रहते हुए और अंतरिक्ष की सौर ऊर्जा को पृथ्वी की इलेक्ट्रिकल ऊर्जा में विकिरित होते हुए देखेगी। इसके साथ ही पुन: इस्तेमाल किए जा सकनेवाले अतिध्वनिक (हाइपरसोनिक) वाहन महाद्वीपों के बीच उड़ सकेंगे और उन्हें शस्त्र-वितरण के लिए भी इस्तेमाल किया जा सकेगा। जीनोमिक तथा जैव-प्रौद्योगिकी शोध के परिणामों द्वारा मानव जीवन और लंबा हो जाएगा। नानो प्रौद्योगिकी विभिन्न परिवहन प्रणालियों की नियंत्रण प्रणालियों, चिकित्सा प्रौद्योगिकी उपकरण तथा एयरोस्पेस प्रणालियों में मानव द्वारा इस्तेमाल किए जाएँगे।'

वह कृषि समाज से लेकर औद्योगिक समाज, सूचना समाज तथा अंतत: ज्ञान आधारित समाज तक आर्थिक विकास के संदर्भ में सभ्यता के विकास की ओर ध्यान आकर्षित करते हैं। यह आज के युवाओं के सामने चुनौती है। ज्ञान की आधारभूत संरचना को निर्मित करना तथा उसे बरकरार रखना, ज्ञान के क्षेत्र में काम करनेवालों

को विकसित करना और निर्माण, विकास तथा नए ज्ञान के दोहन द्वारा उनकी उत्पादकता बढ़ाना इस ज्ञान-आधारित समाज की समृद्धि सुनिश्चित करने के महत्त्वपूर्ण तत्त्व हैं। इससे रोजगार का प्रारूप भी परिवर्तित होगा। ज्ञान उद्योग घटक के साथ सेवा क्षेत्र में पूर्ण रोजगार के चौवन प्रतिशत तक पहुँच जाएगा, जो सन् 1980 में सिर्फ ग्यारह प्रतिशत था। हमें इस विशाल परिवर्तन के लिए प्रशिक्षण के संदर्भ में तैयार रहना चाहिए। आज के युवाओं को अपने अध्ययन के विषय चुनते समय ज्ञान-कर्मियों की विशाल माँग के उस परिदृश्य पर नजर डालनी चाहिए।

वर्ष 2020 तक राष्ट्र के लिए दूसरी अंतर्दृष्टि विभिन्न क्षेत्रों में प्रौद्योगिकी के विस्तृत इस्तेमाल पर आधारित है। विजन दस्तावेज पाँच सौ विशेषज्ञों द्वारा तैयार किया गया था और पूर्णरूप से व्यावहारिक है। वह इसे संभव बनाने के लिए बच्चों को प्रेरित करते हैं। वह अपनी पुस्तक 'भारत 2020 : नवनिर्माण की रूपरेखा' में वर्णित कुछ बहुत महत्त्वपूर्ण प्रौद्योगिकी मिशनों के बारे में विस्तार से समझाते हैं।

उन्हें प्रोत्साहित करने के उद्देश्य से वह सर सी.वी. रमन के प्रेरक व प्रसिद्ध वाक्यों का उद्धरण देते हैं, जो बयासी वर्ष की आयु में उन्होंने स्नातकों के एक समूह को संबोधित करते हुए कहे थे, 'मैं अपने सामने मौजूद युवकों तथा युवतियों को बताना चाहता हूँ कि वे उम्मीद तथा साहस न छोड़ें। आपके सामने जो दायित्व है, उसके प्रति साहसपूर्ण समर्पण द्वारा ही आपको सफलता प्राप्त हो सकती है। मैं खंडन के किसी भय के बिना दावा कर सकता हूँ कि भारतीय मेधा की क्षमता जर्मन, नॉर्डिक या एंग्लो-सेक्सन मेधा के बराबर है। हममें संभवत: साहस की कमी है, प्रेरक शक्ति की कमी है, जो किसी को किसी ऊँचे लक्ष्य पर ले जाता है। मुझे लगता है कि हमने स्वयं के अंदर एक हीन भावना, पराजय की भावना विकसित कर ली है। मुझे लगता है कि आज भारत में उस पराजय की भावना को नष्ट करने की आवश्यकता है। हमें विजय के जोश की आवश्यकता है—ऐसा जोश, जो हमें इस दुनिया में हमारी सही जगह तक ले जाएगा; ऐसा जोश, जो बताएगा कि एक गौरवपूर्ण सभ्यता के उत्तराधिकारियों के रूप में हम इस ग्रह पर एक सही स्थान पर जाने के हकदार हैं। यदि वह अजेय उत्साह विकसित हो जाए तो कुछ भी हमें हमारे सही लक्ष्य और परिणाम को प्राप्त करने से नहीं रोक सकता।'

डॉ. कलाम बच्चों को कुछ विशिष्ट कार्य सौंपते हुए अपना भाषण समाप्त करते हैं। उनमें से कुछ इस प्रकार हैं—

(1) छात्र केंद्रित साक्षरता आंदोलन : 'आप में से कई भाग्यशाली हैं कि आपको अच्छी शिक्षा मिल रही है। परंतु आपके बहुत से भाई-बहन इतने भाग्यशाली

नहीं हैं। एक विकसित राष्ट्र का अच्छा लक्षण यह है कि वह ऐसे समाजों पर निर्मित होता है, जहाँ पर संपन्न लोग अपने तथा अभावग्रस्त लोगों के बीच का अंतर पाटने का कठिन प्रयास करते हैं। अपने विद्यालय के लिए यह करने का एक तरीका पास के एक गाँव में अपनाना है। आपमें से प्रत्येक को छुट्टियोंवाले दिनों में गाँव जाना चाहिए और प्रत्येक छात्र को दो व्यक्तियों की निरक्षरता को दूर करने में योगदान करना चाहिए तथा उनमें ज्ञान की खोज की लालसा जगानी चाहिए। आपको सन् 2010 तक साक्षरता का स्तर वर्तमान सत्तावन से पचहत्तर प्रतिशत तक ले जाने के राष्ट्रीय लक्ष्य को प्राप्त करने की दिशा में कार्य करना चाहिए। आपको अपने अभिभावकों को एक अन्य बच्चे की शिक्षा का खर्च उठाने के लिए प्रेरित करना चाहिए, जो आपके प्रकार की शिक्षा प्राप्त करने की स्थिति में नहीं है। इस प्रकार लाभ प्राप्त करनेवाले बच्चे को बदले में अपने जीवन में कम-से-कम दो अन्य बच्चों को शिक्षित करना चाहिए।'

(2) छात्र केंद्रित पर्यावरण सुरक्षा आंदोलन : हमारे आस-पास के पेड़-पौधे और हरियाली हमारे उपभोग के लिए स्थायी आधार पर सूर्य द्वारा ऊर्जा के अच्छे परिवर्तक हैं। यदि आपमें से दो सौ मिलियन लोग पाँच-पाँच वृक्ष लगाएँ तो एक बिलियन वृक्ष हो जाएँगे। भारत माता आपको आशीर्वाद देगी। वृक्षारोपण स्कूल में, घर पर या स्कूल द्वारा अंगीकृत किए गए विद्यालय या अन्य स्थान में किया जा सकता है। स्कूलों तथा गैर सरकारी एजेंसियों द्वारा वृक्षों की देखभाल के लिए व्यवस्थाएँ की जानी चाहिए। यह प्रयास सरकार के वनरोपण कार्यक्रम का छह प्रतिशत पूरा कर देगा। इसके अतिरिक्त प्रत्येक स्कूल को बच्चों की भागीदारी के साथ जल-संग्रहण कार्यक्रम शुरू करना चाहिए। यह विद्यालय या अंगीकृत गाँव में किया जा सकता है। यह बच्चों में राष्ट्रीय संसाधनों में सम्मिलित होने का उत्साह उत्पन्न करेगा। आपको पारिस्थितिक चक्र (इकोसाइकिल) बरकरार रखने, प्रदूषण नियंत्रण, सजीव वस्तुओं के स्वास्थ्य की देखभाल तथा स्वच्छता का ध्यान रखना होगा।

डॉ. कलाम शिक्षकों को बच्चों के विकास को आकार देने में उनकी भूमिका के महत्त्व के बारे में बताते हैं, 'आप केवल शिक्षक नहीं बने रह सकते हैं; बल्कि आपको एक आदर्श के रूप में ढलना चाहिए, जिसका बच्चे सम्मान करें। आज भी मैं अपने महान् शिक्षकों को सम्मान तथा आभार के साथ याद करता हूँ, जिन्होंने मेरे जीवन को आकार दिया।'

डॉ. कलाम अकसर बच्चों को यौवन का गान सिखाते हुए बातचीत समाप्त करते हैं :

भारत के युवा नागरिक होने के नाते
प्रौद्योगिकी, ज्ञान और मेरे राष्ट्र के लिए प्रेम से युक्त
मैं महसूस करता हूँ कि छोटा लक्ष्य रखना अपराध है
मैं एक महान् अंतर्दृष्टि के लिए कार्य करूँगा और अपना पसीना बहाऊँगा
देश को एक विकसित राष्ट्र में रूपांतरित करने की अंतर्दृष्टि
मूल्य-प्रणाली के साथ आर्थिक शक्ति से युक्त
मैं इसके एक अरब नागरिकों में से एक हूँ
केवल अंतर्दृष्टि ही अरबों आत्माओं को प्रज्वलित करेगी।
वह मेरे अंदर प्रवेश कर चुकी है
किसी भी संसाधन की अपेक्षा तेजस्वी आत्मा सबसे सशक्त संसाधन है
धरती पर, धरती के ऊपर तथा धरती के नीचे।
मैं ज्ञान का दीपक जलाए रखूँगा
ताकि विकसित भारत का लक्ष्य प्राप्त हो सके।

नीचे बच्चों के कुछ प्रश्न तथा डॉ. कलाम के उत्तर दिए गए हैं। इन्हें बच्चों की एक तमिल मासिक पत्रिका 'छुट्टी विकतन' (जुलाई तथा अगस्त 2001) से लिया गया है।

प्र. विश्व का पहला वैज्ञानिक कौन है?

उ. बच्चा पहला वैज्ञानिक है। वैज्ञानिक चीजों का 'क्यों' जानने के लिए प्रश्न पूछता है; आप सब बच्चे हर समय सवाल पूछते रहते हैं। यही एक वैज्ञानिक करता है। यदि आप इस आदत को विकसित करें तो आपमें से कई वैज्ञानिक बन सकते हैं।

प्र. आपके जैसा वैज्ञानिक अपने बाहरी व्यक्तित्व में कोई दिलचस्पी क्यों नहीं दिखाता?

उ. इस प्रश्न ने सन् 1980 की मेरी यादों को ताजा कर दिया। उस वर्ष एस.एल.वी.-3 से 'रोहिणी' नामक रॉकेट को सफलतापूर्वक लॉन्च किया गया था। मैं एस.एल.वी.-3 का परियोजना निदेशक था। इसरो के प्रमुख डॉ. सतीश धवन ने मुझे एक संदेश भेजा कि मैं तुरंत दिल्ली के लिए रवाना हो जाऊँ। उन्होंने कहा कि प्रधानमंत्री इंदिरा गांधी की उपस्थिति में एक बधाई समारोह आयोजित किया गया है। जब मैंने झिझकते हुए डॉ. धवन से पूछा कि मैं बिना सूट पहने और चप्पलों में ऐसे समारोह में कैसे जा सकता हूँ, तो उन्होंने जवाब दिया, 'कलाम,

तुम्हें इस बारे में चिंता करने की जरूरत नहीं है। तुमने विजय का परिधान पहन रखा है।' क्या अब आप समझे कि वास्तविक सज्जा क्या है?

प्र. क्या आपके दिल में कोई घाव है, जो भरा नहीं?

उ. नहीं, किसी को ऐसे घाव अपने साथ नहीं ढोने चाहिए। केवल क्षमा ही विकास को प्रेरित कर सकती है। मेरे अंदर एक गहरी वेदना है कि जब मुझे 'भारत रत्न' मिला तो मेरे माता-पिता तथा मेरे गुरु डॉ. विक्रम साराभाई वहाँ नहीं थे।

प्र. आपका नाम ए.पी.जे. अब्दुल कलाम किसने रखा? इसका पूरा रूप क्या है?

उ. यह मजेदार प्रश्न है। नाम केवल माता-पिता द्वारा ही रखे जाते हैं। मेरा पूरा नाम अवुल पकीर जैनुलाबदीन अब्दुल कलाम है। मेरा पहला नाम अवुल मेरे परदादा का नाम था। पकीर मेरे दादा का नाम था। जैनुलाबदीन मेरे पिता का नाम था। चूँकि मेरे पास तीनों पीढ़ियों के नाम हैं, मुझे उन सबका आशीर्वाद मिलता है। केवल श्री टी.एन. शेषण मुझे मेरे पूरे नाम से बुलाते हैं।

प्र. आपका पसंदीदा थिरुक्कुरल क्या है?

उ. समय एक बहुमूल्य वस्तु है। किसी को व्यर्थ की गपशप में समय बरबाद नहीं करना चाहिए। समय को अच्छी तरह अध्ययन करने में इस्तेमाल किया जाना चाहिए। एक दोहे में यह कहा गया है कि केवल वही चीजें कहनी चाहिए, जो उपयोगी हों और अनुपयोगी शब्दों से बचना चाहिए। मुझे यह दोहा बहुत पसंद है। इसे दिमाग में रखो। फिर आपके शब्द, विचार तथा कार्य आपकी प्रगति को सुनिश्चित करेंगे।

प्र. यदि कोई व्यक्ति भाग्य में विश्वास रखता है तो क्या इसका अर्थ यह है कि वह आलसी है?

उ. कुछ माह पहले मैं विप्रो के प्रमुख श्री अजीम प्रेमजी से मिलने गया। मैंने उनसे पूछा, 'आपका संगठन भारतीय उद्योग क्षेत्र में सबसे आगे है। इसके पीछे क्या रहस्य है?' उन्होंने जवाब दिया, 'पहला—कठिन परिश्रम, दूसरा—उपभोक्ता संतुष्टि, तीसरा—थोड़ी सी किस्मत। बहरहाल, यदि आपके पास पहली दोनों चीजें नहीं हैं तो तीसरा काम नहीं आएगा!'

इससे हमें यह समझना चाहिए कि केवल मेहनत ही महत्त्वपूर्ण है।

प्र. यदि ईश्वर एक वरदान देना चाहें तो आप क्या माँगेंगे?

उ. 'मेरे देश को एक विकसित राष्ट्र बना दो।'

प्र. मैं एक गाँव में पढ़ता हूँ। क्या मैं एक वैज्ञानिक बन सकता हूँ?

उ. निश्चित रूप से। जब मैं पढ़ रहा था तो वातावरण भिन्न था। अब गाँवों के पास बहुत से स्कूल-कॉलेज हैं। बनाने के लिए कई सारी योजनाएँ हैं। यदि आप ध्यान केंद्रित करके अच्छी तरह अध्ययन करते हैं तो वैज्ञानिक बनने का अवसर आएगा। जब मैं स्कूल में पढ़ता था तो देश पर विदेशियों का शासन था। अब आप स्वतंत्र भारत में रहते हैं और आपके पास अपनी इच्छित वस्तु प्राप्त करने के अच्छे अवसर हैं।

प्र. क्या बचपन में आप शरारतें करते थे?

उ. जब मैं कक्षा सात में था, मुझे गणित में अच्छा होने के कारण कक्षा का मॉनीटर बनाया गया था। अगले दिन शिक्षक द्वारा भूगोल की कक्षा में मुझे सबक पर ध्यान न देते हुए एक मित्र से गप मारते हुए पकड़ लिया गया। शिक्षक ने हमें कहा, 'आपको कक्षा में पाठ पर उतना ही ध्यान देना चाहिए जितना एक चलती रेलगाड़ी में चढ़ते समय होता है।' मैंने ढीठ होकर जवाब दिया, 'चलती रेलगाड़ी में चढ़ना खतरनाक है, श्रीमान।' पूरी कक्षा में ठहाके लगने लगे। कहना न होगा कि मुझे शरारत के लिए बेंत की मार खानी पड़ी।

प्र. 'आशा', कृपया इस शब्द को स्पष्ट करें।

उ. सन् 1857 में भारत की स्वतंत्रता की 'आशा' ने जन्म लिया। कई देशभक्तों की कुर्बानियों की मदद से नब्बे वर्ष बाद स्वतंत्रता प्राप्त हुई।

अब भारत वर्ष 2020 तक विकसित राष्ट्र बनने की 'आशा' कर रहा है। यह आपके माता-पिता की 'आशा' है कि आप अच्छी तरह पढ़ाई करके उनका और देश का सम्मान बढ़ाएँगे।

प्र. क्या आप प्रश्नों के रूप में बच्चों द्वारा दागी गई मिसाइलों से डरते हैं?

उ. मिसाइल मेरे जीवन का एक महत्त्वपूर्ण हिस्सा हैं। मैं प्रश्नों से भयभीत नहीं होता। मैं विभिन्न दिशाओं से आनेवाले प्रश्नों की मिसाइलों को देखकर बहुत खुश होता हूँ।

प्र. आपको अपनी शिक्षा प्राप्त करने में कठिनाई हुई थी। आप देश के एक सफल व्यक्ति कैसे बने?

उ. मैं भाग्यशाली था कि मुझे अच्छे शिक्षकों और दूरदर्शी वैज्ञानिकों का मार्गदर्शन मिला। मैं आपको यह संदेश देना चाहता हूँ—स्वप्न देखो; इससे विचार उत्पन्न होंगे, जो कार्य में परिणत होंगे।

प्र. देश से किस चीज को समाप्त कर देना चाहिए? किस चीज को बढ़ने के लिए प्रोत्साहित करना चाहिए?

उ. यह पराजयवादी दृष्टिकोण कि हम सफल नहीं हो सकते, को समाप्त किया जाना चाहिए। यह माता-पिता के स्नेह, अच्छी शिक्षा तथा अच्छे लोगों के आशीर्वाद द्वारा किया जा सकता है।

यह भावना कि हम अपने प्रयासों में सफल होंगे और उनकी ओर से किए गए प्रयासों को प्रोत्साहित किया जाना चाहिए।

प्र. कौन सी कविता आपको सबसे अधिक पसंद है?

उ. तमिल वीरकाव्य 'सिलाप्पडिकरम' में एक पंक्ति है। उसका अर्थ है कि जब राष्ट्रीय नेता तथा ऊँचे पदों पर आसीन व्यक्ति गलत आचरण करते हैं या अपने व्यवहार में क्रूरता दिखाते हैं तो 'धर्म' उन्हें सजा देगा।

डॉ. कलाम जब भी किसी स्कूल में जाते हैं, वह सकारात्मक प्रतिक्रियाओं और जवाबों को प्रेरित करते हैं। एक प्रतीकात्मक मामले के रूप में मैं 26 नवंबर, 2002 को हैदराबाद में भारतीय विद्या भवन पब्लिक स्कूल के उनके भ्रमण की प्रतिक्रिया यहाँ देता हूँ—विद्यालय के प्रिंसिपल ने बच्चों तथा विद्यार्थियों द्वारा व्यक्त किए गए सहज उद्गारों को इन शब्दों के साथ राष्ट्रपति को भेजा, 'स्टाफ के सभी सदस्य तथा विद्यार्थी आपकी सरलता, विनम्रता तथा विद्वत्ता से अभिभूत हुए। हम हमेशा इस पल को याद रखेंगे।'

प्रतिक्रिया के कुछ नमूने नीचे दिए गए हैं। ये कक्षा सात से लेकर कक्षा बारह तक के विद्यार्थियों के उद्गार हैं—

'जीवन में बेहतरीन तथा सबसे खूबसूरत चीजों को देखा या स्पर्श नहीं किया जा सकता। उन्हें दिल से महसूस किया जा सकता है और आपकी उपस्थिति ऐसी ही है।'

'वह ईश्वर का एक खूबसूरत उपहार था कि श्री ए.पी.जे. अब्दुल कलाम हमारे विद्यालय में आए। उनका भाषण दिलचस्प था और वह विनोदप्रिय हैं। मैं उनसे बात करके और उनके प्रश्न का जवाब देकर बहुत प्रसन्न हुआ। वह एक अद्भुत और विशाल हृदयवाले व्यक्ति हैं।'

'हमारे प्रिय राष्ट्रपति को देखकर मैं भौचक्का रह गया। उनकी सरलता ने मुझे आश्चर्यचकित कर दिया। उनकी अद्भुत मुसकान ने हमारे दिल को तसल्ली पहुँचाई। उनके सरल तरीकों ने सभी को प्रभावित किया। उनके प्रेरक शब्दों ने मेरे मस्तिष्क को प्रभावित कर लिया और मैं और अधिक खुशी महसूस करने लगा। हम तेज धूप में बैठे हुए थे। वह हमारे पास आए और पूछा, 'क्या बहुत गरमी है?' मैंने जवाब दिया, 'नहीं श्रीमान, हम इस प्रकार के तापमान के अभ्यस्त हैं।' उन्होंने

मेरी प्रशंसा की और कहा, 'बहुत अच्छे।' मेरा दिल खुशी से भर गया।'

'मुझे अच्छा लगा, जिस तरह उन्होंने धूप में बैठे विद्यार्थियों के लिए चिंता दिखाई और कहा कि भविष्य में हमें बेहतर छाया मिलेगी। उन्होंने विद्यार्थियों से बहुत अच्छी तरह बात की। जब उन्होंने मेरे सिर पर अपना हाथ रखा तो मुझे लगा कि मुझे आशीर्वाद मिल गया। वह भारत के भावी विद्यार्थियों के लिए एक प्रेरणा हैं। उनके आगमन ने मुझे इस बात पर विश्वास करने पर मजबूर कर दिया, 'सपने वास्तव में सच होते हैं।' '

'इस दुनिया में लोग आते हैं और चले जाते हैं; परंतु जिन लोगों ने कुछ उल्लेखनीय किया है और हमारे ज्ञान तथा समाज में योगदान दिया है, वे महान् हैं। ऐसा ही हमारे राष्ट्रपतिजी ने किया है।'

'वह बहुत आधुनिक दृष्टिकोण रखते हैं और उनकी केश-शैली बहुत बढ़िया है।'

'मैं बहुत खुशी और गर्व महसूस कर रहा हूँ कि हमारे स्कूल को स्वयं राष्ट्रपति का स्वागत करने का अनुपम अवसर मिला। मैंने उसी मार्ग का अनुसरण करने का निर्णय किया है, जिसे उन्होंने अपनाया है।'

'श्रीमान, जब आप हमसे बात कर रहे थे, मुझे ऐसा महसूस हुआ कि आप एक प्रिय मित्र हैं, न कि एक महान् व्यक्तित्व। शुक्रिया श्रीमान।'

'मुझे लगा कि वह एक दिवास्वप्न था। 26 नवंबर, 2002, मंगलवार का दिन हमारे विद्यालय के लिए एक स्मरणीय दिन रहेगा। वह बहुत मित्रवत् थे और जब मेरे एक मित्र ने उनसे पूछा, 'राष्ट्रपति के बारे में बेहतरीन बात क्या है?' तो उन्होंने जवाब दिया, 'एक अच्छा व्यक्ति।' '

'राष्ट्रपति, हमारे नायक, हमारे विद्यालय में आए
उत्साह तथा उत्तेजना से हम खुद को शांत नहीं रख पाए
वह चाहते थे कि युवाओं के पास एक मिशन हो
और उन्होंने हम सबको एक लक्ष्य दिया!
'स्वप्न, स्वप्न, स्वप्न! वे सच होते हैं।'
यह संदेश उन्होंने युवाओं को दिया।

'महामहिम,

आपके आगमन तथा आपके शब्दों ने हमारे दिमागों को तरोताजा कर दिया। हमने आपसे बड़े सपने देखना और उस सपने को साकार करने के लिए कड़ी मेहनत करना सीखा।'

'उनका भाषण बहुत ही प्रेरक था और हम वादा करते हैं कि हम उनकी सलाह का पालन करेंगे।'

उपर्युक्त अंश विद्यार्थियों की प्रतिक्रियाओं का एक बहुत छोटा नमूना भर हैं।

दो वर्ष पहले डॉ. कलाम ने त्रिवेंद्रम में फादर फेलिक्स द्वारा मानसिक रूप से विकलांग बच्चों के लिए चलाए जा रहे स्कूल का दौरा किया। कार्यक्रम के अंग के रूप में बच्चों ने एक सांस्कृतिक प्रदर्शन किया। डॉ. कलाम, जो यह प्रदर्शन देख रहे थे, यह देखकर अत्यंत अभिभूत हुए कि विकलांग बच्चे अपनी क्षमताओं का अच्छा प्रदर्शन कर रहे थे। उन्होंने उसी समय उन बच्चों की ओर से ईश्वर की प्रार्थना करते हुए एक कविता लिख डाली। बाद में उस कविता को मलयालम में रूपांतरित करके उसकी धुन बनाई गई। जब डॉ. कलाम ने फिर से हाल में राष्ट्रपति के रूप में उस स्कूल का दौरा किया तो बच्चों ने उस कविता को बहुत तन्मय होकर गाया।

वह कविता नीचे दी जा रही है :

ओ सर्वशक्तिमान्, ज्ञान का दीप जला दो

प्रभु, हम आपकी अपनी रचना हैं
हम पूजा करते हैं, आपके सामने सिर झुकाते हैं और प्रार्थना करते हैं
हमारे अंदर ज्ञान का दीप जलाओ, हे दयालु और महान्
आपका अनुग्रह इस धरती पर सबके लिए प्रवाहित होता है
जैसे समुद्र की लहरें, जैसे पहाड़ी नदियाँ बहती हैं
ओ ब्रह्मांड के निर्माता, हमारे जीवन को भी अपने अनुग्रह से भर दो।

ओ सर्वशक्तिमान्, ज्ञान का दीप जला दो
मेरी माँ का प्रेम मेरा आलिंगन करता है
मेरे पिता का वैरागी उत्साह आपके प्रकाश की अंतहीन तलाश करता है
मेरी माँ के दुःख के आँसू खुशी के आँसू में बदल जाते हैं
मेरे पिता के दुःखों को शांत करो, प्रभु
हमें एक नया जीवन और मुसकान प्रदान करो
आप रचयिता, आप पालनकर्ता, ओ प्रभु!

ओ सर्वशक्तिमान्, ज्ञान का दीप जला दो
अन्य बच्चों की तरह हम पढ़ना और सीखना चाहते हैं

हम भी दौड़ना, दौड़ना और खेलना चाहते हैं
दूसरे बच्चों के साथ दौड़ना, दौड़ना और खेलना
समूहों में हम नाचना-गाना चाहते हैं
हम स्वतंत्रता दिवस पर ध्वजारोहण करना चाहते हैं।

ओ सर्वशक्तिमान्, ज्ञान का दीप जला दो
हम आभार के रूप में अपनी श्रद्धा अर्पित करना चाहते हैं
हमारे शिक्षकों तथा श्रद्धेय पिता के प्रति।
हम कार्य करना चाहते हैं अपने देश के लिए
अपनी महान् भूमि पर अपना पसीना बहाकर।

ओ सर्वशक्तिमान्, ज्ञान का दीप जला दो।
ओ सर्वशक्तिमान्, हमारी आत्मा में प्रवेश करो
हमें आशीर्वाद·दो, हम दूसरों के लिए जिएँ
हमारे जीवन को फूलों जैसा सुंदर बना दो
जीवन के स्रोत, तुम अनवरत सुंदरता का निर्माण करते हो।

ओ सर्वशक्तिमान्, ज्ञान का दीप जला दो
हे प्रभु, तुमने धरती बनाई और जीवन दिया
तुमने ही सूर्य बनाया और रोशनी दी
कुहरे की तरह तुम्हारा वरदान हमारे दिलो-दिमाग पर छाया
पतझड़ ले गया और वसंत की खुशियाँ लाया
प्रभु, तुमने हमें नया जीवन दिया, नई रोशनी दी।

ओ सर्वशक्तिमान्, ज्ञान का दीप जला दो
हम सपने देखते हैं, आपको धन्यवाद देते हैं
तुम्हारी अनुकंपा के लिए हम प्रार्थना करते हैं, झुकते हैं, पूजा करते हैं
जैसे बादल नदियों के प्याले भरते हैं
तुमने हमारा जीवन संगीत से भर दिया
अब तुम्हारी किरणें मुसकान के साथ हमारा अभिवादन करती हैं

ओ सर्वशक्तिमान्, ज्ञान का दीप जला दो। □

8

नजदीकी चित्र

पिछले एक अध्याय में हमने डॉ. कलाम को प्राप्त सार्वजनिक सम्मान की एक झलकी देखी। जो लोग उनके नजदीकी संपर्क में रहे हैं, उनके बीच बड़ी संख्या में उनके प्रशंसक हैं। मैंने उनमें से कुछ से डॉ. कलाम के बारे में अपने विचारों के रूप में योगदान देने का अनुरोध किया। उन सबने खुशी-खुशी अपने विचार भेजे, जो मैं यहाँ पाठकों के साथ बाँटना चाहता हूँ। प्रत्येक ने इस बारे में अपना भिन्न दृष्टिकोण व्यक्त किया है। व्यक्तिगत रूप से वे डॉ. कलाम का अलग-अलग रूप और एक साथ एक समग्र चित्र प्रस्तुत करते हैं। अंत में एक बहुआयामी व्यक्तित्व उभरता है। मैंने इन अंशों को बिना संपादित किए पुनः प्रस्तुत किया है; केवल कुछ मामलों में आकार को कम करने के लिए कुछ संपादन आवश्यक था। ऐसा संबंधित लोगों से संपर्क करने के बाद ही किया गया।

कलाम : एक बहुआयामी प्रतिभा

भारत के बुद्धिमान राष्ट्रपति महामहिम डॉ. अवुल पकीर जैनुलाबदीन अब्दुल कलाम ने राष्ट्रपति भवन में गैर-राजनीतिक राष्ट्रपतियों की नई परंपरा शुरू की है या यदि डॉ. सर्वपल्ली राधाकृष्णन यह परंपरा पहले आरंभ कर चुके हैं तो डॉ. कलाम मील के दूसरे पत्थर हैं। लोगों ने इस वैज्ञानिक व्यक्तित्व की बहुपक्षीय गतिविधियों की चर्चा की। मिसाइल प्रौद्योगिकी के क्षेत्र में उनकी उपलब्धियों को दुहराना आज संभवतः आवश्यक नहीं है।

अपने पहले सबसे महत्त्वपूर्ण संवाददाता सम्मेलन में राष्ट्रपतिजी ने अपने स्मृति-चित्रों को याद किया, जो बचपन से उनके दिमाग में बसे हुए थे। उन्होंने

तिरंगा फहराते हुए जवाहरलाल नेहरू और सांप्रदायिक ज्वाला को शांत करने के लिए नोआखाली में नंगे पाँव चलते महात्मा गांधी के बारे में बात की।

अपने उद्घाटन भाषण में महामहिम राष्ट्रपति ने मानसिक एकता पर बल दिया और महसूस किया कि भावी समाज संभवत: आध्यात्मिकता व विज्ञान के संयोजन द्वारा आकार लेगा। वह हमेशा मस्तिष्कों को प्रज्वलित करते रहते हैं।

एक नाविक परिवार से संबंध रखनेवाले भारत के सुदूर सिरे, रामेश्वरम के इस पूर्ण ग्रामीण नागरिक ने अत्यंत सरलता तथा असामान्य विनम्रता की विरल भावना के साथ विशिष्ट प्रतिभा के कारण ऊँचाइयाँ प्राप्त कीं।

हम दोनों तमिलनाडु में तिरुचिरापल्ली के महान् ईसाई संस्थान प्रसिद्ध सेंट जोसेफ कॉलेज के छात्र थे, जो भारत के आरंभिक ज्ञान के मंदिरों में से एक है, जिसने महान् लोगों को प्रशिक्षित किया। सेंट जोसेफ अपने कड़े अनुशासन के कारण जाना जाता था और पूरा कॉलेज पाठ्यक्रम एक उच्च स्तर का मानसिक प्रशिक्षण था, जो विद्यार्थियों को अपने प्रयासों द्वारा ऊँचे उठने में सक्षम बनाता था।

डॉ. कलाम भौतिकशास्त्र के विद्यार्थी थे और मैं अर्थशास्त्र का। कॉलेज के प्रिंसिपल जर्मन विद्वान् फादर इरहर्ट थे, जिन्होंने विद्यार्थियों के दिलो-दिमाग में अपनी छवि अंकित कर ली।

विश्व स्तर के फ्रेंच प्रोफेसर और प्रख्यात अर्थशास्त्री फादर पी. कार्टी ने मुझे अर्थशास्त्र पढ़ाया। वहाँ अनुशासन की भावना इतनी उच्च थी कि एक बेकार विद्यार्थी द्वारा भी मिनटों में हल किया जा सकनेवाला प्रश्न पूछा जाता और विद्यार्थी उसे पूरा करने के लिए लॉले हॉल में तीन घंटा बैठते। इस अग्निपरीक्षा के बारे में जब प्रिंसिपल से कोई सवाल पूछा जाता तो वह कहते कि वहाँ पर प्रश्न महत्त्वपूर्ण नहीं था, बल्कि मन को अनुशासित करने के लिए तीन घंटों तक योगी की तरह बैठना महत्त्वपूर्ण था। इस सख्त प्रशिक्षण ने ही कलाम को आकार दिया। उन्होंने अपने विद्यार्थियों के मस्तिष्क को प्रज्वलित कर दिया और इसमें कोई आश्चर्य नहीं कि कलाम ने दूसरों के मस्तिष्क को प्रज्वलित करने का दायित्व ग्रहण किया।

मुझे डॉ. ए.पी.जे. अब्दुल कलाम के साथ बहुत निकटता से कार्य करने का सौभाग्य प्राप्त हुआ, जब वह भारत के प्रधानमंत्री सम्माननीय वाजपेयीजी के 'भारत को उत्कृष्ट बौद्धिक शक्ति बनाने' के आह्वान पर उच्च स्तरीय टास्क फोर्स में प्रधानमंत्री के प्रमुख वैज्ञानिक सलाहकार के रूप में काम कर रहे थे। योजना आयोग के उपाध्यक्ष श्री के.सी. पंत टास्क फोर्स के अध्यक्ष थे और मैं सदस्य संयोजक था। डॉ. कलाम परिचालन समिति के प्रमुख थे और डॉ. माशेलकर, डॉ.

अशोक पार्थसारथी तथा श्री एम.के. कॉ अन्य के साथ इस टास्क फोर्स के सदस्य थे। हमने लगभग एक वर्ष तक साथ काम किया। यह रिपोर्ट अपनी अवधारणा में चिरस्मरणीय थी और इसका विश्व स्तर पर स्वागत हुआ। मैंने पूरे एक वर्ष तक इस रिपोर्ट को संगठित करने में इस प्रतिभा के साथ अविस्मरणीय समय बिताया।

यह टास्क फोर्स प्रधानमंत्री श्री वाजपेयीजी की भारत को ज्ञान की उत्कृष्ट शक्ति बनाने की इच्छा पर गठित किया गया था। डॉ. कलाम के साथ इस रिपोर्ट का मसौदा तैयार करते समय मुझे विज्ञान के इस उत्कृष्ट व्यक्ति की कुछ विरल विशेषताओं के बारे में पता चला, जो सामान्यत: ऊँचे पदों पर आसीन लोगों में देखने को नहीं मिलतीं। हमने विशेष सत्र और कार्यशालाएँ आयोजित कीं, जिसमें पूरे भारत से प्रसिद्ध व्यक्तियों को आमंत्रित किया तथा भारत को एक उत्कृष्ट बौद्धिक शक्ति बनाने के तरीकों पर उनका दृष्टिकोण जानने का प्रयास किया। डॉ. कलाम हर कार्यशाला तथा सेमिनार में शामिल हुए और स्वयं नोट्स बनाए। हमारे पास स्टेनोग्राफर थे, जो काररवाइयों का अनुसरण नहीं कर पा रहे थे। इन सत्रों में शामिल हो रहे प्रमुख व्यक्ति केवल अपने भाषणों के नोट्स रख पा रहे थे; परंतु मैंने देखा कि डॉ. कलाम ने बैठक में कही गई सभी बातों के पूरे नोट्स बनाए और बाद में अपने कमरे में एक सफेद बोर्ड पर उनका विश्लेषण करते थे, जैसे कोई कक्षाध्यापक अगले दिन के लिए अपने लेक्चर तैयार कर रहा हो। जब वह इस विशाल बोर्ड पर सभी विचारों का विश्लेषण करते थे तो सामान्यत: मैं उनके साथ उपस्थित होता था और वह निष्कर्षों पर पहुँचते जैसे कि वह गणित में कैलकुलस का कोई सवाल हल कर रहे हों। विवरणों के प्रति यह ध्यान तथा उनके द्वारा दिखाई गई रुचि उल्लेखनीय थी। वह जिस कार्य को हाथ में लेते हैं, उसके प्रति पूर्णरूप से समर्पित हो जाते हैं।

सन् 2001 में मैंने लंदन में विकास तथा शिक्षा पर एक विश्व बैंक बैठक में भारतीय दल का नेतृत्व किया। वहाँ हम विभिन्न देशों की वैश्विक उपलब्धियों पर चर्चा कर रहे थे। विश्व बैंक में सर्वोच्च स्तर पर एक बहुत महत्त्वपूर्ण व्यक्ति ने मुझसे कहा कि भारत के पास सारी चीजें हैं; परंतु उसके पास केवल दो चीजों की कमी है, एक गंभीरता और दूसरी गति। हालाँकि मैं इन दोनों बातों पर खुले रूप से उनसे सहमत नहीं हो सकता था, लेकिन मन से मैं जानता था कि वह सही थे। इस देश में एक निचले विभाग के क्लर्क से लेकर विभाग प्रमुख तक कोई भी व्यक्ति किसी चीज को गंभीरता से नहीं लेता। सामान्य राजनीतिक कार्यकर्ताओं का तो कहना ही क्या! मेरे राजनीति के प्रोफेसर फादर जॉर्डन विनोदपूर्वक यह कहा करते

थे कि बहुत से भारतीय राजा प्रतिदिन अपने मंत्रियों से पहला सवाल यह किया करते थे कि क्या देश में तीन बरसात हुई है ? वह विनोदप्रिय आयरिश फादर इन राजाओं पर हँसते थे, जो कभी यह तक नहीं जानते थे कि बाहर वर्षा हो रही है या नहीं!

जस्टिस सर टी. मुत्थुस्वामी अय्यर, जो उन दिनों मद्रास में उच्च न्यायालय के न्यायाधीश थे, के बारे में एक किंबदंती प्रचलित थी कि उन्होंने तहसील में एक क्लर्क के रूप में अपना कैरियर शुरू किया था। एक बार उनके कार्यालय में एक बहुत महत्त्वपूर्ण व्यक्ति आया और उसने वहाँ जिला कलक्टर से एक सरल सा सवाल पूछा कि कावेरी नदी से इस जिले की कितनी एकड़ भूमि की सिंचाई होती है ? जिला कलक्टर ने आँखें झपकाईं और उसने इस सवाल को अपने मातहत सात अधिकारियों के पास भिजवा दिया और सभी उच्च पदासीन लोग उस समय उस प्रश्न का उत्तर देने में सफल नहीं हो पाए। फिर यह बेचारा क्लर्क खड़ा हुआ और बताया कि कावेरी नदी सिंचाई के तहत इतनी एकड़ भूमि है। और वह उत्तर बिलकुल सही था। चूँकि वह गंभीर था और बाकी लोग नहीं थे, वह एक साधारण क्लर्क से उच्च न्यायालय के जज की कुरसी तक जा पहुँचा।

स्वामी विवेकानंद ने इस गंभीरता को 'श्रद्धा' कहा और उन्होंने मनुष्यों तथा देशों की सफलता के लिए इसे एक बड़ा कारण माना।

इस विशिष्ट व्यक्तित्व के साथ अपनी लंबी सहबद्धता में मैंने डॉ. ए.पी.जे. अब्दुल कलाम को हमेशा ऐसे विचारों के प्रति गंभीर पाया। स्वामी विवेकानंद के बारे में कहा जाता था कि जब कोई साँड़ उनपर हमला करता था तो वह यह सोचते थे कि वह क्रोधित क्यों है और क्यों हमला करता है ? वह कभी भी वहाँ से भागते नहीं थे। डॉ. कलाम हमेशा मुद्दों पर सोचते थे और हर चीज को बहुत गंभीरता से लेते हुए, उसका पूरी तरह विश्लेषण करते हुए सही निष्कर्ष पर पहुँचते थे। इस प्रकार वह पूरी तरह अनूठे हैं। वास्तव में वह उच्च कोटि के विचारक हैं।

दूसरी बात, जो किसी को उनकी प्रशंसा करने पर विवश कर देती है, वह दूसरों के लिए उनके दिल में सम्मान की भावना थी। वह सभी धर्मों का सम्मान करते थे। वह अजमेर दरगाह और श्री विल्लीपुथुर में आंदल मंदिर में उतने ही सहज रहते हैं। वह समान उत्साह से पवित्र कुरान, पवित्र 'बाइबिल' और पवित्र 'भगवद्गीता' पढ़ सकते हैं। वह हमेशा महसूस करते थे कि वह मुख्य रूप से एक भारतीय हैं और हर व्यक्ति का सम्मान करते थे, चाहे वह कोई बहुत ही छोटा व्यक्ति क्यों न हो।

मान लीजिए, कोई कहता है कि दो और दो पाँच होते हैं, तो हम उसकी

खिल्ली उड़ा सकते हैं; परंतु यह महान् विचारक कहेगा कि चलिए, इसका विश्लेषण करते हैं। इसी कारण कलाम कलाम बने। उनके पास अच्छी, पैनी धारवाला एक मिसाइल मस्तिष्क है।

सन् 1997 में चेन्नई में शतायु ट्रस्ट के कार्यकारी अध्यक्ष के रूप में उन्हें 'कांची शतायु परमाचार्य सम्मान' दिया गया तो मुझे प्रशस्ति-पत्र पढ़ने का सौभाग्य प्राप्त हुआ। तब मैंने कहा कि तमिलनाडु के इस महान् सपूत का नीति वाक्य टेनीसन की तरह यह रहा है—'संघर्ष करना, तलाश करना, खोजना और लाभ न उठाना।' मैंने यह कहते हुए अपने भाषण को समाप्त किया कि 'चलिए, सर्वशक्तिमान् ईश्वर से इस दुर्लभ व्यक्ति पर अपना इच्छित अनुग्रह बरसाने की प्रार्थना करें, ताकि भारत आनेवाले दिनों में उनकी छत्रच्छाया में और मजबूती प्राप्त करे।' यह मैंने पाँच वर्ष पहले कहा था, जब मैं नहीं जानता था कि एक दिन वह रायसीना हिल्स तक का सफर तय कर लेंगे।

उपरोक्त पुरस्कार उन्हें भारत के पूर्व राष्ट्रपति श्री आर. वेंकटरमण तथा ट्रस्ट के संरक्षक द्वारा प्रदान किया गया था।

डॉ. कलाम की एक और विशेषता, जिसने मुझे आकर्षित किया, वह है ज्ञान के लिए उनकी दीवानगी। उनका मानना है कि केवल ज्ञान ही व्यक्ति को ऊँचा उठा सकता है और किसी भी देश को महान् बना सकता है। वह अकसर 'तिरुक्कुरल' से इस प्रकार के दोहों का उद्धरण देते रहते थे।

जब वह कोई नई पुस्तक खरीदते हैं तो उसे पढ़ते समय विस्तृत नोट्स बनाते हैं। उनके पुस्तकालय में प्रत्येक विषय पर सभी नवीनतम पुस्तकें उपलब्ध हैं। इसमें कोई आश्चर्य की बात नहीं है कि जब हमने उन्हें भारत को सर्वश्रेष्ठ बौद्धिक ताकत बनाने के लिए योजना बताने को कहा तो उन्होंने इसे प्राप्त करने का एक मंत्र दिया—'ज्ञान, ज्ञान और ज्ञान।'

बच्चों में उनका विश्वास प्रसिद्ध है और राष्ट्रपति भवन में भी वह बच्चों के साथ समय बिताना पसंद करते हैं। संभवत: वह चाचा नेहरू की तरह चाचा कलाम हैं।

भारत में यह एक विश्वास है कि दक्षिण में रामेश्वरम की यात्रा करने वाले व्यक्तियों को उत्तर में वाराणसी भी अवश्य जाना चाहिए। उन्हें देवताओं की आराधना के लिए रामेश्वरम से वाराणसी तक और वाराणसी से रामेश्वरम तक जल ले जाना चाहिए। यह राष्ट्रीय अखंडता की एक पहचान थी और उन दिनों हमारे परदादा और परदादियाँ यह तीर्थयात्रा पैदल ही पूरे समर्पण तथा श्रद्धा भाव से करते थे, क्योंकि तब

परिवहन का कोई अन्य साधन नहीं था। यह भारत की महान् परंपराओं में एक थी।

आज भारत के सुदूर दक्षिण में स्थित रामेश्वरम के एक व्यक्ति को एकीकरण की ऐसी ही तीर्थयात्रा के लिए दिल्ली बुलाया गया है और संभवत: वह भारत के महानतम राष्ट्रपतियों की श्रृंखला में एक होंगे। इसका एक महत्त्वपूर्ण कारण यह है कि उन्होंने कभी भी सत्ता की लालसा नहीं की, न ही उसके लिए काम किया या चालबाजियाँ कीं। मुझे पूरा यकीन है कि विरल समर्पण-भाव तथा तीव्र लगनवाला यह उच्च कोटि का शांत एवं गंभीर व्यक्ति देश के लिए इतना कुछ करेगा, जितना कोई नहीं कर सकता।

अमेरिकी राष्ट्रपति अब्राहम लिंकन प्रशासन के मामले में नवशिक्षु थे। वह एक स्थानीय चुनाव तक नहीं जीत सकते थे। उनकी पत्नी उनके खिलाफ थीं (सौभाग्य से कलाम अविवाहित हैं)। परंतु फिर भी मात्र अपने चरित्रबल तथा निष्ठा से लिंकन एक ऐतिहासिक शख्सियत बने और उन्होंने स्मरणीय इतिहास रचा। लिंकन की महानता का कारण उनकी पूर्ण निष्ठा तथा समर्पण ही था।

डॉ. कलाम संभवत: भारत के अब्राहम लिंकन बनेंगे और अपनी बौद्धिकता तथा बेदाग ईमानदारी, जो एक दुर्लभ मेल है, के बल पर धूल में फूल खिलाने में सफल होंगे।

हमारे राष्ट्रपतिजी वीणा बजा सकते हैं और एक कलापारखी की तरह आध्यात्मिक संगीत का आनंद उठा सकते हैं। वह पूर्ण शाकाहारी हैं। वह अपने लिए कुछ भी नहीं चाहते; परंतु उनकी एकमात्र इच्छा बौद्धिक स्तर पर भारत के बच्चों को शक्तिशाली बनाना है। हाँ, हमारे राष्ट्रपतिजी एक बहुआयामी प्रतिभा का उदाहरण हैं।

इस बहुरूपदर्शी प्रतिभा को आज राष्ट्रपति के रूप में पाना हमारे लिए सौभाग्य की बात है।

—डॉ. के. वेंकटसुब्रह्मण्यन
सदस्य
केंद्रीय योजना आयोग

एक कुलपति की नजर में

जब मुझे यह पता चला कि डॉ. ए.पी.जे. अब्दुल कलाम प्रधानमंत्री के मुख्य वैज्ञानिक सलाहकार के रूप में अपना पद छोड़ रहे हैं तो मैंने उन्हें अन्ना विश्वविद्यालय

में शामिल होने के लिए आमंत्रित किया, जिसके वह पूर्व छात्र हैं। इससे पहले उन्होंने प्रो. के.वी. पंडालाई के नाम पर प्राध्यापकीय पीठ स्थापित करने के मेरे प्रयास में मेरी मदद की। श्री पंडालाई मद्रास इंस्टीट्यूट ऑफ टेक्नोलॉजी में कलाम के शिक्षक थे। अन्ना विश्वविद्यालय के एक पद पर कलाम के सुशोभित होने से मुझे एक बार में कई चीजें प्राप्त हो गईं—एक प्रसिद्ध पूर्व छात्र, जो भारत रत्न थे, अपने विश्वविद्यालय में एक सम्मानीय पद पर लौट सकते थे, इससे विश्वविद्यालय की उस पद की गरिमा बढ़ती थी। उस समय कोई नहीं जानता था कि वह जल्दी ही भारत के राष्ट्रपति बनेंगे। वहाँ उनके लिए सभी प्रकार की आरामदेह व्यवस्थाएँ की गईं। अनुभवी शोधकर्ता तथा अन्य स्टाफ उन्हें दिए गए। उनकी सुरक्षा के लिए चिंता को उनके तथा विद्यार्थियों के बीच स्वतंत्र संपर्क के साथ संतुलित किया जाना था।

जब भी डॉ. कलाम लेक्चर मीटिंग लेते थे, लगभग दो हजार लोग उसमें शामिल होते थे। कलाम का विशिष्ट आकर्षण यह है कि वह पूरी अवधि के दौरान श्रोताओं को बाँधे रखने में समर्थ हैं। लेक्चर देना उनकी एक अनूठी कला है। वह सौ प्रतिशत आदान-प्रदान सुनिश्चित करने के लिए अपने संदेश को अच्छी तरह व्यवस्थित करते हैं। कई पेशेवर शिक्षक उनसे कई टिप्स ले सकते हैं। उन्होंने प्रौद्योगिकी नवप्रवर्तनों, रचनात्मकता तथा प्रौद्योगिकी पर अंतिम वर्ष के विद्यार्थियों को शृंखलाबद्ध लेक्चर दिए। इस अवधि के दौरान उन्होंने पूरे भारत में स्कूली बच्चों को संबोधित करते हुए बहुत सी यात्राएँ कीं। वह हमेशा लेक्चर तैयार करने, आगंतुकों से मिलने और शोध परियोजनाओं पर विचार-विमर्श करने में व्यस्त रहते थे। किसी को आश्चर्य हो सकता है कि क्या उनके पास दिन में अट्ठाईस घंटे होते हैं; जबकि दूसरों के पास चौबीस घंटे ही होते हैं!

अन्ना विश्वविद्यालय ने भारत तथा विदेशों में प्रमुख कंपनियों में महत्त्वपूर्ण पदों पर आसीन कई पूर्व छात्रों को खोज निकाला है। जब हमने डॉ. कलाम को चेयर प्रोफेसर नियुक्त किया तो उन लोगों द्वारा कई बधाई संदेश प्राप्त हुए। मैंने जुलाई 2002 में पूर्व छात्रों के संबंध को मजबूत करने के उद्देश्य से डॉ. कलाम के साथ विश्व के कई देशों की यात्रा करने की योजना बनाई थी। उनकी उपस्थिति भारत की छवि प्रस्तुत करने में मदद करती; किंतु राष्ट्रपति चुनाव के घटनाक्रम के कारण ऐसा नहीं हो पाया।

डॉ. कलाम को 'इंजीनियरिंग इनोवेशंस इन प्राणायाम' विषय पर लिखी मेरी पुस्तक अच्छी लगी और उन्होंने भारत के तत्कालीन उपराष्ट्रपति द्वारा पुस्तक के

विमोचन का प्रबंध किया। चूँकि भारतीय चिकित्सा के संबंध में बहुत सी मूल्यवान जानकारी पुराने ताड़पत्रों में संगृहीत है, डॉ. कलाम ने सुझाव दिया कि हम ताड़पत्रों को कंप्यूटरीकृत करें। हमने इस परियोजना पर काम किया। उन्होंने परिसर में सुधार के लिए कई बहुमूल्य सुझाव दिए। ऐसा ही एक सुझाव था परिसर को स्मार्ट परिसर में बदलने के लिए सड़कों के साथ नालियाँ बनाना। सामान ढोने के लिए सड़कों के दोनों ओर नालियों के साथ प्लेटफॉर्म बनाए गए। इसके परिणामस्वरूप सड़कों को अगले पचास वर्षों तक खोदने की आवश्यकता नहीं है। बड़े पैमाने पर जल-संग्रहण किया गया। बागवानी के लिए सीवेज का इस्तेमाल किया गया। परिसर हरियाली से लहलहा उठा।

डॉ. कलाम प्रकृति-प्रेमी हैं। उन्होंने बरगद के एक पेड़, जिसकी झूलती जड़ों को सहारे की आवश्यकता थी, को सहारा देने के लिए एक स्तंभ लगाने का सुझाव दिया। सुबह की सैर के दौरान कई विद्यार्थी उनसे मिलते और बातचीत करते थे। वह विद्यार्थियों को मिल रही सुविधाओं में सुधार लाना चाहते थे। वह देखना चाहते थे कि होस्टल का मेस कितना हाइजेनिक (स्वास्थ्यकर) है। वह बरामदे में विद्यार्थियों के साथ बैठा करते थे और उनसे उस पाठ पर चर्चा किया करते थे, जो वे पढ़ रहे होते थे।

इस महान् विश्वविद्यालय के कुलपति तथा यहाँ काम करनेवाले एक व्यक्ति के रूप में मैं गर्व महसूस करता हूँ कि मुझे चेयर प्रोफेसरशिप का दायित्व ग्रहण करने के लिए उन्हें आमंत्रित करने का सौभाग्य प्राप्त हुआ; मुझे अन्ना विश्वविद्यालय में उनके रहने के दौरान उत्तम शोध वातावरण प्रदान करने का सौभाग्य प्राप्त हुआ। मुझे हमारे छात्र समुदाय, विभागों तथा चेन्नई के नागरिकों को उनके संपर्क में रहने का अवसर प्रदान करने का सौभाग्य प्राप्त हुआ। मैं गर्व महसूस करता हूँ कि हमने अन्ना विश्वविद्यालय में चेयर प्रोफेसर पद की प्रतिष्ठा बढ़ाई।

अन्ना विश्वविद्यालय मद्रास इंस्टीट्यूट ऑफ टेक्नोलॉजी अपने यहाँ से 'भारत रत्न' को पैदा करने के लिए गर्व महसूस करता है; वह गर्व महसूस करता है कि उसका एक विभाग ऊँचे उठकर राष्ट्रपति भवन पहुँच गया है। विश्वविद्यालय गर्व महसूस करता है कि एक प्रौद्योगिकीवेत्ता राष्ट्रपति बन गया है; वैज्ञानिक समुदाय डॉ. कलाम से महान् कार्यों को संपन्न करने की आशा लगाए हुए है।

—प्रो. ए. कलानिधि

कुलपति

अन्ना विश्वविद्यालय, चेन्नई

राष्ट्रपति के साथ कार्य करना

इक्कीस वर्ष पहले से उन्हें जानते हुए भी मैं उन्हें पूरी तरह नहीं जानता था। मैं उस समय विक्रम साराभाई अंतरिक्ष केंद्र, त्रिवेंद्रम में नियंत्रक था और डॉ. कलाम को मैं एक वरिष्ठ वैज्ञानिक के रूप में जानता था, जिन्होंने अपनी सेवाओं में अपनी वरिष्ठता तथा उपलब्धियों में महानता को दबा दिया था। उनकी मुसकान अब प्रसिद्ध हो चुकी है और वह निस्संदेह श्रेष्ठतम हैं। मैं उन्हें ऐसे वैज्ञानिक के रूप में जानता था जो रात और दिन का फर्क नहीं जानता था और एक बजे सुबह भी वह वी.एस.एस.सी. (विक्रम साराभाई स्पेस सेंटर) के अपने लैब में किसी गूढ विषय का विश्लेषण करने में लगे रहते थे, जो मेरे लिए दुर्बोध होता था।

डॉ. कलाम में वह विनम्रता, सरलता और परिश्रमशीलता अब भी मौजूद और व्याप्त है। और किसलिए उनकी केरल यात्रा के पूरा होने के बाद पूरे तीन दिन मुझे संदेश प्राप्त होते हैं कि ईश्वर का अपना राष्ट्र अब भी उनसे भरा हुआ है, स्नेह का प्याला लबालब भरा हुआ है। वह भी वहाँ, जहाँ हर कोई एक नेता है, कोई अनुयायी नहीं—कलाम एक महापुरुष की तरह हैं, जनता के राष्ट्रपति, सभी ओर से श्रेष्ठ तथा शक्तिशाली, युवा तथा वृद्ध सभी के लिए समान, सभी के प्रिय।

भारत के राष्ट्रपति के सचिव के रूप में क्या मैं दावा कर सकता हूँ कि मैं अब उन्हें जानता हूँ? इस उतावले व्यक्ति के लिए अस्पष्ट तथा संदिग्ध बातों के लिए कोई समय नहीं है। बेतुकी बातों का उनके लिए कोई तुक नहीं है। जरा सी भी अशुद्धता पर होंठ विनम्र विरोध में गोल हो जाते हैं, यदि वह पूरी तरह सर्वश्रेष्ठ न हो। सूर्य के चारों ओर अपनी तिहत्तरवीं परिक्रमा के दौरान भी वह बहुत तीव्र चलनेवालों में हैं। धीमा चलने वाले गार्ड ऑफ ऑनर में पीछे छूट जाते हैं, जिस प्रकार धीमे विचारकों तथा धीमा कार्य करनेवालों को राष्ट्रपति की गति के साथ तालमेल बिठाने के लिए बहुत मेहनत करनी पड़ती है। वह भारत को गर्व करने का मौका दे रहे हैं और अपने पीछे एक सुखद हरियाली छोड़ रहे हैं तथा सभी पर पूर्ण विजय प्राप्त कर रहे हैं।

'संयोजन' उनका प्रिय सिद्धांत है। वह जब विचारों का आदान-प्रदान करते हैं तो अंतरतम से करते हैं—उन मिसाइलों की तरह, जिनके लिए वह प्रसिद्ध हैं, जो धमाके के साथ प्रहार करते हैं। इसी कारण बच्चे उनसे बात करते हुए खुशी से विभोर हो जाते हैं, इसी कारण अपनी गोद में शिशुओं को लिये महिलाएँ नौ बजे रात को अपने प्रिय राष्ट्रपति की एक झलक पाने के लिए फुहारों के बीच प्रतीक्षा

करती हैं, जब बुलेट-प्रूफ काफिला उन्हें उस झलक से वंचित करके चला जाता है। केरल, त्रिपुरा, नगालैंड और यहाँ तक कि गुजरात में किसी से भी पूछिए—आपको यही सब सुनने-जानने को मिलेगा।

विजन 2020 अब किसी नेत्र विशेषज्ञ का क्षेत्र नहीं है। डॉ. कलाम ने अब यह दृष्टि राष्ट्र को दे दी है—आपको, मुझे। और आँखों में वह मौजूद है, वास्तव में वह आँखों में मौजूद है!

धन्यवाद मेरे देश के राष्ट्रपति डॉ. कलाम! आपको जानना मेरे लिए अद्भुत अनुभव था; आपके साथ काम करना अद्भुत था; परंतु 25 जुलाई, 2002 से यह बस शानदार रहा है—मेरे लिए भी और राष्ट्र के लिए भी।

—पी.एम. नायर
राष्ट्रपति के सचिव
नई दिल्ली

रूसी दृष्टिकोण

एन.पी.ओ. मशीनोस्ट्रोइनिया, रूटोव, मास्को क्षेत्र भारतीय वैज्ञानिकों के साथ तकनीकी विचार-विमर्श में जुटा हुआ था, जो आर.एफ. (रूसी संघ) सरकार द्वारा सन् 1989 में लिये गए फैसले के अनुसार सैन्य तथा तकनीकी सहयोग पर काम कर रहा था।

विचार-विमर्श के क्षेत्र ज्ञात थे, एन.पी.ओ. मशीनोस्ट्रोइनिया से विशेषज्ञों तथा आर.सी.आई. और डी.आर.डी.एल., हैदराबाद/डी.आर.डी.ओ. के शोध व विकास केंद्रों से वैज्ञानिकों के पहले समूह बनाए गए। इन गतिविधियों के क्रम में मैं 22 नवंबर, 1990 को पहली बार डॉ. अब्दुल कलाम से मिला। जब सन् 1992 में वह डी.आर.डी.ओ. के महानिदेशक तथा रक्षा मंत्री के वैज्ञानिक सलाहकार बने तो वह बहुत से विषयों पर विचार-विमर्श करने के लिए हम रूसी वैज्ञानिकों तथा इंजीनियरों से मिले।

उस पहली बैठक से जो मुख्य बात मेरी स्मृति में है, वह यह कि डॉ. कलाम हमारी मिसाइल प्रौद्योगिकी को अच्छी तरह जानते थे और उनका प्रमुख उद्देश्य था विभिन्न प्रकार के मिसाइलों को बनाने के लिए मिसाइल डिजाइनरों की टीमें गठित करना, जिनमें एंटी-शिप मिसाइल शामिल थे, जिस क्षेत्र में एन.पी.ओ. मशीनोस्ट्रोइनिया गहराई से जुड़ा हुआ था।

हम डॉ. अब्दुल कलाम की रुचि की विविधता तथा जो कार्य वह कर रहे थे, उसके प्रति उनकी निस्स्वार्थ निष्ठा से आश्चर्यचकित थे। इसके साथ उनकी विशेषताएँ थीं—गर्मजोशी, लोगों को संबोधित करने के विनम्र तरीके, उनकी स्थायी मुसकान तथा अप्रत्याशित रूप से जीवन की ओर काव्यात्मक दृष्टिकोण, एक ऐसा गुण जो असली रचनात्मक व्यक्तित्वों की विशेषता है। डॉ. अब्दुल कलाम की इन विशेषताओं ने हमेशा हमारे संयुक्त कार्य में हमारी सहायता की। जब भी आवश्यकता होती, व्यावसायिक बैठकों की तत्काल व्यवस्था की जा सकती थी।

जब डॉ. अब्दुल कलाम एन.पी.ओ. मशीनोस्ट्रोइनिया आए तो हमने अपने सम्मानित सहयोगी को अपनी परीक्षण तथा प्रयोगशाला सुविधा दिखाई, विभिन्न प्रणालियों के विकास के प्रति अपनी रूसी प्रवृत्ति समझाई और एक बार फिर मिसाइल शस्त्र प्रणालियों के विकास के दौरान आनेवाली समस्याओं की उनकी गहरी समझ पर ध्यान दिया, जो मैं कहूँगा कि सबसे सघन विज्ञान-प्रौद्योगिकी क्षेत्रों से संबंध रखते हैं।

रूसी वायुगतिक (ऐरोडायनमिक), द्रवगतिक (हाइड्रोडायनमिक) संरचना शक्ति, सॉफ्टवेयर इंजीनियरों, डिजाइनरों के समूह भारत गए; क्योंकि भारतीय पक्ष ने तुरंत विश्व स्तरीय लड़ाकू मिसाइल डिजाइनर समुदाय में शामिल होने की इच्छा प्रकट की थी। उनके पास मानव संसाधन, पर्याप्त संगणन (कंप्यूटिंग) क्षमताओं का अभाव था।

तभी यह मुद्दा डॉ. अब्दुल कलाम के पास आया, तो उन्होंने ये समस्याएँ तुरंत हल कर दीं; हमने महसूस किया कि उनके पास विशाल प्रबंधकीय क्षमता तथा नेतृत्व गुण हैं। डी.आर.डी.ओ. में कार्यक्रमों की संख्या तथा विविधता '50 के दशक के दौरान सोवियत संघ के प्रयासों के टक्कर की है। यह अब भी मेरे लिए एक पहेली है कि किस प्रकार डॉ. अब्दुल कलाम ने समय के साथ स्वयं को ऐसे वैज्ञानिक के रूप में अद्यतन किया है, जो समय की चुनौतियों का उत्तर जानता है, जो नई गतिविधियों के एक प्रबंधक के रूप में भविष्य का अनुमान लगा सकते हैं।

एन.पी.ओ. मशीनोस्ट्रोइनिया तथा डी.आर.डी.ओ. की संयुक्त गतिविधियाँ पूरी गति में थीं, जब डॉ. अब्दुल कलाम ने हमारे सहयोग को केवल विचार-विमर्श तक सीमित न रखने बल्कि भारत तथा रूस के बीच एक संयुक्त उद्यम कंपनी बनाने का प्रस्ताव रखा, जो नई प्रणालियों द्वारा अन्य देशों के बाजार को आकर्षित कर सके। संयुक्त उद्यम में संयुक्त डिजाइनिंग, विकास, परीक्षण, निर्माण तथा एंटी-शिप क्रूज मिसाइलों द्वारा प्रणालियों का यथार्थीकरण शामिल था। संक्षिप्त

विचार-विमर्श के बाद ऐसा प्रस्ताव समुचित रूप से कागज पर तैयार किया गया और रूसी सरकार को पत्र भेजा गया। उस पत्र पर डॉ. कलाम के हस्ताक्षर थे।

यहाँ मैं यह वर्णन नहीं करूँगा कि रूस में संबंधित अधिकारियों को विश्वास दिलाना कि ऐसी संयुक्त उद्यम कंपनी आवश्यक है, कितना कठिन था; परंतु अंततः रूसी राष्ट्रपति ने सन् 1997 में एक निर्णय लिया और रूसी सरकार तथा भारत सरकार के बीच अंतर-सरकारी समझौते पर हस्ताक्षर किए गए। दो सौ पचास मिलियन अमेरिकी डॉलर की पूँजी तथा दोनों देशों की निर्दिष्ट तकनीकी विरासत में दोनों पक्षों के लगभग बराबर योगदान के आधार पर संयुक्त उद्यम कंपनी की स्थापना की गई।

एन.पी.ओ. मशीनोस्ट्रोइनिया तथा डी.आर.डी.ओ. को संयुक्त भारतीय-रूसी कंपनी के संस्थापक तथा शेयर होल्डर के रूप में जाना गया। इसका मुख्य कार्यालय नई दिल्ली में था।

कंपनी के नाम 'ब्रह्मोस' का इतिहास दिलचस्प तथा असामान्य है। डॉ. अब्दुल कलाम तब हाल ही में रूस से लौटे थे, जहाँ वह नेवा नदी के किनारे टहले थे और इसके बाद नेवा नदी के बारे में एक कविता लिखी थी। उन्होंने सुझाव दिया कि संयुक्त उद्यम कंपनी का नाम दोनों देशों की खूबसूरत नदियों के नाम पर रखा जाना चाहिए। हमने उन्हें याद दिलाया कि एन.पी.ओ. मशीनोस्ट्रोइनिया मॉस्को के निकट स्थित है और 'मॉस्कवा' के नाम का इस्तेमाल करना अधिक उपयुक्त होगा। आखिरकार, हम संयुक्त उद्यम का नाम 'ब्रह्मोस' रखने पर सहमत हुए, जो भारत की 'ब्रह्मपुत्र' नदी तथा रूस की 'मॉस्कवा' नदी के नामों का प्रतिनिधित्व करता है।

दोनों सरकारों की ओर से सन् 1999 में पहली धनराशि आई और कार्य आरंभ हो गया। डी.आर.डी.ओ. के महानिदेशक के रूप में अपने कार्यकाल की पूरी अवधि के दौरान डॉ. कलाम ने बहुत सक्रियता से काम किया। उन्होंने तकनीकी, वित्तीय, कानूनी, रोजगार समस्याओं तथा कई अन्य समस्याओं को सुलझाया।

संयुक्त उद्यम परियोजना के तहत विकसित किए गए क्रूज मिसाइल का पहला लॉञ्च 12 जून, 2001 को भारत के चाँदीपुर अंतरिम परीक्षण रेंज में किया गया। यह लॉञ्च मिशन के सभी उद्देश्यों को पूरा करते हुए सफल रहा।

उस समय डॉ. कलाम भारत सरकार के मुख्य वैज्ञानिक सलाहकार का पद ग्रहण कर चुके थे, ताकि भारत के कुल विकास की समस्याओं तथा भावी संभावनाओं को हल किया जा सके। हमने उन्हें इस सफलता पर बधाई दी और उनकी बधाई

भी स्वीकार की। इस संवेदनशील मिसाइल क्षेत्र में हमारा सहयोग सच्ची भागीदारी के रूप में रहा है और हमें यकीन है कि इस संगठनात्मक तथा वित्तीय संरचना के द्वारा हम न केवल तट आधारित गतिशील एंटी-शिप कॉम्पलेक्स की परियोजना बल्कि बहुत सी अन्य परियोजनाओं को भी कार्यान्वित करने में सफल होंगे।

जब संयुक्त उद्यम कंपनी में दोनों भागीदारों की गतिविधियाँ उच्च स्तर पर संतोषजनक थीं और यह स्वीकार किया गया कि संयुक्त उद्यम कंपनी सफलतापूर्वक शुरू हुई तथा प्रभावी तरीके से कार्य कर रही है। दोनों देशों के लिए हाई-टेक क्षेत्र में इस प्रकार का सहयोग आवश्यक हो गया है।

एन.पी.ओ. मशीनोस्ट्रोइनिया की अपनी यात्रा के दौरान रूस के राष्ट्रपति ब्लादिमिर पुतिन ने 3-5 दिसंबर, 2002 को भारत की अपनी यात्रा की पूर्व संध्या पर कहा, 'मैं आपके संगठन तथा हमारे भारतीय भागीदारों के बीच अनुबंधीय दायित्वों के सटीक तथा उच्च क्षमता के कार्यान्वयन का जिक्र करना चाहूँगा। मैं यह देखकर प्रसन्न हूँ कि भारतीय-रूसी संयुक्त उद्यम कंपनी निरंतर विकसित हो रही है, सक्षमता से कार्य कर रही है तथा इसकी संभावनाएँ अच्छी हैं।'

अब जब कि हमारे संयुक्त प्रयासों का भारत के राष्ट्रपति डॉ. अब्दुल कलाम द्वारा उच्च स्तर पर आकलन किया जाएगा, यह भारत के संयुक्त उद्यम उत्पाद को भारत तथा रूस द्वारा संयुक्त रूप से पहचाने गए तीसरी दुनिया के देशों में शामिल करने की उम्मीद भी जगाता है।

हमारे सहयोग के स्पष्ट परिणाम पहले ही निकल चुके हैं। 'ब्रह्मोस' मिसाइल के प्रारूप के साथ मिसाइल शस्त्र कॉम्पलेक्स को हाल ही में रूसी जल सेना में शामिल किया गया है। नकत शिप टाइप 1234.7 में बारह लॉञ्चर्स लगाए गए हैं, जिसमें सात सौ टन से कम जल विस्थापन है।

भारतीय पक्ष की ओर से संयुक्त उद्यम कंपनी के निर्माण में डॉ. ए. सिवाथनु पिल्लई, श्री आर. रामनाथन, श्री पी. वेणुगोपालन ने सहयोग किया। रूसी पक्ष की ओर से मैं, एन.पी.ओ.एम. उप-निदेशक श्री ए. लियोनोव, श्री ए. खोमुश्किन, श्री ए. सेमैव, श्री ए. स्त्राखोव के महान् योगदान का उल्लेख करना चाहूँगा।

जब हमें 3 दिसंबर, 2002 को डॉ. अब्दुल कलाम से मिलने का संदेश प्राप्त हुआ तो मुझे लगा कि इतने उच्च पद पर भी वह एक वैज्ञानिक, एक इंजीनियर और एक रचनात्मक व्यक्तित्व हैं। हमेशा की तरह उन्होंने इस अवसर को नए विचारों तथा नए उद्देश्यों के अन्वेषण के लिए इस्तेमाल किया।

सन् 1998 में एन.पी.ओ.एम. तथा भारतीय पक्ष के बीच शुरू हुआ सहयोग

समय तथा संयुक्त कठिन श्रम पर खरा उतरा। यह भावी सफलता के लिए एक विश्वसनीय आधार है। यह न केवल दोनों देशों में उपलब्ध प्रौद्योगिकियों को और विकसित करेगा, बल्कि इक्कीसवीं शताब्दी की प्रौद्योगिकियों को संयुक्त रूप से विकसित करेगा।

—हरबर्ट ए. येफ्रेमोव

महानिदेशक, डिजाइनर जनरल
फेडरल स्टेट यूनिटरी एंटरप्राइज, रूस
हीरो ऑफ सोशिलिस्टिक लेबर (1963), सोवियत संघ
पुरस्कार विजेता (1974), लेनिन पुरस्कार विजेता (1982), रूसी संघ
सरकार पुरस्कार विजेता (2002)

डॉ. कलाम : एक मनुष्य के रूप में

डॉ. ए.पी.जे. अब्दुल कलाम ने भारत के बारहवें राष्ट्रपति का पद ग्रहण कर लिया है। वह भारत के राष्ट्रपति के रूप में निर्वाचित होनेवाले पहले वैज्ञानिक हैं। इससे देश में चारों ओर न केवल वैज्ञानिकों के बीच बल्कि सामान्य लोगों के बीच भी खुशी तथा उत्साह की लहर दौड़ गई है।

25 जुलाई को जब उन्हें राष्ट्रपति पद की शपथ दिलाई गई तो उस समय संसद् में पद-ग्रहण समारोह में मैं भी उपस्थित था। अपने भाषण के दौरान उनको जो प्रोत्साहन तथा विशाल करतल ध्वनि मिली, वह इस बात का संकेतक था कि उनके चुनाव को सभी का हार्दिक समर्थन प्राप्त है। जब उन्होंने राष्ट्रपति श्री के.आर. नारायणन से अपनी कुरसी बदली और उनकी कुरसी पर बैठे तो मेरा मस्तिष्क पीछे की ओर चला गया, जहाँ एक नाविक का नन्हा पुत्र जीविका अर्जन के लिए समाचार-पत्र बाँटा करता था। वही लड़का केवल योग्यता के बल पर भारत के प्रथम नागरिक की कुरसी तक पहुँच गया था। सचमुच वह दिल को छूनेवाला क्षण था।

राष्ट्रपति पद के लिए डॉ. कलाम के नामांकन के बाद पत्र-पत्रिकाओं में उनपर बहुत से लेख लिखे गए। उनमें उनके कैरियर, प्रौद्योगिकीय उपलब्धियों, भारत के लिए उनके विजन आदि पर प्रकाश डाला गया। मैं एक व्यक्ति के रूप में डॉ. कलाम पर अपनी दृष्टि डालना चाहता हूँ, जैसा मैंने उन्हें देखा।

डॉ. कलाम के साथ मेरी पहली मुलाकात तब हुई जब मैं श्री राजीव गांधी के

कार्यकाल में प्रधानमंत्री की वैज्ञानिक सलाहकार समिति का एक सदस्य था। यह सन् 1987-88 की बात है। मुझे भारतीय विज्ञान एवं प्रौद्योगिकी के भविष्य पर एक संभावित योजना का एक प्रारूप तैयार करने का दायित्व दिया गया था। मुझे रक्षा अनुसंधान तथा विकास के साथ विज्ञान एवं प्रौद्योगिकी के विभिन्न मुद्दों को समेटना था। मैं डॉ. कलाम से मिलने का प्रयास कर रहा था; परंतु ऐसा करने में असफल रहा। अंतत: संयोगवश हम एक विमान में साथ बैठे। मुझे अब भी पहुँच से बाहर होने के लिए उनका बार-बार क्षमा माँगना याद है। उन्होंने मुझे विस्तार से समझाया कि वह अपनी बहुत सी परियोजनाओं में व्यस्त थे। उन्होंने मुझसे पूछा कि मुझे किस चीज की आवश्यकता है। मैंने उन्हें बताया। वह जो भी काम कर रहे थे, उसे एक ओर रख दिया। उन्होंने एक कागज का टुकड़ा निकाला तथा अपने हाथ से अपना योगदान लिखा। इस पहली मुलाकात ने मुझे अभिभूत किया; क्योंकि मैं एक ऐसे व्यक्ति को देख रहा था जो सरल, बहुत मानवीय, साथ ही पेशेवर था। बाद में बहुत से अवसरों पर मिलने पर मुझे उनकी अन्य विशेषताओं का भी पता चला।

मैंने एक अन्य घटना में उनकी असामान्य विनम्रता तथा दूसरों से सीखने की इच्छा का आदर्श नमूना देखा। मुझे याद है, वह सन् 1992 का वर्ष था। उस समय मैं राष्ट्रीय रासायनिक प्रयोगशाला (नेशनल कैमिकल लेबोरेटरी) का निदेशक था। मेरे लिए डॉ. कलाम का एक फोन आया। वह उस समय पचास से अधिक प्रयोगशालाओं की श्रृंखला के साथ डिफेंस रिसर्च एंड डेवलपमेंट ऑर्गेनाइजेशन (डी.आर.डी.ओ.) के प्रमुख थे। डॉ. कलाम ने मुझे बताया कि पुणे में उनका एक निदेशक सम्मेलन होने जा रहा है और वह चाहते थे कि मैं वहाँ एक भाषण दूँ। मैंने प्रसन्नतापूर्वक इस निमंत्रण को स्वीकार कर लिया और डॉ. कलाम से पूछा कि मैं किस विषय पर भाषण दूँ? भारत में कुछ ही समय पहले सन् 1991 में उदारीकरण लागू हुआ था, जिसने शेष विश्व द्वारा व्यापार तथा निवेश के लिए अपने दरवाजे खोल दिए थे। डॉ. कलाम ने सुझाव दिया कि मैं 'उदारीकरण-पश्च काल में बाजार में जगह बनाने के लिए संघर्ष' पर बोलूँ। वह मुझसे इस विषय पर चर्चा चाहते थे कि इस संघर्ष में भारतीय विज्ञान तथा प्रौद्योगिकी क्या कर सकती हैं। मुझे इस जन-समूह को संबोधित करना याद है, जिसकी अध्यक्षता डॉ. कलाम कर रहे थे।

भाषण शुरू करते हुए मैंने डॉ. कलाम को 'मिस्टर टेक्नोलॉजी ऑफ इंडिया' कहकर संबोधित किया। मैंने उदारीकरण के बाद आगामी वर्षों में भारत की बड़ी चुनौती के विषय पर विस्तारपूर्वक प्रकाश डाला। पेटेंटों के लिए मेरा झुकाव उस समय तक प्रसिद्ध हो चुका था। सन् 1989 में ही मैंने 'पेटेंट जागरूकता आंदोलन'

शुरू किया था और एन.सी.एल. को पेटेंटों में मजबूत बनने के मार्ग पर डाला था। मैंने 'पेटेंट शिक्षा' के इस मुद्दे का जिक्र किया और बताया कि कड़ी वैश्विक प्रतियोगिता का सामना करने के लिए भारत में किस प्रकार इस अशिक्षा को दूर किया जाना चाहिए।

भाषण के बाद दोपहर के भोजन का प्रबंध था। डॉ. कलाम मेरे पास आए और कहा, 'माशेलकर, आपने मुझे 'मिस्टर टेक्नोलॉजी ऑफ इंडिया' कहकर संबोधित किया। परंतु क्या मैं आपको बता सकता हूँ कि आपका 'मिस्टर टेक्नोलॉजी ऑफ इंडिया' 'मिस्टर पेटेंट अशिक्षित' भी है?' मैंने उनसे पूछा कि उन्होंने ऐसा क्यों कहा? उन्होंने जवाब दिया कि उन्हें पेटेंटों और उनके महत्त्व की बहुत कम जानकारी है तथा उनका संगठन डी.आर.डी.ओ. इस क्षेत्र में क्या कर सकता है। मैंने उन्हें विस्तार से समझाया। उन्होंने तत्काल किसी को बुलाया और पचास से अधिक सभी डी.आर.डी.ओ. प्रयोगशालाओं में पेटेंट सेल गठित करने के निर्देश दिए। आज डी.आर.डी.ओ. पेटेंटों के बारे में जागरूक हो चुका है और वह बहुत से पेटेंट दाखिल करता है। यह साधारण घटना एक ओर इस महान् व्यक्ति की विनम्रता दिखाती है, जहाँ उन्होंने यह स्वीकार किया कि वह इस बारे में अनभिज्ञ हैं, दूसरी ओर यह उनकी तीव्र गति तथा निर्णायक तरीके से काम करने की क्षमता दरशाता है।

आज जब मैं सी.एस.आई.आर. की ओर देखता हूँ तो हम पाते हैं कि अड़तीस प्रयोगशालाओं की सी.एस.आई.आर. श्रृंखला में बड़ा बदलाव आया है। सी.एस.आई.आर. का यह बदलाव एक बड़े कदम के कारण संभव हो पाया, जो मैंने डॉ. कलाम के सुझाव पर उठाया था। वास्तव में, मुझे 1 जुलाई, 1995 का दिन अच्छी तरह याद है। इस दिन मैंने सी.एस.आई.आर. के महानिदेशक का पद ग्रहण किया था। उस शाम को हमने एक पार्टी का आयोजन किया। उसमें डॉ. कलाम भी उपस्थित थे। उन्होंने मुझे बधाई दी और पूछा, 'माशेलकर, सी.एस.आई.आर. के लिए आपकी अंतर्दृष्टि क्या है?' वह विवरणों की तह तक गए और मुझे बताया कि एक नए नेता के रूप में मेरे लिए औपचारिक रूप से एक विजन स्टेटमेंट (अंतर्दृष्टि विवरण) लॉन्च करना कितना महत्त्वपूर्ण है, ताकि पूरा सी.एस.आई.आर. परिवार स्पष्ट रूप से यह समझ सके कि मेरे दिमाग में क्या है। मुझे याद है कि अंत में मैंने सी.एस.आई.आर. की सलाहकार समिति, जिसके एक सदस्य डॉ. कलाम थे, के सामने प्रस्तुतीकरण किया। मुझे उनके कई मूल्यवान् योगदान याद हैं। यह विजन स्टेटमेंट 'सी.एस.आई.आर.-2001 : अंतर्दृष्टि तथा

रणनीति' एक युगांतरकारी मोड़ साबित हुआ और इसने सी.एस.आई.आर. को रूपांतरित कर दिया। आज यह संगठन इस स्तर तक प्रगति कर चुका है कि एक अंतरराष्ट्रीय पुस्तक 'वर्ल्ड क्लास इन इंडिया' में उन सर्वोच्च संगठनों के बीच सी.एस.आई.आर. का नाम है, जो भारत में उदारीकरण के बाद के काल में आमूल परिवर्तन से बेहतरीन ढंग से जूझने में सफल रहे हैं।

मैंने डॉ. कलाम को अत्यंत सहानुभूतिशील तथा सरल व्यक्ति पाया। मैंने व्यक्तिगत रूप से उनके उत्साह तथा स्नेह को महसूस किया है। एक बहुत सरल उदाहरण इसे स्पष्ट करता है। पिछले वर्ष, एक दिन सुबह ग्यारह बजे डॉ. कलाम ने मेरे ऑफिस में फोन किया और कहा कि उन्होंने प्रधानमंत्री द्वारा गठित नॉलेज टास्क फोर्स की एक बैठक बुलाई है। परिचालन समिति पर वह और मैं साथ काम कर रहे थे।

मैंने बैठक में शामिल होने में असमर्थता जताई और बताया कि मुझे शाम चार बजे की फ्लाइट से पुणे जाना था। मैंने उन्हें बताया कि उसी सुबह पुणे से मेरे पास एक फोन आया था कि मेरी पत्नी गंभीर रूप से बीमार हैं। मेरा पुणे जाना बहुत आवश्यक है। महत्त्वपूर्ण दायित्व पहले पूरे करने चाहिए। मैंने अपने सभी कार्यक्रम रद्द कर दिए थे और मैं पहली फ्लाइट पकड़कर वापस जा रहा था। स्थिति इतनी तनावपूर्ण थी कि मैं खुद पर नियंत्रण नहीं कर सका और फोन पर रो पड़ा। डॉ. कलाम ने मुझे सांत्वना दी। हमारी बातचीत समाप्त हो गई।

किंतु पंद्रह मिनट बाद मैं यह देखकर आश्चर्यचकित रह गया कि डॉ. कलाम अपनी एक मीटिंग छोड़कर मेरे ऑफिस में थे। उन्होंने मेरे साथ एक घंटा बिताया। मुझे उस समय पता चला कि वह दूसरों का कितना ध्यान रखनेवाले और उदार हृदय व्यक्ति हैं।

डॉ. कलाम बच्चों तथा युवाओं में बहुत लोकप्रिय हैं। यह तब स्पष्ट हो गया जब वह जनवरी 2000 में पुणे में होनेवाले भारतीय विज्ञान सम्मेलन के दौरान पुणे आए। त्रिमूर्ति यानी—डॉ. कस्तूरीरंगन, डॉ. चिदंबरम तथा डॉ. कलाम को एक मंच पर देखना मेरा एक सपना था। मैंने उन्हें एक सुरक्षित भारत के निर्माण पर अपने सपनों को प्रस्तुत करने के लिए कहा था। वह दोपहर एक यादगार दोपहर थी, जब इन तीन महान् लोगों ने अपने दृष्टिकोण प्रस्तुत किए। चर्चा के बाद की घटनाएँ मुझे अब भी याद हैं। डॉ. कलाम को सैकड़ों युवाओं ने घेर लिया। मुझे उनके बचाव के लिए हस्तक्षेप करना पड़ा। इस वर्ष भारतीय विज्ञान सम्मेलन, 2002 के दौरान लखनऊ में भी मुझे वही काम करना पड़ा। एक पैनल-चर्चा चल रही थी।

डॉ. मुरली मनोहर जोशी, डॉ. आर. चिदंबरम, डॉ. अनिल काकोडकर, डॉ. कस्तूरीरंगन तथा मैं मंच पर थे। श्रोताओं में लगभग दो हजार लोग थे। प्रस्तुति के दौरान ही डॉ. कलाम वहाँ पहुँचे। वहाँ हर कोई भूल गया था कि हम सभी मंच पर हैं और सब डॉ. कलाम की ओर दौड़ पड़े। वह फिर सैकड़ों युवाओं से घिर गए। डॉ. मुरली मनोहर जोशी ने मुझे सलाह दी कि मैं जाकर उन्हें वहाँ से निकालूँ। इसका एकमात्र तरीका उन्हें मंच पर लाना था, ताकि हम अपनी चर्चा जारी रख सकें। उसके बाद ही हम काररवाई जारी रख सकते थे। मैंने पहले कभी युवाओं या समाज के बीच किसी वैज्ञानिक का ऐसा आकर्षण नहीं देखा था।

डॉ. कलाम को विश्वास है कि बच्चे हमारी भविष्य हैं। हमें उनके मस्तिष्क को तेजस्वी बनाना चाहिए। जब वह प्रधानमंत्री के प्रमुख वैज्ञानिक सलाहकार थे तो मुझे याद आता है कि मैं किसी विषय पर विचार-विमर्श के लिए उनसे मिलने गया था। हमेशा की तरह बातचीत की दिशा भारत के भविष्य की ओर तथा इस प्रश्न पर चली गई कि उसे किस प्रकार हमारे बच्चों द्वारा निर्मित किया जाएगा। मुझे अब भी उनका यह कथन याद है कि वह भविष्य में बच्चों के मस्तिष्क को प्रज्वलित करने के लिए स्वयं को समर्पित करना चाहते हैं। उन्होंने कहा कि वह एक वर्ष में कम-से-कम एक लाख बच्चों के साथ बातचीत करेंगे।

उन्होंने मुझसे पूछा, 'माशेलकर, इस विशाल अभियान में क्यों नहीं आप भी मेरे साथ शामिल हो जाते हैं? हम दोनों जाकर एक समान मंच से बच्चों को प्रेरित करेंगे।' मुझे याद है कि मैं उत्साहपूर्वक इस बात पर सहमत हो गया था; परंतु वास्तव में उनके साथ शामिल नहीं हो पाया।

बहरहाल, डॉ. कलाम ने अपने सामान्य तरीके से इस मिशन पर काम शुरू किया। तीन दिन पहले पद ग्रहण समारोह के बाद दिए गए उनके भाषण में यह सुनकर मुझे प्रसन्नता हुई कि वह पचास हजार बच्चों से मिल चुके हैं। उन्होंने आधे वर्ष में आधा लक्ष्य पूरा कर लिया है। यहाँ आप एक ऐसे व्यक्ति को देखते हैं, जो किसी उद्देश्य के लिए खुद को समर्पित करता है, अपने लिए लक्ष्य निर्धारित करता है और निष्ठा के साथ उसे पूरा करता है।

डॉ. कलाम ने हमारे इतिहास में एक नाजुक समय पर भारत के राष्ट्रपति का पद भार सँभाला है। वह एक ऐसे व्यक्ति हैं, जो हमारे समाज के अलगावों के बारे में चिंतित हैं और हमें शांति तथा सद्भावना का पाठ पढ़ाना चाहते हैं। एक बार उन्होंने कहा है कि उनके पिता तथा रामेश्वरम मंदिर के सबसे बड़े पुजारी अपने घरों में 'भगवद्गीता' और 'कुरान' पर चर्चा करते थे। उन्होंने कई बार यह उल्लेख

किया है कि किस प्रकार एक चर्च को प्रौद्योगिकी प्रयोगशाला में बदल दिया गया और वह देश की रॉकेट प्रौद्योगिकी का जन्म-स्थान बन गया। उनके लिए वह विज्ञान तथा आध्यात्मिकता का मिश्रण था, और वह आशा करते हैं कि ऐसा मेल सभी क्षेत्रों में निरंतर हो।

मैं अंत में वह दोहराना चाहूँगा, जो डॉ. कलाम ने भारत के राष्ट्रपति पद की शपथ लेने के बाद 25 जुलाई को राष्ट्र के नाम अपने संदेश में कहा था। उन्होंने कहा, 'जब मैं अपने देश की यात्रा करता हूँ, जब मैं अपने देश के तटों के चारों ओर तीन समुद्रों की लहरों की आवाज सुनता हूँ, जब मैं शक्तिमान हिमालय से आनेवाली वायु की मृदुलता को महसूस करता हूँ, जब मैं उत्तर-पूर्व तथा हमारे द्वीपों की जैव-विविधता को देखता हूँ और जब मैं पश्चिमी रेगिस्तान से आनेवाली गरमी को महसूस करता हूँ, मैं युवाओं की आवाज सुनता हूँ : 'मैं भारत का गीत कब गा सकता हूँ?' यदि युवाओं को भारत का गान गाना है तो भारत को एक विकसित देश बनना होगा, जो गरीबी, अशिक्षा तथा बेरोजगारी से मुक्त हो और आर्थिक समृद्धि, राष्ट्रीय सुरक्षा तथा आंतरिक सद्भावना से उत्फुल्ल हो।' फिर वह उस गीत को गाने लगे—

'भारत के युवा नागरिक होने के नाते
प्रौद्योगिकी, ज्ञान और देश-प्रेम से युक्त
मैं महसूस करता हूँ कि छोटा लक्ष्य अपराध है।

मैं एक महान् अंतर्दृष्टि के लिए कार्य करूँगा और पसीना बहाऊँगा
देश को एक विकसित राष्ट्र में रूपांतरित करने की अंतर्दृष्टि
जो मूल्य-प्रणाली के साथ आर्थिक शक्ति से युक्त हो।

मैं भारत के एक अरब नागरिकों में से हूँ
केवल अंतर्दृष्टि ही अरबों आत्माओं को प्रज्वलित करेगी।
वह मेरे अंदर प्रवेश कर चुकी है
किसी भी संसाधन की अपेक्षा तेजस्वी आत्मा सबसे सशक्त संसाधन है
धरती पर, धरती के ऊपर तथा धरती के नीचे
मैं ज्ञान का दीपक जलाए रखूँगा
ताकि विकसित भारत का लक्ष्य प्राप्त हो सके।'

मेरी दृष्टि में, आज डॉ. कलाम के रूप में हमारे पास एक ऐसा राष्ट्रपति है

जो सही समय पर, सही स्थान पर, सही व्यक्ति है। भारतीय युवा बहुत उत्कंठा से एक आदर्श पुरुष की तलाश में थे। इससे बेहतर आदर्श पुरुष उन्हें कौन मिल सकता है, जो रामेश्वरम में एक नाविक का पुत्र था और जिसे भारत के राष्ट्रपति जैसा गरिमापूर्ण और सर्वोच्च पद प्राप्त हुआ! सरल तथा मानवीय गुणों से भरपूर व्यक्तित्व डॉ. कलाम से बेहतर आदर्श पुरुष उन्हें कहाँ मिल सकता है, जो एक कट्टर राष्ट्रवादी है और साथ ही महान् स्वप्नदर्शी तथा दूरदर्शी है! ऐसे व्यक्ति से बेहतर आदर्श पुरुष उन्हें कहाँ मिल सकता है, जो जोर देकर कहता है कि 'शक्ति ही शक्ति का सम्मान करती है' और हमारे जीवनकाल में एक विकसित भारत चाहता है। मुझे यकीन है कि वे युवाओं तथा वृद्धों को एक समान प्रेरित करेंगे और इस महान् देश भारत को उसके सही लक्ष्य की ओर प्रोत्साहित करेंगे।

—डॉ. आर.ए. माशेलकर, एफ.आर.एस.

महानिदेशक,
वैज्ञानिक तथा औद्योगिक अनुसंधान परिषद् और
सचिव, वैज्ञानिक तथा औद्योगिक अनुसंधान विभाग, भारत सरकार

डॉ. कलाम के साथ बिताए वर्ष

मैं उन कुछ भाग्यशाली लोगों में से नहीं हूँ जिन्होंने अंतरिक्ष विभाग या डी.आर.डी.ओ. में डॉ. कलाम के दिनों में उनके साथ लंबा समय बिताया है। सन् 1995 के मध्य तक, जब मैं सचिव के रूप में विज्ञान तथा प्रौद्योगिकी विभाग में नियुक्त हुआ, डॉ. कलाम मेरे लिए एक आभामंडलवाले 'मिसाइल पुरुष' थे, जिस रूप में देश की अधिकांश जनता उन्हें जानती थी। अगले कुछ वर्षों में मुझे उनके साथ कुछ निकटता से काम करने का अवसर मिला, जब वह विज्ञान तथा प्रौद्योगिकी विभाग के अंतर्गत एक स्वायत्त संगठन टी.आई.एफ.ए.सी. की शासी परिषद् के अध्यक्ष थे। मैंने जल्दी ही यह महसूस किया कि 'शक्ति ही शक्ति का सम्मान करती है' पर विश्वास करनेवाले रक्षा वैज्ञानिक डॉ. अब्दुल कलाम वास्तव में अंदर से बहुत ही नरम हैं। सामान्य व्यक्ति, विशेषकर समाज के वंचित वर्गों के कल्याण के लिए उनकी चिंता राष्ट्रीय सुरक्षा के लिए उनकी चिंता से बिलकुल भी कम नहीं थी। उनकी अध्यक्षता में टी.आई.एफ.ए.सी. का एक उल्लेखनीय परिणाम विजन-2020 दस्तावेजों की तैयारी तथा उन्हें जारी करना था। पाँच हजार से अधिक पेशेवरों के साथ व्यापक विचार-विमर्श के आधार पर तैयार किए गए

दस्तावेजों ने पहली बार अगले कुछ दशकों के लिए भारत को एक प्रौद्योगिकी रोड मैप प्रदान किया। डॉ. कलाम जल्दी ही इस अंतर्दृष्टि को वास्तविकता में बदलने में जुट गए। मुख्य वैज्ञानिक सलाहकार के रूप में उनकी नियुक्ति ने एक विकसित भारत निर्मित करने के उनके सपने को और मजबूत बनाया तथा एक विशाल परियोजना—भारत सहस्राब्दि मिशन के निर्माण को प्रेरित किया।

इस पूरी अवधि के दौरान मैंने मिसाइल पुरुष को नहीं देखा; मैं केवल विकास के प्रति अत्यंत प्रतिबद्ध, गरीबों तथा समाज के वंचित वर्गों के लिए गहरी सहानुभूति रखनेवाले एक वैज्ञानिक को देख सकता था। गुजरात में आए भूकंप के प्रति उनकी प्रतिक्रिया करुणार्द्र थी। हम पीड़ितों के लिए क्या कर सकते हैं ? उनके मार्गदर्शन में टी.आई.एफ.ए.सी. अधिकाधिक पीड़ितों को संयोजित आश्रय तथा संयोजित कृत्रिम अंग प्रदान करने में सफल हुआ।

डॉ. कलाम भविष्य के नागरिकों के रूप में बच्चों से बहुत प्रेम करते हैं। बच्चों तथा युवाओं के साथ डॉ. कलाम की लय पूरी तरह मिलती है और इसपर विश्वास करने के लिए इसे देखना जरूरी है। यह और भी सशक्त हुआ, जब उन्होंने अन्ना विश्वविद्यालय, चेन्नई में प्रोफेसर का पद सँभाला। वह एक राष्ट्रीय संत बन गए और सन् 2020 तक एक विकसित भारत का स्वप्न डॉ. कलाम का पर्यायवाची बन गया। राष्ट्रपति के रूप में राष्ट्रपति भवन तक की उनकी यात्रा वास्तव में देश के सपनों तथा आशाओं की प्रतीक है।

—वी.एस. राममूर्ति

सचिव

विज्ञान तथा प्रौद्योगिकी विभाग

भारत सरकार

डॉ. कलाम से मेरा संबंध

मैं लगभग पंद्रह वर्ष पहले पहली बार डॉ. ए.पी.जे. अब्दुल कलाम के संपर्क में आया, जब वह डी.आर.डी.एल., हैदराबाद के निदेशक थे। उस समय मुझे नई दिल्ली में एक परियोजना के निदेशक के रूप में नियुक्त किया गया था। डॉ. कलाम की मेरी शुरुआती स्मृति एक विशिष्ट प्रकार की प्रौद्योगिकी के आयात के लिए लगातार, परंतु विफलतापूर्वक, उनकी सहमति पाने का प्रयास करना था। तत्कालीन एस.ए. (वैज्ञानिक सलाहकार) ने अपनी स्वीकृति के लिए डॉ. कलाम

की सहमति को एक पूर्व शर्त निर्धारित कर दिया था। फिर मैंने महसूस किया—और बाद के संपर्कों ने इसे पुष्ट किया--कि वह एक ऐसे राष्ट्रवादी व्यक्ति है, जो यदि संभव हो तो, कभी किसी विदेशी उपकरण को देश में नहीं आने देते, जब तक कि उसके साथ प्रौद्योगिकी का पूर्ण हस्तांतरण सम्मिलित न हो। एक अन्य समय, किसी अत्यंत आवश्यक उपकरण के आयात के लिए हिचकिचाहट के साथ सहमत होने से पहले उन्होंने डी.आर.डी.ओ. की किसी प्रयोगशाला में एक समानांतर शोध तथा विकास परियोजना आरंभ कराने का आश्वासन लिया।

जैसे-जैसे समय गुजरता गया, हम एक-दूसरे को और अधिक नजदीकी से जानने लगे और मैं अपने मत को स्वतंत्रतापूर्वक अभिव्यक्त करने लगा। डॉ. कलाम का जीवन अत्यंत व्यस्त था, जिसमें सभी विषयों पर बैठकों तथा तथ्य-प्रस्तुति में सम्मिलित होना शामिल था। वह हमेशा यात्राओं पर रहते थे, खास तौर पर सप्ताहांतों में। यदि उन्हें विजाग या मुंबई में किसी खास वर्क सेंटर का दौरा करने का सुझाव दिया जाता तो वह बड़ी ही सरलता से किसी अवकाश के दिन यात्रा निश्चित करने के लिए कहते। वह प्रस्तुतियों तथा समीक्षा बैठकों में इतने तल्लीन हो जाते कि उन्हें समय का कोई ध्यान नहीं रहता। अकसर उनके सामने फ्लाइट छूट जाने का खतरा रहता था।

एक विदेश यात्रा के दौरान हम राजदूत द्वारा दिए गए रात्रिभोज में शामिल हो रहे थे। राजदूत और कुछ स्थानीय अत्यंत महत्त्वपूर्ण अतिथि मेज के आस-पास कुछ उग्र वार्त्तालाप में संलग्न थे। डॉ. कलाम, जो मेरे बगल में बैठे थे, यह जानना चाहते थे कि वे क्या पी रहे हैं ? मैंने उन्हें बताया कि जहाँ तक मुझे लगता है, वे वोदका तथा ऑरेंज जूस पी रहे थे—एक कॉकटेल, जो सामान्यत: 'स्क्रू ड्राइवर' के नाम से जाना जाता है। सुनकर वे चुप लगा गए।

इसी के लगभग दो वर्ष बाद श्री सुरेश नंदा ने अपने पिता, नेवल स्टाफ के पूर्व प्रमुख एडमिरल एस.एम. नंदा के तिरासीवें जन्मदिन को मनाने के लिए आयोजित एक रात्रिभोज में मुझे आमंत्रित किया था। चूँकि उस समय मैं एक प्रशासनिक अधिकारी था, अत: एक अच्छे सेवा अधिकारी की तरह मैं उस पार्टी में शामिल होने के लिए अपने बॉस डॉ. कलाम से अनुमति लेने गया।

उन्होंने मेजबानों के बारे में मुझसे कुछ प्रश्न पूछे और यह भी पूछा कि क्या उस पार्टी में जाना मेरे लिए वाकई आवश्यक था ? मैंने 'हाँ' में जवाब दिया। उन्होंने कहा, 'ठीक है, जाइए; परंतु 'स्क्रू ड्राइवर प्रौद्योगिकी' में अधिक संलग्न न हों।'

वह केवल तमिल या अंग्रेजी जानते थे और उनका हिंदी ज्ञान नगण्य था। कई

लोगों का भ्रामक अनुमान था कि एक मुसलमान होने के नाते वह कम-से-कम उर्दू में निपुण होंगे। पूर्व रक्षा मंत्री श्री मुलायम सिंह यादव यह जानकर काफी विस्मित हुए थे कि डॉ. अब्दुल कलाम जरा भी हिंदी या उर्दू नहीं जानते। जब कलाम उस बैठक के बाद अपने ऑफिस वापस आए तो उन्होंने मुझसे पूछा कि वह किस प्रकार कम-से-कम समय में उर्दू सीख सकते हैं। मैंने उन्हें 'उर्दू सीखिए' वाली एक पुस्तक लाकर दी। कुछ सप्ताहों के बाद मैंने उनके निजी सहायक से पूछा कि क्या कलाम साहब ने उर्दू सीखने में कुछ प्रगति की है ? उसने कहा कि जहाँ तक उसे लगता है, उस पुस्तक को अब तक खोला भी नहीं गया है। डॉ. कलाम को संस्थानों या व्यक्तियों से उर्दू में कुछ पत्र प्राप्त होते थे, जिन्हें उनके लिए अनूदित करने का सौभाग्य मुझे प्राप्त हुआ। मेरा एक और दावा यह है कि संभवत: उनके दो निजी सचिवों (शेरिडन तथा प्रसाद) के अलावा मैं उन चंद लोगों में से हूँ, जो उनकी अंग्रेजी हस्तलिपि को कमोबेश सही-सही समझ सकते थे!

मेरा विश्वास है कि वह पहले और अंतिम 'मिसाइल पुरुष' हैं। उन्होंने न केवल डी.आर.डी.ओ. बल्कि अंतरिक्ष विभाग की मिसाइल संबंधी प्रयोगशालाओं में व्यक्तिगत रुचि ली। उनकी अंतरिक्ष पृष्ठभूमि उनके द्वारा इस्तेमाल की जाने वाली शब्दावली में भी प्रतिबिंबित होती थी, जैसे कि अपनी आयु को इस प्रकार बताना कि 'इस शरीर ने सूर्य के चारों ओर छासठ परिक्रमाएँ कर ली हैं।' या अपने किसी अधिकारी को झिड़की देते हुए 'उसे ट्रैक पर रखने और साइड लोब पर न ले जाने' के लिए कहना।

उनकी सबसे बड़ी विशेषता उनकी मौलिक विनम्रता तथा उदारता है। वह सचिव स्तर के अधिकारियों को अपने बाहरी ऑफिस में प्रतीक्षारत रखते थे, जबकि सबसे कनिष्ठ कर्मियों, जो उनसे निजी मुलाकात के लिए त्रिवेंद्रम या बंगलौर अथवा हैदराबाद से आते, उनसे बातचीत में व्यस्त रहते थे। उनका एक बड़ा उद्देश्य रक्षा अनुसंधान तथा विकास के लाभों को नागरिक उद्देश्यों के लिए विस्तृत करने के तरीके खोजना था।

एक समय इस बारे में एक प्रबल अफवाह थी कि डॉ. कलाम सेवानिवृत्त हो रहे हैं और संभवत: एक विश्वविद्यालय में कुलपति का कार्यभार ग्रहण कर रहे हैं। मैंने उनसे पूछा कि क्या इन अफवाहों में कोई सच्चाई है ? उन्होंने कहा कि वास्तव में ऐसी बातचीत हुई थी, परंतु सरकार उन्हें जाने नहीं दे रही है। उन्होंने कहा कि उनकी इच्छा शिक्षण कार्य करने की और चेन्नई में मरीना बीच के निकट स्थित एक छोटे कुटीर में रहने की थी।

कुछ ही समय बाद वह भारत सरकार के प्रमुख वैज्ञानिक सलाहकार बन गए और हमारा एक-दूसरे से संपर्क लगभग टूट गया। कुछ और वर्षों के बाद उन्होंने वहाँ से भी सेवानिवृत्ति ली और चेन्नई में एक शिक्षण कार्य करने चले गए। मैं कभी नहीं जान पाया कि क्या उन्हें बीच के पास अपनी इच्छित कुटिया भी प्राप्त हुई या नहीं।

और अब, यकीनन वह दिल्ली में एक अन्य 'कुटिया' में आ गए हैं।

—वाइस एडमिरल बी. भूषण

(सेवानिवृत्त)

स्मृति की गलियों में एक यात्रा

किसी एक व्यक्ति से संबंधित अपने जीवन की सभी घटनाओं को ठीक-ठीक याद रख पाना एक कठिन कार्य है। समय के साथ स्मृतियाँ धुँधली पड़ जाती हैं और पश्चावलोकन में कई संदिग्धताएँ होती हैं। श्रेष्ठता की ऊँचाइयाँ प्राप्त करने वाले डॉ. ए.पी.जे. अब्दुल कलाम जैसे किसी व्यक्ति के साथ ऐसा प्रयास करना और भी कठिन कार्य है। यह इसलिए, क्योंकि किसी को पूर्ण रूप से जानने की बुद्धि मुझमें नहीं है; राष्ट्रपति को छोड़कर, जो लगभग चार दशकों तक मेरे जीवन को निर्देशित तथा प्रभावित करनेवाली रोशनी रहे हैं। श्री रामनाथन, जिनके लिए मेरे मन में इतना ही अधिक सम्मान है, इस प्रसिद्ध व्यक्ति के जीवन का इतिहास लिखने का प्रयास कर रहे हैं। इसलिए मैं एक वैज्ञानिक, प्रोग्राम प्रबंधक तथा शोध व विकास के प्रशासक के रूप में डॉ. कलाम के साथ जुड़ाव के अपने वर्षों के बारे में कुछ शब्द लिखने के लिए तैयार हुआ हूँ।

'60 के दशक की 'राटो' (RATO) परियोजना : प्रौद्योगिकी विकास में डॉ. कलाम की दक्षताओं के बारे में पहला ज्ञान मुझे '60 के दशक के मध्य में हुआ। उस समय वायु सेना छोटे रनवे तथा ऊँचाई से संचालित होनेवाले लड़ाकू विमान के लिए राटो प्रौद्योगिकी, यानी रॉकेट एसिस्टेड टेक ऑफ की आशा में थी। उस समय मैं डी.आर.डी.एल. में एक 500 के जी एफ थर्स्ट लिक्विड ऑक्सीजन-केरोसीन लिक्विड रॉकेट इंजन विकसित कर रहा था; जबकि श्री कलाम स्पेस साइंस एंड टेक्नोलॉजी सेंटर (सी.एस.टी.सी, अब वी.एस.एस.सी.) में एक सॉलिड प्रोपेलेंट मोटर पर काम कर रहे थे। तीन वर्षों के अंदर मुझे पता चला कि श्री

कलाम के राटो पर विमान परीक्षण हो चुके हैं, जबकि लड़ाकू विमान में लिक्विड ऑक्सीजन इस्तेमाल करने की व्यवस्था के कारण मेरा इंजन इस प्रयोग में नहीं आ पाया। उन दिनों हमें सबकुछ शुरुआत से विकसित करना पड़ता था और इस प्रकार डॉ. कलाम के लिए मेरी सराहना एक साथी वैज्ञानिक के रूप में 'हलकी सराहना' से शुरू हुई, जो बहुत जोखिम भरा समझे जानेवाले और लगभग असंभव कार्य—एक विमान पर इस्तेमाल के लिए रॉकेट इंजन बनाने में सफल हुए थे।

तरल नोदन तथा ठोस नोदन (लिक्विड प्रोपल्शन एंड सॉलिड प्रोपल्शन) : डॉ. कलाम से मेरी पहली भेंट सन् 1973 या 1974 में हुई। उस समय रक्षा मंत्री के तत्कालीन वैज्ञानिक सलाहकार ने एक स्वदेशी मिसाइल प्रणाली की प्रगति की समीक्षा के लिए वी.एस.एस.सी. से एक टीम को आमंत्रित किया था। डॉ. कलाम उस टीम के अंग थे और प्रणाली के नोदन (प्रोपल्शन) भाग की समीक्षा के लिए उत्तरदायी थे। मैं कुछ आशंकित था कि एक 'सॉलिड प्रोपल्शन मैन' को एक 'लिक्विड प्रोपल्शन मैन' के कार्य की समीक्षा करनी है और मैंने ऐसे तकनीकी लेखा परीक्षणों के लिए आवश्यक सामान्य सावधानी के साथ समीक्षा की तैयारी की।

परंतु ये सभी आशंकाएँ अनावश्यक थीं। डॉ. कलाम की समीक्षा काफी आनंददायी थी। वह लगातार लिक्विड प्रोपल्शन के मेरे दृष्टिकोण तथा जिन विकल्पों पर मैंने विचार तथा कार्य किया था, के बारे में अधिक जानने की माँग करते रहे। डॉ. कलाम तथा मेरे तत्कालीन निदेशक एयर वाइस मार्शल वी.एस. नारायणन के प्रोत्साहन से सभी तकनीकी तथा प्रबंधकीय समस्याओं तथा संभावनाओं को एक नए परिप्रेक्ष्य में सामने लाने में सफलता मिली। इसने मुझे उच्च क्षमता लिक्विड रॉकेट इंजन पर सफलतापूर्वक कार्य पूर्ण करने में मदद की, जिसका बाद में 'पृथ्वी' मिसाइल के लिए उत्पादन तथा इस्तेमाल किया गया।

बाद में, मुझे अपने निदेशक से पता चला कि डॉ. कलाम ने डी.आर.डी.एल. में लिक्विड प्रोपल्शन पर मेरे कार्य की बड़ी सराहना की है, जिन्होंने लिक्विड प्रोपल्शन डिवीजन, जिसका मैं संस्थापक था, के वैज्ञानिकों की मेरी टीम के साथ समीक्षा दस्तावेज तैयार करने तथा प्रस्तुत करने में मेरी क्रमबद्ध प्रवृत्ति की प्रशंसा की थी।

'80 के दशक का मिसाइल कार्यक्रम : जब मैं डी.आर.डी.एल. से इंस्टीट्यूट ऑफ आर्मामेंट टेक्नोलॉजी (आई.ए.टी.) (पुणे) तथा फिर रक्षा मंत्री के वैज्ञानिक सलाहकार के कार्यालय में गया तो डॉ. कलाम के साथ मेरे संबंध अधिक रणनीतिक

स्तर पर पहुँच गए। डी.आर.डी.एल. में दो दशकों के मिसाइल विकास अनुभव के बाद एक शैक्षिक संस्थान आई.ए.टी. में आने के बाद मैं तकनीकी संस्थानों की विखंडित स्थिति और डी.आर.डी.ओ., उत्पादन एजेंसियों तथा प्रयोगकर्ताओं के रूप में तीनों सेवाओं के बीच किसी सहयोगी की आवश्यकता पर विचार कर रहा था। इस संदर्भ में गाइडेड मिसाइल (नियंत्रित प्रक्षेपास्त्र) विभाग के प्रमुख के रूप में मुझे कई प्रमुख अतिथि वक्ताओं को आमंत्रित करने का मौका मिला, जिनमें एक डॉ. कलाम थे, जो उस समय तक एस.एल.वी.-3 को सफलतापूर्वक लॉञ्च करने के कारण एक महान् राष्ट्रीय व्यक्तित्व बन चुके थे। उनका भाषण प्रेरक था और उन्होंने एस.एल.वी.-3 के हस्ताक्षरित चित्र के साथ मेरे परिवार को भी प्रोत्साहित किया। साथ ही वह उस समय भारत में एकमात्र ऐसे व्यक्ति के रूप में उभरे, जो भारत में गाइडेड मिसाइल विकास की जटिलताओं को समझ सकते थे और उसके लिए एक नए प्रकार का नेतृत्व प्रदान कर सकते थे।

जब मैं रक्षा मंत्री के तत्कालीन वैज्ञानिक सलाहकार डॉ. वी.एस. अरुणाचलम के साथ सात वर्षों तक कार्य करने के लिए नई दिल्ली आया तो मुझे डॉ. कलाम के निरंतर संपर्क में रहना पड़ा, जो उस समय तक वह डी.आर.डी.एल. के निदेशक का पद ग्रहण कर चुके थे। मेरा कार्य था एक गाइडेड मिसाइल कार्यक्रम के द्वारा रणनीति बनाने तथा उसे कार्यान्वित करने में रक्षा मंत्री के वैज्ञानिक सलाहकार की मदद करना। मुझे यह सुनिश्चित करने में भी मदद करनी थी कि डॉ. कलाम को एक व्यापक मिसाइल कार्यक्रम आरंभ करने का अधिकार प्राप्त है, जिसके प्रबंधन संरचना डिजाइन को मैंने डी.आर.डी.ओ. में एक नई प्रणाली के रूप में उभरने में मदद की थी। डॉ. कलाम के लिए मेरे मन में सम्मान तब और बढ़ गया जब मैंने उन्हें अत्यंत आत्मविश्वास के साथ इस भारी-भरकम कार्य में डूबे देखा और उन्होंने प्रयोगशाला के टूटे मनोबल को पुनः निर्मित किया, जो बीस वर्षों के बाद भी सेवाओं को एक मिसाइल प्रणाली प्रदान करने में असफल रहा था।

मैंने डॉ. कलाम को उनके मुख्य सुपरवाइजरों, पाँच मिसाइल परियोजना निदेशकों का चुनाव करते देखा। वे इस तरीके से कुशलतापूर्वक प्रतिभाओं को पहचानते तथा अपने पास रखते थे, जैसा पिछले निदेशक नहीं कर पाए थे। मुझे याद आता है कि एक बार वह वैज्ञानिक सलाहकार के स्टाफ ऑफिसर के कमरे में मुझसे मिले थे और मुझसे पूछा था कि क्या मैं 'पृथ्वी' परियोजना के परियोजना निदेशक के रूप में लौटना चाहूँगा। मुझे लगा कि कुल मिलाकर अनुभवहीन मिसाइल कार्यक्रम के लिए दिल्ली में मेरी उपस्थिति संभवतः अधिक उपयोगी

डॉ. अवुल पकीर जैनुलाबदीन अब्दुल कलाम 25 जुलाई, 2002 को भारतीय गणतंत्र के राष्ट्रपति पद की शपथ लेते हुए

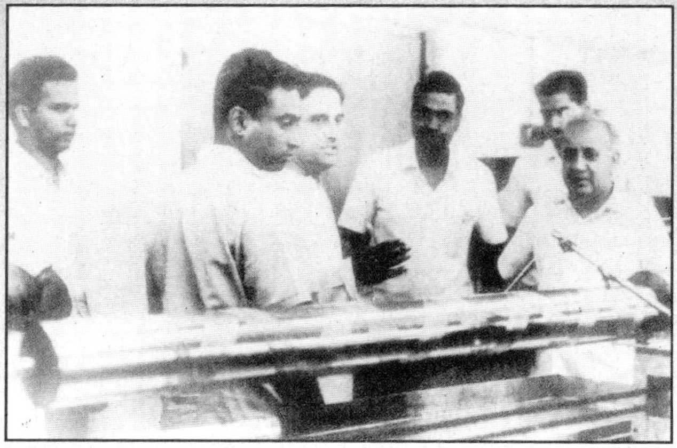

▲ आरंभिक दिन

श्री फखरुद्दीन अली ▶ अहमद के साथ

▲ श्री आर. वेंकटरमण के साथ

◀ श्रीमती इंदिरा गांधी के साथ

▲ श्री राजीव गांधी के साथ

▲ श्री पी.वी. नरसिंहराव के साथ

◀ एक मिसाइल के प्रक्षेपण से पहले नियंत्रण कक्ष में सहयोगियों के साथ

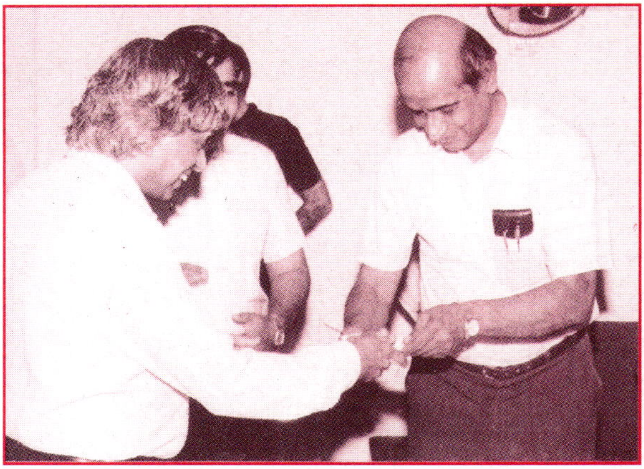

अपने प्रसिद्ध ▶ पूर्ववर्ती डॉ. बी.एस. अरुणाचलम के साथ

▲ सहयोगियों के साथ

▲ भारत के राष्ट्रपति पद के लिए नामांकन की स्वीकृति पर सहयोगियों की बधाई

मिसाइल लॉञ्च पैड पर ▶

▲ मिंस्क, बेलारूस में लेखक तथा डॉ. ए.एस. पिल्लई के साथ

▲ राष्ट्रपति भवन में
स्कूली बच्चों के साथ

गुजरात के एक दंगा-पीड़ित ▶
की व्यथा सुनते हुए

▲ गुजरात में तिरंगा लहराते बच्चों के साथ

▲ बच्चों में अत्यंत लोकप्रिय डॉ. कलाम अपनी पुस्तक 'तेजस्वी मन' के मुखपृष्ठ पर चित्रित बच्चों के साथ

▲ प्रौद्योगिकी का लाभ : पोलियो प्रभावित बच्चों के लिए लाभदायक विशिष्टीकृत मिसाइल सामग्री से बने कैलिपर

डॉ. कलाम विभिन्न मुद्राओं में

▲ येलो हैवन ग्रुप के सदस्यों के साथ

▲ लेखक की एक अन्य पुस्तक 'कॉण्ट्रैक्ट मैनेजमेंट' के विमोचन के अवसर पर

▲ आर.सी.आई. परिसर में मंदिर का जीर्णोद्धार

▲ जीवन से भरपूर चाँदीपुर का अभयारण्य

'भारत रत्न' सम्मान दिए जाने के अवसर पर एम.एस. सुब्बालक्ष्मी के साथ

प्रधानमंत्री श्री अटल बिहारी वाजपेयी के साथ गहन-विमर्श करते हुए

▲ मानव गुप्ता की पेंटिंग में ढली कविता

राष्ट्रीय प्रार्थना

स्वतंत्र भारत के जन्म का भव्य दृश्य
उस मध्य रात्रि को दो सदियों के शासक का ध्वज झुक गया
राष्ट्रगान के बीच लाल किले में तिरंगा फहराया
स्वतंत्र भारत का पहला सपना साकार हुआ।

चारों ओर खुशियाँ-ही-खुशियाँ
एक करुणामय चीत्कार हुई—राष्ट्रपिता कहाँ हैं ?
दु:खों तथा दर्द के बीच सफेद कपड़ों में लिपटी आत्मा
घृणा और अहंकार से पैदा हुई सांप्रदायिक हिंसा।

राष्ट्रपिता महात्मा नंगे पाँव चलते
बंगाल की सड़कों पर शांति और सद्भावना फैलाने के लिए
महात्मा की आत्मा के वरदान की शक्ति के साथ
मैं सर्वशक्तिमान् से प्रार्थना करता हूँ—दूसरा सपना कब सच होगा ?

मेरे लोगों के दिमागों में विचार उत्पन्न करो
और उन विचारों को कार्यों में परिणत करो
व्यक्ति से बड़ा राष्ट्र है
यह नेताओं और लोगों के विचारों में जड़ो।

सभी नेता देश को मजबूती दे सकें, ऐसा करो
मेरे देश को शांति तथा समृद्धि से भर दो
मेरे सभी धार्मिक नेताओं को ऐसी शक्ति दो
कि वे हमारे अरबों लोगों को एक कर सकें।

ओ सर्वशक्तिमान्, मेरे सभी लोगों को कार्य करने का वरदान दो
हमारे देश को विकासशील से विकसित देश में बदल दो
इस दूसरे सपने को मेरे लोगों के पसीने से साकार होने दो
और हमारे युवाओं को विकसित भारत में रहने का वरदान दो।

□

When
DIWALI has ALI
and
RAMZAN has RAM
What Right do we
have to fight on
grounds of being a
HINDU or a MUSLIM
?
-RADHA SAWANA
SHEGAON
MAHARASHTRA.

आँखों मे दहशत
दिलों मे नफरत
बहुत देखली गए सालमें।
आँखों में हिम्मत
दिलों में मुहब्बत
खुदा दिखाये नए सालमें।
-भाग्यश्री सावणा
शेगांव (महाराष्ट्र)

▲ बच्चों के प्यार तथा आशाओं को दरशाते संदेश

होगी, क्योंकि डॉ. अरुणाचलम स्वयं डी.आर.डी.ओ. स्तर के एक सांस्कृतिक परिवर्तन पर कार्य कर रहे थे। इसलिए मैंने खेद प्रकट करते हुए मना कर दिया। पीछे देखने पर यह एक सही फैसला लगता है, क्योंकि उस कार्य के लिए डी.आर.डी.एल. में मुझसे बेहतर वैज्ञानिक तथा प्रबंधक थे।

डी.आर.डी.एल. के लिए डॉ. कलाम की कार्यशैली अनूठी थी; क्योंकि वह 'इसरो' से अपने साथ 'साथियों की समीक्षा' की संस्कृति लेकर आए, जिसने प्रयोगशाला की प्रकृति तथा चरित्र को बदल डाला। उन्होंने तुरंत खुद को अनेक प्रयोगशालाओं तथा उद्योगों के साथ सहयोगी सूत्र बनाने तथा उन्हें मजबूत करने के कठिन कार्य का अभ्यस्त बना लिया, साथ ही अधिक महत्त्वपूर्ण यह है कि उन्होंने अन्य डी.आर.डी.ओ. प्रयोगशाला प्रमुखों के बीच शत्रुता की भावना उत्पन्न नहीं होने दी, जिन्हें इतने अधिकार नहीं मिल सकते थे। यह मेरी आँखों के सामने प्रत्यक्ष होनेवाला चमत्कार था। मैं अन्य कार्यक्रमों में भी यह अनुभव देखना चाहता था; क्योंकि इन सबके बावजूद टिप्पणी करने के लिए अधिक जटिल कारणों से चीन मिसाइल प्रौद्योगिकी में अधिक प्रगति कर रहा था। परंतु डॉ. कलाम की उपस्थिति तथा कार्यक्रम प्रबंधन कौशल ने मिसाइल प्रौद्योगिकी को भारत के लिए अनूठा बना दिया। इसे कई मंत्रालयों व विभागों में कुशलतापूर्वक नियंत्रित तथा युक्तिसंगत बनाया गया। इस प्रक्रिया में, हालाँकि कार्यक्रम प्रबंधन पर बल देने के साथ, मैंने महसूस किया कि प्रौद्योगिकी विकास में आरंभिक बीस वर्षों में श्रमपूर्वक हासिल की गई सामान्य दक्षताएँ प्रयोगशाला में नष्ट हो रही थीं; परंतु कार्यक्रमों की वरीयता तथा प्रतिष्ठा एक-दूसरे पर हावी थी। इसलिए यह स्पष्ट था कि आने वाले वर्षों में यह दरार प्रौद्योगिकी विकास की संरचनाओं को कमजोर बना देगी तथा एक और क्रांति की आवश्यकता होगी।

'90 के दशक में मिसाइल उत्पादन तथा 'हाइपरप्लेन' : सन् 1988 में मैंने भारत डायनामिक्स लिमिटेड के बोर्ड पर तकनीकी निदेशक का पद ग्रहण किया, उसके बाद मैं उसमें अध्यक्ष तथा प्रबंध निदेशक बना। मेरा मुख्य कार्य प्रौद्योगिकी हस्तांतरण, मिसाइलों का निर्माण तथा आई.जी.एम.डी.पी. से प्रयोगकर्ताओं व तीनों सेवाओं को मिसाइलों की आपूर्ति करना था। इस क्रम में पहला 'पृथ्वी' मिसाइल था।

वास्तविक समकालिक इंजीनियरिंग : सही अर्थ : कंपनी डी.आर.डी.एल. से प्रौद्योगिकी अवशोषण की गंभीर समस्याओं का सामना कर रही थी और इस बारे में लगातार विवाद हो रहे थे कि क्या प्रोडक्शन इंजीनियर पर्याप्त सक्षम हैं, या

प्रौद्योगिकी श्रृंखला उत्पादन के लिए काफी अपरिपक्व है। इस स्थिति में डॉ. कलाम ने मामलों को अपने हाथ में लिया। मैं उनके इस अनुरोध को अस्वीकार कैसे कर सकता था कि वह व्यक्तिगत रूप से प्रत्येक शनिवार की सुबह चार से पाँच घंटों तक प्रोडक्शन इंजीनियरों की समस्याओं की समीक्षा करना पसंद करेंगे। वह डी.आर.डी.एल. के निदेशक तथा मिसाइल कार्यक्रम निदेशक थे। सार्वजनिक क्षेत्र का कोई भी मुख्य कार्यकारी उनके इस अनुरोध को संस्थान की 'प्रभुसत्ता' के अतिक्रमण के रूप में देखता। बहरहाल, कार्यक्रम के प्रति डॉ. कलाम की पूर्ण प्रतिबद्धता तथा तकनीकी समीक्षाओं में उनके स्पष्ट व्यवहार एवं कुशल प्रबंधन के बारे में जानते हुए मुझे इस बारे में कोई शक नहीं था कि उनका खुद समस्याओं की समीक्षा करना हर किसी के हित में था।

आशा के अनुसार, डॉ. कलाम ने तुरंत प्रोडक्शन इंजीनियरों के दृष्टिकोण को देखा और तत्काल प्रयोगशालाओं में स्थितियों को सही करने का कार्य शुरू कर दिया। मैं मानता हूँ कि एक प्रयोगशाला निदेशक के इस एक वर्ष—और डॉ. कलाम की प्रतिष्ठा के कारण—उनके द्वारा व्यवस्थित रूप से समकालिक इंजीनियरिंग प्रक्रिया की समीक्षा करने के लिए समय बिताना—ने मिसाइल कार्यक्रम के लिए बहुत कुछ किया : इसके कारण मेरे जीवनकाल में ही सेवाओं को डी.आर.डी.एल. से एक स्वदेशी मिसाइल प्रणाली प्राप्त हुई।

'हाइपरप्लेन' : सन् 1988 में डी.आर.डी.ओ. में मिसाइल तथा अन्य कार्यक्रमों का विकास देखते हुए तत्कालीन वैज्ञानिक सलाहकार डॉ. अरुणाचलम ने ऐरोस्पेस प्रौद्योगिकियों में एक 'स्टार ग्रुप' गठित किया, जिसके अध्यक्ष डॉ. कलाम थे। मुझे स्टार ग्रुप का सहयोग करनेवाले एक कार्य-समूह का अध्यक्ष नियुक्त किया गया था। हमारी टीम रॉकेट विज्ञान तथा स्पेस फ्लाइट में एक नई डिजाइन अवधारणा के साथ उभरी : रॉकेट में भारी-भरकम मात्रा में ऑक्सीजन ढोकर क्यों ले जाया जाए, जब अंतरिक्ष की यात्रा के दौरान उस ऑक्सीजन को वातावरण से संगृहीत किया जा सकता है। हमने पाया कि यह अवधारणा अप्रत्याशित रूप से अंतरिक्ष यात्रा का रूप बदल देगी। इससे सिंगल वेहिकल स्टेज में पृथ्वी की निचली कक्षा तक पहुँच तकनीकी रूप से और पूर्णरूप से पुन:प्रयोग के द्वारा आर्थिक रूप से भी व्यावहारिक हो जाएगी। वर्ष 2000 तक, डी.आर.डी.ओ. तथा डी.ओ.एस. से उभरनेवाली दक्षताओं तथा योग्यताओं को देखते हुए ऐसा मिशन आकार ले सकता है। यह अंतर्दृष्टि थी।

जबकि हमारी टीम को हमारे कार्य का परिणाम देखना बाकी था, डॉ. कलाम में छिपे अंतरिक्ष वैज्ञानिक तथा दूरदर्शी ने तत्काल उसकी संभावनाएँ देख लीं। डॉ. कलाम ने हमें तत्काल आगामी अंतरराष्ट्रीय अंतरिक्ष यात्रा संबंधी सम्मेलन में अपनी खोजों को सामने लाने का निर्देश दिया, जिसका हमने प्रसन्नतापूर्वक पालन किया। इसके बाद डॉ. कलाम ने कभी भी 'हाइपरप्लेन' के विकास के सभी चरणों तथा राष्ट्रीय प्रौद्योगिकी मिशन के रूप में उसकी संभावना में सक्रिय रुचि लेना बंद नहीं किया। वह इन सभी वर्षों में इस चुनौतीपूर्ण मिशन के लिए डी.आर.डी.ओ. तथा इसरो को साथ लाने के लिए कार्य करते रहे, जो भारत को विश्व के अंतरिक्ष मानचित्र पर स्थापित कर देगा और जल्द ही भारत एक वास्तविक अंतरिक्ष यात्री राष्ट्र बन जाएगा। मैं उम्मीद करता हूँ कि वह मेरे जीवनकाल में ही ऐसा कर दिखाएँगे।

भारत सहस्राब्दि मिशन—2020 : नवंबर 1997 में डॉ. कलाम ने मुझसे व्यापक राष्ट्रीय सुरक्षा के लिए एकीकृत रणनीतियों, प्रौद्योगिकियों तथा मिशनों पर एक विशेषज्ञ समिति का अध्यक्ष बनने का अनुरोध किया। उस समय तक रक्षा मंत्री के वैज्ञानिक सलाहकार के रूप में काम करते हुए उन्हें पाँच वर्ष हो चुके थे। हमारी टीम ने अठारह राष्ट्रीय प्रौद्योगिकी तथा आर्थिक मिशनों के लिए सुझाव दिए, जिसमें 'हाइपरप्लेन' जैसे ट्रानेटमोस्फेरिक वाहन शामिल थे। इन्हें भारत सरकार के बाईस मंत्रालयों व विभागों द्वारा कार्यान्वित किया जाना था; यानी सरकार के संस्थान को 'मिशन पद्धति' में परिवर्तित करना, जैसा कि डॉ. कलाम इसका चरित्र-चित्रण करते। इन अठारह मिशनों ने 'भारत सहस्राब्दि मिशन—2020' (आई.एम.एम.-2020) के लिए उनके अभियान को स्थापित किया, जो 'विजन 2020' दस्तावेज, जो उन्होंने डॉ. वाई.एस. राजन के साथ मिलकर लिखा था, के साथ कार्यान्वित करने पर इसका उद्देश्य भारत को एक विकसित देश में बदलने का था।

डॉ. कलाम ने मेरी टीम तथा मुझे आई.एम.एम.-2020 को रक्षा मंत्री तथा फिर 2 दिसंबर, 1998 को प्रधानमंत्री के सामने प्रस्तुत करने का अनुरोध किया। हमारे कार्य के लिए एक पुरस्कार के रूप में हमें नई दिल्ली के 'वुडलैंड्स' होटल में उनके पसंदीदा 'रसम वडा' के रात्रिभोज का मौका दिया, जहाँ हमने उस सपने के साकार होने के लिए प्रार्थना भी की। डॉ. कलाम वह व्यक्ति हैं, जिन्होंने एस.एल.वी. एवं 'पृथ्वी' और उनके संकर (मिश्र रूप) 'अग्नि' का चमत्कार

संभव बनाया। वह निश्चित रूप से उच्च तथा श्रेष्ठ लक्ष्यों के साथ लोगों के दिमाग को प्रज्वलित करने का अर्थ जानते हैं। इसलिए मैं महसूस करता हूँ कि वह देश को महानतम ऊँचाइयों तक ले जाने तथा सभी राष्ट्रों के हृदय में हमारे देश के लिए एक स्थायी जगह बनाने के लिए राष्ट्रपति के रूप में सही स्थान पर हैं।

—डॉ. आर. गोपालस्वामी

अध्यक्ष तथा प्रबंध निदेशक (सेवानिवृत्त)

भारत डायनामिक्स लिमिटेड, हैदराबाद

पुस्तकों के प्रेमी

डॉ. कलाम एक जिज्ञासु और 'भुक्खड़' पाठक हैं। रक्षा मंत्री के वैज्ञानिक सलाहकार तथा डी.आर.डी.ओ. प्रमुख के रूप में अपने कार्यकाल के दौरान वह डिफेंस साइंटिफिक इन्फॉरमेशन एंड डॉकूमेंटेशन सेंटर (डी.ई.एस.आई.डी.ओ.सी.) में हमसे कई पुस्तकों, तकनीकी रिपोर्टों, शोध-पत्रों आदि के लिए कहते रहते थे। डी.ई.एस.आई.डी.ओ.सी. संगठन के वैज्ञानिकों को विज्ञान तथा प्रौद्योगिकी की सूचना प्रदान करने के लिए डी.आर.डी.ओ. का केंद्रीय सूचना विभाग है। संभवत: डी.ई.एस.आई.डी.ओ.सी. के पास देश में रक्षा विज्ञान तथा प्रौद्योगिकी विषय पर उत्कृष्ट संग्रह है। इसलिए एक प्रमुख को हमारे पुस्तकालय से प्रकाशनों की आपूर्ति के लिए अनुरोध करते देखना कोई आश्चर्य की बात नहीं है; परंतु एक उल्लेखनीय तथ्य यह है कि ऐसे अनुरोध बहुत जल्दी, लगभग रोज होते थे। डी.ई.एस.आई.डी.ओ.सी. के निदेशक के रूप में मैं शाम साढ़े सात बजे तक काम करता था, और वह सामान्यत: छह बजे के आस-पास फोन करते थे, जो या तो हमारे पुस्तकालय से प्रकाशन मँगाने या अपनी तकनीकी प्रस्तुतियों या भाषणों अथवा पढ़ने के लिए कुछ सूचना प्राप्त करने के लिए होता था। मुझे उन विषयों की विविधता पर आश्चर्य होता था, जिन पर वह प्रकाशनों या सूचनाओं की माँग करते थे; वह मिसाइल प्रौद्योगिकी से लेकर दर्शनशास्त्र, संचार नेटवर्क से लेकर 'तिरुक्कुरल' (एक प्राचीन तमिल संत के नीति वाक्य), बाल मनोविज्ञान से लेकर देश के बेरोजगार युवाओं के आँकड़े आदि। मैं अकसर विस्मित होता था कि पूरे देश में फैले पचपन शोध प्रयोगशालाओं तथा लगभग तीस हजार वैज्ञानिक और तकनीकी स्टाफ वाले विशाल संगठन के प्रमुख एवं सक्रिय रूप से राष्ट्रीय वरीयतावाली परियोजनाओं जैसे—गाइडेड मिसाइल, हलके लड़ाकू विमान, मुख्य

युद्धक टैंक तथा अन्य में कार्य करनेवाले व्यक्ति को इतने विविध विषयों पर पढ़ने का समय कैसे मिल पाता है। वह अकसर अपनी पढ़ी पुस्तकों से उद्धरण देते हैं या प्रयोगशालाओं में जाने पर अपने सहकर्मियों की जानकारी की जाँच करने के लिए यों ही प्रश्न पूछ लेते हैं। ऐसा ही एक अवसर था, जब वह आर.सी.आई., हैदराबाद की यात्रा पर थे। कार्यशालाओं में राउंड लेते हुए उन्होंने एक स्थान पर एक लंबी रस्सी पड़ी हुई देखी। उन्होंने उसकी तुलना हनुमानजी की पूँछ से की और साथ चल रहे एक अधिकारी से यों ही पूछा, जैसे कि वह जानना चाहते हों कि महाभारत में हनुमान कहाँ आते हैं। वह अधिकारी तुरंत जवाब नहीं दे पाया; परंतु कुछ देर बाद उसे समझ में आ गया और उसने जवाब देना शुरू किया।

पहले कुछ शब्द सुनने के बाद कलाम साहब ने कहा, 'आप उत्तर जानते हैं; चलिए, परियोजना पर चर्चा करें।'

डॉ. कलाम के व्यक्तित्व का एक महत्त्वपूर्ण पक्ष है, उनका पुस्तकालय के नियमों का पालन करना। हालाँकि संबंधित प्रयोगशाला का निदेशक किसी डी.आर.डी.ओ. पुस्तकालय के नियम बनाता है, डॉ. कलाम ने पुस्तकें लेते हुए कभी भी उनका उल्लंघन नहीं किया। साथ ही जब भी जारी करनेवाला पुस्तकालय किसी पुस्तक की माँग करता था तो वह उन्हें लौटा देते थे। एक बार जब मैंने उन्हें बताया कि डी.ई.एस.आई.डी.ओ.सी. की कुछ पुस्तकें उनके पास लंबित हैं, तो उन्होंने देरी के लिए क्षमा माँगी और तुरंत उनकी वापसी के आदेश दिए। इस प्रकार डी.ई.एस.आई.डी.ओ.सी. पुस्तकालय का स्टाफ अन्य लापरवाह वरिष्ठ वैज्ञानिकों को डॉ. कलाम का उदाहरण दिया करता और उनके द्वारा ली गई पुस्तकों को लौटाने की माँग करता। यह तरीका बड़ा कारगर होता। इस प्रकार उन्होंने एक अच्छे पुस्तकालय उपयोगकर्ता का श्रेष्ठ उदाहरण प्रस्तुत किया।

डॉ. कलाम के व्यक्तित्व का एक अन्य पहलू है देश में पुस्तकालयों के विकास में उनकी रुचि। रक्षा मंत्री के वैज्ञानिक सलाहकार के रूप में वह अकसर मुझसे देश में सभी बड़े पुस्तकालयों की नेटवर्किंग के लिए काम करने के लिए कहते रहते थे। इस ओर एक कदम उठाते हुए मैंने देश के सभी बड़े विज्ञान तथा प्रौद्योगिकी पुस्तकालयों के प्रमुखों की एक बैठक बुलाई और उन्हें उस सभा को संबोधित करने के लिए कहा। उन्होंने इसमें भाग लेनेवाले लोगों के साथ आधा दिन बिताया तथा राष्ट्रीय विकास के लिए पुस्तकालय के संसाधनों को इस्तेमाल करने के विषय पर अपने विचार हम सबके बीच बाँटे। वास्तव में, जब भी डी.ई.एस.आई.डी.ओ.सी. पुस्तकालय पेशेवरों का कोई सम्मेलन या सेमिनार आयोजित

करता था तो हम उन्हें बुलाने में सफल हो जाते थे। वह आकर उन्हें संबोधित करते थे। वह अपनी अत्यंत व्यस्त दिनचर्या के बावजूद, संभवत: पुस्तकालयों से अपने लगाव के कारण, यहाँ समय बिताते थे। मुझे अकसर लगता है कि देश में पुस्तकालय विकास उनकी 'अंतर्दृष्टि' या 'स्वप्न' का हिस्सा है।

प्रति दो वर्ष पर दिल्ली में विश्व पुस्तक मेला आयोजित होता है। हर बार मेला आरंभ होने से पहले वह मुझे टेलीफोन करके बताते थे कि वह डी.ई.एस.आई.डी.ओ.सी. के लिए एक करोड़ रुपए के एक विशेष अनुदान की व्यवस्था कर रहे हैं और मुझे यह देखने के लिए कहते कि डी.आर.डी.ओ. पुस्तकालय प्रत्येक पुस्तकालय के लिए उचित पुस्तकों के साथ और समृद्ध किए जा रहे हैं या नहीं। फिर मैं प्रयोगशाला निदेशकों से संपर्क करके उनके पुस्तकालयों के लिए मेले में मौजूद अच्छी पुस्तकें प्राप्त करने की व्यवस्था करने का अनुरोध करता। फिर भी, डॉ. कलाम पुस्तकों की खरीद की प्रगति के बारे में जानने के लिए बार-बार फोन करते। मैं अकसर डी.आर.डी.ओ. की सभी प्रयोगशालाओं के अधिकांश मामलों में डॉ. कलाम द्वारा खुद आगे की काररवाई करने की क्षमता पर चकित होता था।

प्रयोगशाला विकास में उनकी रुचि के कारण ही सन् 1995 में योजना आयोग ने उन्हें अध्यक्ष के रूप में लेकर एक समिति गठित की, जिसका काम आयोग को यह सलाह देना था कि वर्तमान सूचना प्रौद्योगिकी को देश में पुस्तकालय विकास के लिए किस प्रकार इस्तेमाल में लाया जाए। उन्होंने न केवल अत्यंत गंभीरता से समिति की बैठकें आयोजित कीं और एक रिपोर्ट जमा की, बल्कि वह मुझसे सुझावों पर आगे की काररवाई के लिए अपनी ओर से योजना आयोग के साथ मामले को आगे बढ़ाने के लिए कहते रहते थे।

—डॉ. एस.एस. मूर्ति

निदेशक (डी.ई.एस.आई.डी.ओ.सी.), (सेवानिवृत्त)

डॉ. कलाम के साथ मेरे अनुभव

मुझे लगभग एक दशक तक डॉ. कलाम के साथ कार्य करने का सौभाग्य प्राप्त हुआ। उनके साथ मेरी पहली मुलाकात डी.आर.डी.एल., हैदराबाद में हुई। डी.आर.डी.एल. के निदेशक के रूप में वह भारत के 'मिसाइल पुरुष' बनने की राह पर थे और उस समय तक अत्यंत महत्त्वपूर्ण व्यक्ति बन चुके थे। मैं

डी.आर.डी.ओ. मुख्यालय में जीव विज्ञान का तकनीकी निदेशक था और लगभग अनजाना व्यक्ति था। उन्होंने मुझसे बहुत अच्छा व्यवहार किया और मुझे यह महसूस कराया कि अपने प्रतिष्ठान में स्वास्थ्य सेवा उपाय आयोजित करने तथा परिसर को हरा-भरा बनाने के लिए उन्हें मेरी मदद व सलाह की आवश्यकता है। दूसरे लोगों को महत्त्वपूर्ण होने का एहसास दिलाने का यह डॉ. कलाम का अनुपम तरीका है।

डी.ई.बी.ई.एल., बंगलौर के निदेशक के रूप में हम कुछ उपकरणों तथा मशीनों, विशेषकर एल.सी.ए. के लिए जीवन-रक्षक प्रणाली के विकास के लिए संघर्ष कर रहे थे। डॉ. कलाम की यात्रा ने परिदृश्य को बदल डाला; यहाँ तक कि जो उदासीन लोग थे वे भी उत्साह से भर उठे। लोगों को प्रोत्साहित करने की उनकी क्षमता अद्‌भुत है। वह प्रत्येक व्यक्ति की सुप्त प्रतिभा और क्षमता को बाहर ला सकते हैं; उनके नेतृत्व में सामान्य लोग भी असामान्य प्रतिभा का प्रदर्शन करते हैं। उनके सहयोगी बिना किसी शिकायत के बारह-चौदह घंटे तक कड़ी मेहनत कर सकते हैं। वह योग्यताओं या विशिष्टताओं को अधिक महत्त्व नहीं देते, बल्कि किसी व्यक्ति की सहज क्षमता तथा निष्ठा को देखते हैं। वह हर किसी को पहचानते हैं और किसी समूह के प्रदर्शन पर नियमित रूप से व्यक्तिगत निगरानी रखते हैं। उनकी अद्‌भुत ऊर्जा, उत्साह, तीव्र दिलचस्पी तथा दोस्ताना प्रवृत्ति उनके सहयोगियों के लिए कड़ी निगरानी प्रक्रिया से गुजरना संभव बनाती है; हालाँकि ऐसी समीक्षाएँ मध्य रात्रि के बाद तक चल सकती हैं।

जैव चिकित्सा प्रौद्योगिकी सोसाइटी (सोसाइटी फॉर बायो-मेडिकल टेक्नोलॉजी) के मुख्य कार्यकारी अधिकारी के रूप में मुझे कमजोरों तथा पीड़ितों, विशेषकर गरीबों के लिए उनकी वास्तविक चिंता को देखने के अनगिनत अवसर मिले। दर्द को देखकर उनका दिल पिघल जाता है। कड़े विरोध के बावजूद वह सामाजिक मिशनों को आरंभ करने से नहीं हिचकिचाते। वह जानते हैं कि कुछ बेईमान लोग इस चिंता का दुरुपयोग कर सकते हैं; परंतु वह उस जोखिम को उठाने के लिए तैयार रहते हैं। यह दयालु प्रवृत्ति उनके लिए गलतियाँ करनेवालों को क्षमा करना आसान बनाती है। उनका क्रोध तथा चिड़चिड़ाहट क्षणिक होते हैं; प्रतिशोध की भावना कभी भी देखने को नहीं मिलती।

जब मैं आई.एन.एम.ए.एस. में निदेशक था, उन्हें एक कठिन समस्या से मेरे रू-बरू होने की जानकारी थी। उन्होंने मुझे उसके साथ सामंजस्य बिठाने की प्रेरणा दी; परंतु जब भी हम उस अवधि के दौरान मिलते थे, वह क्षमा माँगते थे

और स्थिति में सुधार के लिए उपाय सुझाते थे। वह दूसरों की कठिनाइयों के बारे में सोचते हैं और हमेशा उन्हें हल करने में रुचि दिखाते हैं; भले ही वे समाज के किसी भी स्तर से संबंध रखते हों। डॉ. कलाम अपनी बात पर अडिग रहते हैं। उन्हें 15 अगस्त, 2002 को अजमेर में मेरे द्वारा आरंभ किए जा रहे एक सामुदायिक स्वास्थ्य कार्यक्रम का उद्‌घाटन करना था। निस्संदेह यह उनके लिए असंभव था (क्योंकि उन्हें 25 जुलाई को राष्ट्रपति पद की शपथ लेनी थी) इसलिए वह 5 जुलाई को अजमेर आए, मेरे तथा मेरे सहकर्मियों के साथ काफी समय बिताया और कई मूल्यवान् सुझाव दिए। उन्होंने अपने सरल तथा विनम्र तरीके से पूरे शहर को सम्मोहित कर लिया।

यह प्रसिद्ध है कि डॉ. कलाम एक स्वप्नद्रष्टा हैं। उनके कुछ सपने बहुत ही बड़े हैं, जिन्हें प्राप्त करना अत्यंत कठिन है; वे समय से बहुत पहले हैं। वह सही अर्थों में एक दूरदर्शी तथा सेवाभावी व्यक्ति हैं। भारत को एक विकसित राष्ट्र बनाने का उनका उत्साह भले ही एक स्वप्न है; परंतु वह उसमें पूरी तरह विश्वास करते हैं और अंतिम साँस तक इस लक्ष्य को प्राप्त करने के लिए अथक प्रयास करेंगे। वह बहुत से लोगों को अपने साथ सेवाभावी प्रवृत्ति से काम करने के लिए प्रोत्साहित करेंगे और यह हमारे देश में विकास के एक नए युग का सूत्रपात होगा।

—डॉ. लजेर मैथ्यू
निदेशक
सेंट फ्रांसिस अस्पताल, अजमेर

एक स्वप्नद्रष्टा के साथ सफर

मैंने महान् लक्ष्य रखनेवाले एक महान् व्यक्ति के बारे में सुना था, जिसने भारत को उपग्रहों की कक्षा में स्थापित कर दिया और भारत माता को आत्मरक्षा मिसाइलों से लैस कर दिया। मुझे भी दर्शक के रूप में एक या दो अवसरों पर उनकी समीक्षा, भाषण या संवाददाता सम्मेलन में शामिल होने का मौका मिला। उन्होंने हलके लड़ाकू विमान डिजाइन व विकास कार्यक्रम के लिए एक नाजुक समय पर वैज्ञानिकों के सामने प्रेरक भाषण दिया। उन्होंने 'भारत रत्न' की उपाधि प्राप्त करने के बाद ए.डी.ए. का दौरा किया। उस दिन उनके भाषण ने पूरे वैज्ञानिक समुदाय को जोश से भर दिया और इससे हमारा कायाकल्प हो गया। उनके भाषण

को सुननेवाले कर्मचारियों में मैं भी था। जैसे ही उन्होंने वह अनौपचारिक भाषण समाप्त किया, मैंने सबसे पहले उनसे हाथ मिलाया। मैं उनका भाषण सुनकर उत्साहित हो गया और मुझे बहुत प्रोत्साहन मिला।

इन स्मृतियों के साथ मन में एक प्रकार का भय लिये मैंने 27 जुलाई, 2000 को उस महान् वैज्ञानिक से मिलने के लिए विज्ञान भवन परिसर में प्रवेश किया, जिसे मैं अपने जीवन के गुरु के रूप में देखता हूँ। नजदीक से उनसे मिलने का मेरा यह पहला अवसर था। हाँ, मैंने बहुत पास से अपने गुरु, स्वयं डॉ. कलाम को कई बार देखा है। उन्होंने पितृवत् स्नेह दिखाया। मैंने एक स्वप्नद्रष्टा व्यक्ति को देखा, जो अपने मिलनेवाले के विचारों को एक विकसित भारत के सपने की ओर प्रतिबद्धता में बदल देता है। वह एक स्मरणीय अनुभव था, जो अब भी मेरी स्मृतियों में ताजा है। डॉ. कलाम के साथ अपने अनुभव को बाँटते हुए मैं बहुत गर्व महसूस कर रहा हूँ।

जब वह भारत सरकार के मुख्य वैज्ञानिक सलाहकार थे, उनके नजदीकी मित्र साधारण जन के लाभ के लिए उनकी कविताओं तथा विचारों को वेब पर प्रकाशित करना चाहते थे। मैंने उसकी रूपरेखा तैयार की थी और उन्हें बताया कि हम, मित्रों के एक समूह के रूप में, (www.abdulkalam.com) के नाम से एक वेबसाइट शुरू करना चाहते हैं। आरंभ में तो उन्होंने इसके लिए स्पष्ट इनकार कर दिया और कहा कि 'किसी एक व्यक्ति के लिए प्रचार की आवश्यकता नहीं है।' परंतु जब हमने इस साइट के पीछे का उद्देश्य 'प्रेरणा तथा राष्ट्र-निर्माण का साइट' बताया, जिसका उद्देश्य विकसित भारत के विजन 2020 के लक्ष्य को सन् 2020 तक प्राप्त करना है, तो वह अपने सभी मित्रों द्वारा अनुरोध किए जाने पर तैयार हो गए। आरंभ में उन्होंने मेरे साथ दो दिन बिताए तथा वैश्विक दृष्टिकोण और राष्ट्रीयता की भावना के साथ विज्ञान से लेकर आध्यात्मिकता तक के विषयों पर अपने अनुभवों का वर्णन किया। मैंने न केवल भारत को एक विकसित देश बनाने की उनकी उत्कंठा को देखा, बल्कि युवाओं के मस्तिष्क में मानवीय मूल्य स्थापित करके राष्ट्रीयता की भावना के साथ मस्तिष्क की एकता लाने के लिए उनके प्रयास भी देखे। हमने विकसित भारत की ओर उनके लक्ष्य तथा विचारों को पहचाना और वेबसाइट में उसे डाला। फिर नियमित रूप से युवा पीढ़ी के साथ संपर्क स्थापित करने का एक मंच प्रदान किया। उनके मित्र डॉ. कोटा हरिनारायण, डॉ. वाई.एस. राजन, डॉ. विजयराघवन, श्री रंगराजन ने इस साइट को उसकी थीम की वास्तविक भावना प्रतिबिंबित करने में मदद करने के लिए

बहुत से विचार तथा सुझाव दिए।

15 अक्तूबर, 2000 को डॉ. कलाम ने अपने जीवन की उनहत्तरवीं कक्षा में प्रवेश किया, उसी दिन हमने बंगलौर में साइट शुरू की। इंफोसिस लिमिटेड के अध्यक्ष श्री नारायण मूर्ति ने इंफोसिस में एस.ई.आर.सी., आई.आई.एस.सी. के अध्यक्ष प्रो. बालाकृष्णन् तथा साइट के विकास में योगदान देनेवाले सदस्यों के एक छोटे समूह के सामने साइट का उद्घाटन किया। जब यह साइट शुरू की गई तो इसका कोई प्रचार नहीं किया गया था; परंतु वह अपने बल पर और प्रचंड आग की तरह फैला। इस साइट का हिट रेट प्रतिदिन बढ़ रहा था; साइट को व्यापक पैमाने पर प्रतिक्रियाएँ मिल रही थीं, युवा पीढ़ी की ओर से सैकड़ों प्रश्न प्रतिदिन पूछे जा रहे थे। इतनी ढेर सारी जिज्ञासाओं को देखते हुए हमें प्रश्नों को पढ़ने में बहुत कठिनाई हो रही थी। युवा पीढ़ी की उम्मीदें वास्तव में बहुत सम्मोहक हैं। डॉ. कलाम स्वयं इंटरनेट पर प्रत्येक प्रश्न को पढ़ते थे और पूरी ईमानदारी से विचारों को उत्तेजित करनेवाले प्रश्नों का जवाब देते थे तथा लोगों की विस्मयकारी उम्मीदों के प्रति प्रतिक्रिया व्यक्त करते थे। उन्होंने वेबसाइट के जरिए युवा पीढ़ी से संपर्क स्थापित करना शुरू किया और बाद में वह एक दिनचर्या बन गया। उन्होंने लोगों तथा युवाओं के मन व मस्तिष्क को समझने के लिए उनके सामने बहुत से प्रश्न रखे। ऐसे सवालों, जैसे—'मैं कब भारत का गीत गा सकता हूँ?' 'हम अपनी सफलता का जश्न क्यों नहीं मना रहे हैं?' आदि को विचारोत्तेजक प्रतिक्रियाएँ प्राप्त हुईं तथा उन्होंने सार्वजनिक बैठकों में हर किसी के साथ सम्मोहक भावनाएँ बाँटीं।

उनका उद्देश्य देश भर में एक लाख विद्यार्थियों से मिलना तथा युवा मस्तिष्कों को उद्वेलित करना था। यह लक्ष्य उन्होंने नवंबर 2002 में प्राप्त कर लिया। उनकी उपलब्धि में एक और तमगा यह है कि वेब द्वारा उनके प्रत्यक्ष संपर्क के अलावा युवा पीढ़ी के साथ उनकी मुलाकात 2.5 लाख की संख्या पार कर गई है और दिनोदिन बढ़ रही है। वेबसाइट पर संपर्क करनेवाले पचास प्रतिशत से अधिक लोगों के ई-मेलों तथा संदेशों से यह निश्चित है कि साइट खोलनेवाले पचास प्रतिशत से अधिक लोग वास्तव में उद्वेलित होते हैं। जब वह देश के विभिन्न भागों की यात्रा करते हैं तो और अधिक प्रसिद्ध होते हैं। इस प्रकार वह युवा पीढ़ी के मस्तिष्क को प्रज्वलित करते हुए वर्ष 2020 तक देश को एक विकसित राष्ट्र के रूप में रूपांतरित करने के उद्देश्य को परिपूर्ण कर रहे हैं।

जब डॉ. कलाम ने भारत सरकार के मुख्य वैज्ञानिक सलाहकार के पद से इस्तीफा देकर सामाजिक रूपांतरण तथा प्रौद्योगिकी के प्रोफेसर के रूप में अन्ना

विश्वविद्यालय आएं तो मैं उनसे कई बार मिला। यहाँ मैं कुछ अधिक उल्लेखनीय घटनाओं का जिक्र करना चाहता हूँ। भारत के राष्ट्रपति पद के लिए डॉ. कलाम की उम्मीदवारी की घोषणा से दो सप्ताह पहले मैं एक रविवार की रात्रि को अपने पाँच मित्रों के साथ उनसे मिला। उस दिन उन्होंने 'विजन 2020' पुस्तक के तमिल रूपांतरण का विमोचन किया था। उसी रात उन्होंने 'विजन 2020' (तमिल) की पहली प्रति मुझे भेंट की। हम रात को एक बजे तक विभिन्न विषयों पर चर्चा करते रहे थे। उन्होंने 23 मार्च, 2002 को 'सांग ऑफ यूथ' (युवाओं का गान) नामक कविता लिखी थी और हम सभी को उस कविता को शब्दश: दोहराने के लिए कहा, जिसने हमें बड़े लक्ष्य के बारे में सोचने के लिए प्रेरित किया; क्योंकि उस कविता में छोटे लक्ष्य की निंदा की गई है और कहा गया है कि छोटा लक्ष्य एक अपराध है। हमने 'विकसित भारत' का लक्ष्य प्राप्त करने के लिए ज्ञान का दीप जलाए रखने की शपथ ली।

उन्होंने विभिन्न पुरस्कारों द्वारा प्राप्त राशि से विभिन्न शैक्षिक क्षेत्रों में ग्रामीण पृष्ठभूमि के एक हजार स्नातक विद्यार्थियों को कैरियर-केंद्रित प्रशिक्षण प्रदान करने के लिए एक ट्रस्ट स्थापित करने की इच्छा व्यक्त की, ताकि वे युवा देश के विकास कार्यक्रम के लिए कार्य करने में सक्षम हो सकें। मैंने कुछ आधार कार्य किया। उन्होंने उसे अंतिम आकार दिया। उस योजना को कार्यान्वित करने से पहले, घटनाओं के परिवर्तन ने उन्हें राष्ट्रपति चुनाव में व्यस्त कर दिया। जब वह राष्ट्रपति निर्वाचित हो गए तो मैंने सोचा कि वह अपनी व्यस्त दिनचर्या के कारण इस परियोजना को भूल जाएँगे। परंतु उन्होंने फिर से सिद्ध कर दिया कि वह अपने विचारों में अनूठे हैं। वह केवल स्वप्न नहीं देखते बल्कि उसे विचारों में बदलते हैं और वे विचार कार्य में परिणत होते हैं। उन्होंने प्रसिद्ध वैज्ञानिकों तथा पेशेवरों द्वारा ट्रस्ट की स्थापना में सहायता की। उनकी प्रेरणा से उन्होंने 'डेवलप्ड इंडिया फाउंडेशन' (विकसित भारत फाउंडेशन) नामक ट्रस्ट स्थापित किया। उन्होंने देश को विकसित भारत में बदलने के लिए ट्रस्ट को धनराशि दान की।

जैसे ही प्रधानमंत्री श्री वाजपेयी ने भारत के अगले राष्ट्रपति पद के लिए डॉ. कलाम को सत्तारूढ़ राष्ट्रीय जनतांत्रिक गठबंधन का उम्मीदवार घोषित किया तो वेबसाइट संदेशों से भर गया। उसपर हजारों मेल आ रही थीं; जबकि डॉ. कलाम ने सार्वजनिक रूप से अपना निर्णय घोषित नहीं किया था और न ही जनता के सामने आए थे। आई हुईं मेल को तीन दिनों के अंदर लगभग एक लाख लोगों ने क्लिक किया, जिसमें में यह अनुरोध किया गया कि उन्हें वह प्रस्ताव स्वीकार कर लेना

चाहिए। मैं संदेशों, मेलों तथा प्रस्ताव स्वीकार करने के अनुरोधों के रूप में लोगों के आग्रह को लेकर चेन्नई में अन्ना विश्वविद्यालय के अतिथिगृह में उनसे मिला। वहाँ अत्यंत महत्त्वपूर्ण लोगों तथा महत्त्वपूर्ण लोगों के बधाई फोनों की झड़ी लगी हुई थी। इन टेलीफोनों के बीच वह संदेश तथा मेल देख रहे थे और वेब विजिटर्स के प्रश्नों के जवाब दे रहे थे। उदाहरण के लिए, प्रश्न थे—पृथ्वी किस सिद्धांत पर घूमती है? (उन्होंने उसके पीछे के वैज्ञानिक सिद्धांत को स्पष्ट किया) 'भगवद्‍गीता' में कौन सा अध्याय आपको प्रेरक लगा? (पराजयवादी मानसिकता को परास्त करो—भगवान् श्रीकृष्ण द्वारा अर्जुन को दिया गया उपदेश)। यदि वह एक सामान्य व्यक्ति होते तो इस प्रकार उत्साही भीड़ को देखकर विचलित हो जाते और उस अवसर पर विद्यार्थियों द्वारा पूछे जा रहे बेतुके सवालों की ओर देखते भी नहीं, उनका उत्तर देने की तो बात ही छोड़िए। यहाँ पर मैंने एक वास्तविक स्वप्नद्रष्टा को देखा, वह किसी बाहरी प्रसन्नता या प्रसिद्धि से विचलित नहीं थे और युवा मस्तिष्कों को उद्वेलित करने के अपने लक्ष्य पर ध्यान केंद्रित किए हुए थे।

भारत के राष्ट्रपति के रूप में चुने जाने के बाद तथा शपथ-ग्रहण समारोह से पहले, डॉ. कलाम ने अपने बीज टी.आई.एफ.ए.सी. के फलों को देखने के लिए तमिलनाडु के कांचीपुरम् जिले में पोसिवक्कम गाँव का दौरा किया। मुझे भी उनके साथ वहाँ जाने का सौभाग्य प्राप्त हुआ। टी.आई.एफ.ए.सी. ने दस गाँवों में कृषकों को लगभग तीस एकड़ भूमि पर विभिन्न फसलों की खेती करने में सिस्टम एप्रोच तथा प्रौद्योगिकी से प्रशिक्षित किया है। इस क्षेत्र में धान की फसल की उत्पादकता बहुत कम है। कृषकों को बेहतर कीमत तथा बाजार मिला, जिसने उनकी जीवन-शैली में सुधार किया। यह पाँच कृषकों से शुरू किया गया था और अब पाँच सौ कृषकों तक पहुँच चुका है। इस कार्यक्रम से लाभान्वित होनेवाले ग्रामीणों द्वारा दिखाया गया स्नेह तथा सम्मान विलक्षण और अद्‍भुत था। गाँव की महिलाओं, बच्चों, युवाओं तथा वृद्धों की भीड़ जमा हो गई और आरती तथा 'कुंगुमा पोट्टू', हार आदि से डॉ. कलाम का स्वागत किया। उनके लिए उस भीड़ से निकलना बहुत कठिन हो गया था। वह खेतों में गए, संबंधित किसानों से पूछताछ की और उन्हें खेती के विषय में विभिन्न सुझाव दिए। जब डॉ. कलाम ने उस गाँव का दौरा किया तो मैंने उस गाँव में एम.जी.आर. के आने जैसी भव्यता देखी; क्योंकि उस दिन ग्रामवासियों ने अपने घरों के आगे कोलम बनाते हुए और खुशी के साथ आरती करते हुए डॉ. कलाम के प्रति अपना प्रेम तथा सम्मान प्रकट किया। यह सब तमिलनाडु में सिर्फ एम.जी.आर. के आने पर होता था, जब वह गाँवों में जाते

थे। उसी माटी के पुत्र, भारत के प्रथम नागरिक, जिसे वे प्यार करते थे, को अपने बीच देखकर उनके चेहरों पर उम्मीद की एक किरण थी। वे उनमें अन्य किसी चीज से अधिक एक अंतर्दृष्टिवाला व्यक्ति देखते थे, उन्हें यकीन था कि वह भारत को एक विकसित देश में बदल सकता है। भीड़ बहुत उत्साही थी और उनकी एक झलक पाने के लिए उनपर टूटी पड़ रही थी।

डॉ. कलाम ने मुझे 25 जुलाई, 2002 को राष्ट्रपति पद के शपथ ग्रहण समारोह में शामिल होने का व्यक्तिगत निमंत्रण दिया, जो मुझे लगा कि मेरे जीवनकाल का एक दुर्लभ सौभाग्य है। इसके अलावा, समारोह में शामिल होने के लिए डॉ. कलाम के परिवार की नई दिल्ली यात्रा के दौरान मुझे उनकी देखरेख करने का भी सुअवसर प्राप्त हुआ। वे आए, देखा और लौट गए, यह इतना ही सरल था। उनके भाई श्री मुत्थु मीरा मरक्कयर और उनके संबंधी डॉ. कलाम की तरह ही सरल हैं। उनकी तरह उन्हें भी किसी चीज का मोह नहीं है। वे खुशी के पलों में शामिल हुए और फिर देश के आम नागरिकों की तरह अपने सामान्य कार्यों के लिए चले गए। हालाँकि उनके बड़े भाई अस्सी से भी अधिक की आयु के हैं, फिर भी वह रामेश्वरम से राष्ट्रपति भवन तक पूरे चार हजार किलोमीटर की यात्रा कर परिवार के सदस्यों के साथ रेलगाड़ी से ही आए और रेलगाड़ी से गए। उनके साथ कोई विशिष्ट व्यवहार नहीं किया गया। वे भी धूमधामवाले स्वागत की उम्मीद नहीं कर रहे थे। वे केवल उस कार्यक्रम में शामिल होना चाहते थे और उसे देखना चाहते थे। 26 जुलाई, 2002 को हम डॉ. कलाम के भाई के साथ जामा मसजिद गए। जब हमने मसजिद में प्रवेश किया तो उस समय किसी ने हम पर ध्यान नहीं दिया, परंतु जब नमाज समाप्त हो गई तो नमाज के लिए जुटे लाखों लोगों ने श्री मुत्थु मीरा मरक्कयर को डॉ. कलाम के भाई के रूप में पहचान लिया और वे उनसे हाथ मिलाने तथा बधाई देने के लिए उमड़ पड़े। मेरी सबसे बड़ी चिंता थी कि उन्हें कोई तकलीफ न पहुँचे, क्योंकि वह काफी वृद्ध थे। हमें उत्साही भीड़ से बाहर निकलने में बहुत कठिनाई हुई। उनके लिए विशेष रूप से किसी सुरक्षा व्यवस्था का इंतजाम नहीं किया गया था; यह डॉ. कलाम के परिवार की सरलता को प्रतिबिंबित करता है। अपने परिवार के दिल्ली आगमन पर उनके रहने तथा यात्रा आदि के खर्च के साथ सारा खर्च डॉ. कलाम ने स्वयं उठाया।

मैं यहाँ रुक सकता हूँ; परंतु देश की युवा पीढ़ी के मस्तिष्कों को उद्वेलित व उत्साहित कर रहे एक सामान्य व्यक्ति की यात्रा निरंतर जारी है। वह युवा पीढ़ी,

जो डॉ. कलाम द्वारा निर्धारित लक्ष्य के अनुसार आनेवाले वर्षों में देश को एक विकसित संपूर्ण देश के रूप में बदलेगी। डॉ. कलाम द्वारा प्रज्वलित किए गए मस्तिष्क अपनी आंतरिक एकता तथा निष्ठा रूपी फूलों के हार के रूप में देश में सुगंध फैलाते रहेंगे।

—वी. पोनराज

वैज्ञानिक-ई, ए.डी.ए., रक्षा मंत्रालय, बंगलौर

'भारत रत्न' डॉ. अब्दुल कलाम

भारतवर्ष के शीर्ष पद पर, पहुँचे हैं आप कलाम।
प्रथम पुरुष का ताज आपको, करता है राष्ट्र सलाम॥
करता है राष्ट्र सलाम आपको, आप सभी के सीने में।
लोकप्रियता का यह आलम है, अब मजा आ रहा जीने में॥

आप साधारण और असाधारण भी, स्वयं परिभाषा करते हैं।
विशेषताओं से भरे हुए, आप जग को दर्शन देते हैं॥
जग को दर्शन देते हैं आप! राष्ट्र-प्रेम की महान् मिसाल।
जीवन भर यह गाना गाया, जय भारत—जय भारत विशाल॥

जीवन रहा सदा समर्पित, दिया देश को महाविज्ञान।
लटके हुए केशों में सजे हुए, आदर्श व्यक्तित्व हैं एक महान्॥
आदर्श व्यक्तित्व हैं एक महान्, आप शिखर पर पहुँचे हैं।
विकसित हो यह देश हमारा, यह ऐलान शपथ ले करते हैं॥

आज सुरक्षित हुआ देश, 'वो' कारण आप ही रखते हैं।
विश्व शक्ति में शामिल करके, जयघोष आज हम करते हैं॥
जयघोष आज हम करते हैं, यह मेरा भारत देश महान्।
महामहिम हैं राष्ट्रपति जिसके, वो 'भारत रत्न' डॉ. अब्दुल कलाम॥

—राधाकृष्ण पंत

उप निरीक्षक

राष्ट्रपति भवन सुरक्षा

दिल्ली पुलिस, नई दिल्ली

कलाम के साथ काम करना

किसी इतने महत्त्वपूर्ण व्यक्ति, जो एक प्रसिद्ध वैज्ञानिक, 'भारत रत्न', देश का राष्ट्रपति तथा अंततः डॉ. कलाम हो, के बारे में कुछ लिखना सरल नहीं है। परंतु तब परिस्थिति बदल जाती है, जब वह एक महान् मानवतावादी हो—और यही मेरी प्रेरणा का मूल स्रोत है।

सेना से सेवानिवृत्ति प्राप्त करने के बाद मैं लगभग उसी समय डिफेंस रिसर्च एंड डेवलपमेंट ऑर्गेनाइजेशन में शामिल हुआ, जब डॉ. कलाम ने रक्षा मंत्री के वैज्ञानिक सलाहकार तथा भारत सरकार के सचिव के रूप में कार्यभार सँभाला। मुझे लगभग सात वर्षों तक उनके साथ कार्य करने तथा उनसे बहुत नजदीक रहने, अपने कार्यकाल के उत्तरार्द्ध में लगभग दैनिक संपर्क का सौभाग्य व सम्मान प्राप्त हुआ। इससे मुझे कई मामलों में उन्हें नजदीक से जानने का अवसर मिला, जिनका मैं यहाँ उल्लेख करना चाहता हूँ।

अपनी बयालीस वर्ष से अधिक की सैन्य सेवा में तथा अन्य सेवाओं के दौरान देश में तथा देश से बाहर बहुत से वरिष्ठ अधिकारियों के साथ मुझे काम करने का अवसर मिला। उनमें से कई ने मुझे अपनी पेशेवराना तथा मानवीय विशेषताओं से काफी प्रभावित किया और मेरे जीवन पर भी प्रभाव डाला। परंतु मुझे ऐसा कोई नहीं दिखता, जिनमें इतनी सारी विशेषताएँ एक साथ हों—सरलता, उद्देश्य की निष्ठा, राष्ट्रीयता, समर्पण, दृढ़ इच्छा-शक्ति, ज्ञान, स्मरण-शक्ति, उदारता, सुगम्यता आदि। यह कहना अतिशयोक्ति न होगी कि डॉ. कलाम में ये सब तथा कई अन्य विशेषताएँ प्रचुरता में वर्तमान हैं, जो उन्हें न केवल एक महान् वैज्ञानिक, भारतीय मिसाइल का जनक बनाती हैं, बल्कि इससे अधिक एक सहज नेता तथा एक महान् मानवतावादी भी बनाती हैं।

वेशभूषा, बोलचाल के लहजे, अच्छे-खासे सरकारी आवास को छोड़कर होस्टल में नियमबद्ध जीवन से झलकती उनकी सरलता उनके संपर्क में आनेवाले प्रत्येक व्यक्ति पर एक सम्मोहक प्रभाव छोड़ती है। वित्तीय सलाहकार श्री रामनाथन के साथ मैं अकसर महत्त्वपूर्ण विषयों पर चर्चा के लिए उनके विलंबित दोपहर के भोजनावकाश के दौरान उनसे मिलता था। मांस-मदिरा से दूर रहनेवाले एक शाकाहारी व्यक्ति होने के कारण उनके दोपहर का भोजन अत्यंत साधारण होता था, जिसमें फलों का आधिक्य होता था। वह हमें अपने साथ भोजन करने का निमंत्रण देते और विनोदपूर्वक जोड़ते थे कि वह 'भूखे ब्राह्मणों' की भूखी निगाहें पसंद नहीं

करते। दोपहर का भोजन करते समय वह बिना रुके विस्तारपूर्वक विचार-विमर्श करते थे, क्योंकि उनके लिए सबसे महत्त्वपूर्ण था काम। वह हमेशा एक 'फलदायी लंच चर्चा' होती थी।

वास्तव में काम उनका पहला प्रेम तथा दीवानगी रही है। उनके लिए कोई भी समय काम का समय होता है। एक बार मुझे संदेश मिला कि मुझे कुछ जरूरी कागजातों के साथ उनसे साढ़े दस बजे एशियाड विलेज होस्टल में मिलना है। कार्य-दिवस होने के कारण मैंने जानना चाहा कि ऑफिस में न मिलकर घर पर क्यों मिलना है ? मुझे बताया गया कि डॉ. कलाम दस बजे बंगलौर से लौट रहे हैं और होस्टल पहुँचते ही मुझसे मिलेंगे। काम करने की उनकी क्षमता असाधारण है और उसे बरकरार रखने के लिए वह अपनी आयु के हिसाब से चुस्ती बनाए रखते हैं। एक बार मैं बालासोर में रात लगभग़ दस बजे आइलैंड लॉञ्च फैकल्टी से लौट रहा था और होस्टल के सामने से सड़क पार कर रहा था, जब मुझे लगा कि कोई मुझे आवाज दे रहा है। वह डॉ. कलाम थे, जो मुझे अपनी सैर में शामिल होने के लिए पुकार रहे थे, जो वह सुबह में नहीं कर पाए थे। एशियाड विलेज ट्रैक पर उनकी नियमित सुबह की सैर प्रसिद्ध थी।

उनकी व्यक्तिगत ईमानदारी अनुकरण योग्य है। यदि ऐसा हो जाय तो हम एक विकसित भारत, कलाम के सपनों के भारत में रहेंगे। एक बार हम उनके एक पुराने मित्र से मिलने दिल्ली गोल्फ क्लब गए, जिन्होंने उस क्लब में दोपहर के भोजन के साथ बैठक का सुझाव दिया था। डॉ. कलाम उस क्लब के सदस्य नहीं थे। उस घटना के बाद बिल को लेकर उनके सचिवालय से मेरे पास बार-बार फोन आने लगे। जब मैंने डॉ. कलाम को बताया कि वह एक छोटी सी राशि है और उन्हें परेशान होने की आवश्यकता नहीं है, तो फिर भी उन्होंने यह कहते हुए भुगतान करने पर जोर दिया कि जब तक कि वह अपने भोजन के लिए भुगतान नहीं कर देते, वह उसे पचा नहीं सकते। मैं यहाँ बहुत सी घटनाओं का उदाहरण दे सकता हूँ; परंतु वह सब यहाँ समीचीन न होगा।

डॉ. कलाम की स्मरण-शक्ति असाधारण है और सबसे उल्लेखनीय उनकी याद करने की क्षमता है। वह कंप्यूटर जितनी तेज है। एक बार उन्होंने मुझे अपने ऑफिस में बुलाया और जैसे ही मैं बैठा, मुझे एक पत्र देकर पढ़ने के लिए कहा। मैं विषय सामग्री से अपना संबंध जोड़ नहीं पा रहा था। सर्च कमेटी की ओर से भेजे गए इस पत्र में डॉ. कलाम से इंडियन स्कूल ऑफ माइंस, धनबाद के निदेशक

पद के लिए उपयुक्त उम्मीदवार सुझाने का अनुरोध किया गया था। मेरी भावशून्य प्रतिक्रिया को देखते हुए उन्होंने मुझे अक्तूबर 1993 में लातूर भूकंप के बाद गठित राष्ट्रीय समिति के बारे में याद दिलाया, जिसका मैं सदस्य सचिव था और समिति की कारवाई के क्रम में प्रमुख भूविज्ञानियों तथा भूविज्ञान विशेषज्ञों से मिला था। मुझे आश्चर्य हुआ कि भूविज्ञानियों के साथ मेरे संपर्क के दो वर्षों बाद भी उन्हें वह सब याद है। जब तक मैंने अपने ऑफिस से नाम एकत्रित किए, वह पहले ही टेलीफोन द्वारा कुछ अधिक नाम जमा कर चुके थे।

—मेजर जनरल ए.के. दासगुप्ता

(सेवानिवृत्त)

वित्त के बारे में डॉ. कलाम की राय

सरकार में वित्त तथा कार्यकारी विभागों के बीच एक क्रियात्मक विभाजन असामान्य नहीं है। अकसर देखा गया है कि कार्यकारी द्वारा वित्त की भूमिका को आनाकानी के साथ स्वीकार किया जाता है। वह सभी विभागों की भूमिका को सकारात्मक दृष्टिकोण से नहीं देखते। बहरहाल, सभी क्षेत्रों में प्रबंधन में कुछ प्रबुद्ध नेता वित्त की भूमिका को महत्त्वपूर्ण मानते हैं तथा उन्हें संगठन के उद्देश्यों को प्राप्त करने में प्रगति के लिए उनकी भूमिका को स्वीकार करने तथा उसका अधिकतम इस्तेमाल सुनिश्चित करने में कोई हिचकिचाहट नहीं होती। ऐसे ही एक प्रबुद्ध नेता डॉ. ए.पी.जे. अब्दुल कलाम हैं।

मुझे याद आता है कि रक्षा मंत्रालय की परामर्शदायी समिति की एक बैठक में वित्त तथा लेखा की भूमिका की आलोचना हो रही थी। बहरहाल, चीजों को सही परिप्रेक्ष्य में प्रस्तुत करने के लिए एक सदस्य ने डॉ. कलाम से वित्त की भूमिका पर उनके मत के विषय में प्रश्न किया। अपनी विशिष्ट सरल शैली में डॉ. कलाम ने वित्त की भूमिका की तुलना एक मिसाइल की नियंत्रण प्रणाली से की। उन्होंने बहुत खूबसूरती से इन दोनों की तुलना करते हुए कहा कि एक उपयुक्त नियंत्रण तथा मार्गदर्शन प्रणाली के बिना एक मिसाइल अपनी दिशा से भटक जाएगा और वित्त की भूमिका को इसी प्रकार परियोजनाओं के प्रबंधन में एक सुधारात्मक तथा मार्गदर्शक प्रणाली के रूप में देखा जाना चाहिए।

रक्षा मंत्रालय में अतिरिक्त एफ.ए. एंड जे.एस. तथा बाद में '90 के दशक में रक्षा मंत्रालय में वित्तीय सलाहकार (रक्षा सेवाएँ) के रूप में मेरे कार्यकाल के

दौरान मुझे अनगिनत बार डॉ. कलाम के साथ विचार-विमर्श करने का अवसर मिला। मामलों को सुलझाने तथा विभिन्न परियोजनाओं में प्रगति की आवश्यकता हमेशा उनके मस्तिष्क में सबसे ऊपर रहती थी। वह व्यस्त जीवनचर्या के बावजूद साधारण भाषा में बहुत जटिल तकनीकी प्रस्तावों को स्पष्ट करने में समय व्यतीत करते थे। वह किसी भी समय मामलों पर विचार-विमर्श के लिए किसी अधिकारी के कमरे में जाने में नहीं हिचकिचाते थे और हमेशा अत्यंत विनम्रता दिखाते हुए सुझावों की माँग करते थे।

जब उन्होंने वित्त विभाग की चिंताओं का उल्लेख किया तो मैं समझ सकता था कि उन्होंने उसे प्रौद्योगिकी प्रबंधन से संबंधित पहलुओं के समान ही अपने उत्तरदायित्व का हिस्सा बना लिया है। वह वित्त तथा लेखा मामलों से संबंधित सम्मेलनों या सेमिनारों में शामिल होने से नहीं हिचकिचाते थे। मुझे याद है कि उन्होंने सन् 1993 के सम्मेलन में डिफेंस एकाउंट्स के कंट्रोलरों को, आई.एस.ओ. पुरस्कार समारोह में डिफेंस एकाउंट्स (सीमा सड़क) के कंट्रोलर को, डिफेंस एकाउंट्स ट्रेनिंग सेंटर में तथा डी.आर.डी.ओ. की प्रयोगशालाओं व एकाउंट्स अधिकारियों के एक सम्मेलन में किस प्रकार जोरदार प्रोत्साहन दिया।

एक वित्त अधिकारी के दृष्टिकोण से, मैं कह सकता हूँ कि उन्होंने परियोजनाओं तथा प्रयोगशालाओं में वित्तीय अनुशासन को मजबूत करने में बहुत महत्त्वपूर्ण भूमिका निभाई और कट्टर दोषदर्शियों को भी वित्त की भूमिका स्वीकार करने के लिए प्रेरित किया।

वह एक स्वप्नद्रष्टा हैं। नव वर्ष के दिन उन्होंने हमेशा सपने देखने तथा उन्हें वास्तविकता में बदलने की आवश्यकता का उपदेश दिया। उनके कई सपनों (डी.आर.डी.ओ. उत्पादों) को साकार होते देखा गया।

स्वदेशीकरण के लिए संघर्ष करते हुए तथा डी.आर.डी.ओ. के कार्यों व परियोजनाओं का समर्थन करते हुए भी वह कभी बहुत महत्त्वपूर्ण तथा अनिवार्य आयात प्रस्तावों को स्वीकार करने के रास्ते में नहीं आए। रक्षा को मजबूत करने की रणनीति उनके विचारों तथा कार्यों में हमेशा सबसे ऊपर थी। वह आत्मनिर्भरता के मार्ग पर यकीन करते हैं। इसे हासिल करने के लिए उन्होंने देश में तथा निजी क्षेत्र में शैक्षिक संस्थानों का अधिकतम इस्तेमाल किया।

—पी.आर. शिवसुब्रह्मण्यन

सचिव, (सेवानिवृत्त)

रक्षा वित्त

स्वप्नद्रष्टा डॉ. कलाम

हालाँकि मैंने पहले उनके बारे में काफी कुछ सुन रखा था; परंतु उन्हें नजदीक से देखने का अवसर मुझे सन् 1996 में टी.आई.एफ.ए.सी. की बैठकों में मिला। काररवाइयों को संचालित करने के खुशनुमा तथा अनौपचारिक तरीके के अलावा विकास के लिए उनके जोश ने मुझे प्रभावित किया। उस उद्देश्य के लिए वह किसी भी प्रस्ताव, किसी भी सुझाव पर विचार करने के लिए तैयार थे, भले ही वे पहली नजर में दूर की कौड़ी लगें। वह हर समय किसी नए विचार के बीज चाहते थे, जो उचित प्रोत्साहन के साथ बाद में फल-फूल सकें।

इसी प्रकार उन्होंने विजन 2020 के विशाल कार्यक्रम को शुरू किया। हालाँकि कार्यान्वयन के अधिकांश विचार श्री वाई.एस. राजन के थे, परंतु प्रेरणा डॉ. कलाम की थी। उनके निरंतर सहयोग तथा संरक्षण के बिना यह कार्यक्रम कभी आरंभ नहीं हो पाता।

एक बार मुझे कुछ विस्तार से एक रिंग रोड (मुद्रिका सड़क) द्वारा गाँवों के एक समूह को साथ लाने तथा उच्च क्षमतावाली बस सेवा चलाने के विचार को स्पष्ट करने का अवसर मिला। इसका उद्देश्य यह था कि गाँवों को शहरी शैली में आपस में जोड़ा जा सके। इस सरल प्रयास से एकल गाँवों के छोटे बाजारों को आपस में जोड़ना तथा उन्हें एक बड़े नगर या छोटे शहर जैसे बाजार में एकीकृत करना संभव हो जाता है। उस आकार का एक एकीकृत बाजार कई सुविधाओं को जन्म देगा, जो एकल गाँव नहीं दे सकते। यह गाँवों के समूह को बड़े नगरों की तरह विकास करने का अवसर प्रदान करता है।

अपने तीक्ष्ण मस्तिष्क से डॉ. कलाम ने इस योजना की संभावनाओं को देखा और उसे तेज विकास की एक प्रक्रिया के रूप में स्वीकार किया। इस स्वीकृति की एक उल्लेखनीय विशेषता यह है कि जब भी वह इस संबंध में बात करते हैं, तो हर बार मुझे ही इसका श्रेय देते हैं—और वह इस बारे में जल्दी-जल्दी बात करते हैं।

हमारे देश में लोगों के लिए दूसरों से उधार लिये गए विचारों पर अपना दावा करना सामान्य बात है। डॉ. कलाम भिन्न व्यक्ति हैं। वह कभी खुद को बुद्धिमत्ता के एकमात्र आपूर्तिकर्ता के रूप में प्रस्तुत नहीं करते। इसकी बजाय उन्होंने खुद को उपयोगी विचारों के प्राप्ति-घर तथा ऐसे संरक्षक के रूप में ढाल लिया है, जो अपने लिए किसी चीज की उम्मीद नहीं करता।

इसी विनम्रता तथा उदारता ने डॉ. कलाम को इस स्थान तक पहुँचाया है।

—प्रो. पी.वी. इंदिरेसन

पूर्व निदेशक

इंडियन इंस्टीट्यूट ऑफ टेक्नोलॉजी, दिल्ली

डॉ. कलाम और प्रौद्योगिकी विकास

डॉ. अब्दुल कलाम नवप्रवर्तनों को लैब से धरती तक लाने तथा विज्ञान को समाज के लाभ के लिए इस्तेमाल करने में दृढ़ विश्वास करते हैं। उन्होंने नागरिक प्रयोग के लिए नागरिक क्षेत्रों में प्रौद्योगिकी के हस्तांतरण के लिए रक्षा शोध एवं विकास प्रयोगशालाओं को खोलने में महत्त्वपूर्ण भूमिका अदा की। उन्होंने महसूस किया कि अनुसंधान के लाभों को उद्योग द्वारा इस्तेमाल के लिए नियंत्रित किया जाना चाहिए।

विज्ञान तथा प्रौद्योगिकी विभाग द्वारा समर्थित एक स्वायत्त संस्था, टेक्नोलॉजी इन्फॉरमेशन, फोरकास्टिंग एंड असेसमेंट काउंसिल (टी.आई.एफ.ए.सी.) के अध्यक्ष के रूप में उन्हें टी.आई.एफ.ए.सी. की बैठकें संचालित करते देखना सुखद अनुभव रहा है। डॉ. कलाम यह सुनिश्चित करते थे कि वह उन सभी सदस्यों को एक अवसर दें, जो विभिन्न एजेंडा आइटमों की चर्चा के दौरान चुप रहे थे।

डॉ. कलाम विज्ञान तथा प्रौद्योगिकी विभाग के सचिव प्रो. पी. रामाराव के सुझाव से तुरंत सहमत हो गए, जब प्रो. राव ने उन्हें सुझाव दिया कि स्वदेशी प्रौद्योगिकियों के वाणिज्यीकरण में उद्योगों की मदद के लिए एक माध्यम पर विचार-विमर्श करने के लिए उन दोनों को वित्त मंत्रालय के व्यय विभाग के सचिव श्री आर. वेंकटेशन से मिलना चाहिए। इस बैठक का परिणाम यह हुआ कि फरवरी 1994 में केंद्रीय वित्त मंत्री श्री मनमोहन सिंह ने अपने बजट भाषण में घोषणा की कि विज्ञान तथा प्रौद्योगिकी विभाग के प्रस्ताव पर एक कोष गठित किया जाएगा।

डॉ. कलाम सितंबर 1996 में भारत सरकार द्वारा गठित प्रौद्योगिकी विकास बोर्ड के एक सदस्य रहे हैं। यह बोर्ड सरकारी व्यवस्था में एक अनूठा संगठन है, जो स्वदेशी प्रौद्योगिकी के वाणिज्यीकरण तथा व्यापक घरेलू इस्तेमाल के लिए आयातित प्रौद्योगिकी के अंगीकरण के लिए औद्योगिक उद्यमों को इक्विटी, लोन तथा ग्रांट आदि के माध्यम से वित्तीय सहयोग प्रदान करता है। इस नवजात संगठन

का मार्गदर्शन करने में डॉ. कलाम की भूमिका काफी महत्त्वपूर्ण रही है।

पहली बोर्ड मीटिंग में डॉ. कलाम ने महसूस किया कि सन् 1996-97 में बोर्ड को तीस करोड़ रुपयों का आवंटन पर्याप्त नहीं था और वर्ष 1997-98 के लिए आवंटन को बढ़ाने के लिए वित्त मंत्रालय से मिलने की आवश्यकता थी। फरवरी 1997 में केंद्रीय वित्त मंत्री श्री पी. चिदंबरम ने अपने बजट भाषण में बजट आवंटन को सत्तर करोड़ रुपयों तक बढ़ाने की घोषणा की।

डॉ. कलाम द्वारा बोर्ड को उद्योगों तथा अन्य को वित्तीय सहयोग प्रदान करने में सरल तथा पारदर्शी प्रक्रियाओं की शुरुआत करने के सुझावों को स्वीकार कर लिया गया तथा बोर्ड के फंडिंग मार्ग-निर्देशों का प्रारूप तैयार करने के लिए उनके ऑफिस में ओ.एस.डी. डॉ. वी. सिद्धार्थ की सेवाएँ लेने के उनके प्रस्ताव पर बोर्ड सहमत था।

डॉ. कलाम ने बोर्ड के लिए प्रौद्योगिकी विकास तथा उसके इस्तेमाल, दोनों पर विचार करने की आवश्यकता को स्वीकार किया। नेशनल ऐरोस्पेस लेबोरेटरीज, बंगलौर द्वारा हलके लड़ाकू विमान के विकास तथा निर्माण के लिए सी.एस.आई.आर. को बोर्ड के वित्तीय सहयोग का समर्थन करते हुए उन्होंने महसूस किया, जैसा कि टी.आई.एफ.ए.सी.-2020 दस्तावेज में सामने लाया गया, कि भारतीय उद्योग के लिए उड्डयन क्षेत्र में एक उपयुक्त बाजार पर प्रभाव बनाने की संभावना है। उन्होंने इस आवश्यकता पर बल दिया कि परियोजना की जाँच की जानी चाहिए कि सफल प्रारूप का उत्पादन वाणिज्यिक रूप से व्यावहारिक उत्पादकता को प्रेरित कर सकता है या नहीं।

डॉ. कलाम ने सुझाव दिया कि बोर्ड को एक सक्रिय भूमिका निभाते हुए उन क्षेत्रों को पहचानना चाहिए, जो बोधगम्य परिवर्तन ला सकते हैं। उन्होंने यह भी इच्छा प्रकट की कि संस्था को बोर्ड की पहल पर लाए गए ऐसे परिवर्तनों की जानकारी होनी चाहिए। उन्होंने टी.आई.एफ.ए.सी. तथा बोर्ड के साथ मिलकर काम करने की आवश्यकता महसूस की, क्योंकि टी.आई.एफ.ए.सी. द्वारा जारी प्रौद्योगिकी विजन 2020 दस्तावेज विकास परियोजनाओं के क्षेत्र को पहचानने तथा आरंभ करने में मार्गदर्शन कर सकते हैं। डॉ. कलाम ने बोर्ड के अनुरोध को स्वीकार करते हुए उसके लिए विजन पेपर तैयार किए।

डॉ. कलाम ने महसूस किया कि बोर्ड के साथ राष्ट्रीय प्रयोगशालाओं तथा शैक्षिक संस्थानों की अधिक भागीदारी की आवश्यकता होगी, ताकि उनके पास उपलब्ध नवप्रवर्तनों को वाणिज्यीकरण के लिए उद्योगों को हस्तांतरित किया जा सके।

वह बोर्ड के लिए शक्ति के एक बड़े स्रोत रहे हैं और उसने उनके बहुमूल्य योगदान को दर्ज करने का निर्णय लिया; क्योंकि वह 25 नवंबर, 1999 को सरकार के प्रमुख वैज्ञानिक सलाहकार के रूप में अपनी नियुक्ति के परिणामस्वरूप उससे अलग हो गए।

—एस.बी. कृष्णन
निदेशक
प्रौद्योगिकी विकास बोर्ड

डॉ. कलाम : कुछ झलकियाँ

पहली मुलाकात : डॉ. कलाम से मिलने से पहले हमने वी.एस.एस.सी. के अपने मित्रों से उनके बारे में इतना कुछ सुना था कि मैंने अवचेतन रूप में यह मान लिया था कि जब मेरी उनसे मुलाकात होगी तो मैं उन्हें पहचान लूँगा। किंतु मैं पूरी तरह गलत साबित हो गया, जब हम कंचनबाग के डी.आर.डी.ओ. ऑफिसर्स मेस के निकट संयोगवश उनसे मिले। देर शाम को हम चार लोग टहल रहे थे और अगली सुबह की बैठक के बारे में विचार-विमर्श कर रहे थे, जहाँ हम चार नवशिक्षु, डी.आर.डी.एल. के तत्कालीन निदेशक ए.पी.जे. अब्दुल कलाम सहित मिसाइल विशेषज्ञों के एक समूह के सामने अपना प्रोजेक्ट प्रपोजल प्रस्तुत करेंगे। हम आश्चर्यचकित हो गए, जब एक सज्जन सामने आए और अब्दुल कलाम के नाम से अपना परिचय दिया। वह अत्यंत शिष्ट, गंभीर तथा विनम्र थे। उन्होंने तुरंत हमें सहज कर दिया, अतिथिगृह में हमारी सुविधा के बारे में पूछताछ की और मुझे सही-सही याद नहीं है कि कैसे, अंततः हम उनके पुस्तकों से भरे, परंतु अन्यथा किफायत से सजे गेस्ट हाउस 'सुईट' में पहुँच गए, मानो किसी पुराने मित्र से मिल रहे हों। हमने भोर तक उनके तथा अपने सपनों, रक्षा प्रौद्योगिकी में आत्मनिर्भर बनने के संबंध में हमारे देश के बारे में उनकी अंतर्दृष्टि, विभिन्न कंट्रोल तथा गाइडेंस समस्याओं को निपटाने में हमारी प्रवृत्ति आदि के बारे में बात की। जब हम अपने कमरों में आराम करने पहुँचे तो औपचारिक बैठक के बारे में हमारी बेचैनी समाप्त हो चुकी थी। हम न केवल जोश से भर गए थे, बल्कि उनके लिए काम करने के प्रति प्रतिबद्ध भी महसूस कर रहे थे। हम इस बात से अत्यंत उत्साहित थे कि उन्होंने हमपर विश्वास दिखाया तथा मन-ही-मन प्रतिज्ञा की कि मौका मिलने पर हम उन्हें निराश नहीं करेंगे।

उनके लिए काम करना : बाद में होनेवाली अनगिनत तकनीकी बैठकों में वह कुछ समय निकालकर उपस्थित होते थे, परखने के लिए प्रश्न पूछते थे, जो हमारे भ्रमों को दूर कर देते थे, हमारे साथ चुटकुले सुनाते थे, हमें प्रोत्साहित करते थे। और जब भी हम सोचते थे कि हम नाकाम हो रहे हैं तो हमारा मनोबल बढ़ाते थे। वह विश्वविद्यालय का दौरा करते थे, आनुक्रमिक कुलपतियों से बात करते थे और विश्वविद्यालय में नौकरशाहों की लाल फीताशाही को समाप्त करने में हमारी मदद करते थे। डी.आर.डी.एल. में हमें कभी महसूस नहीं होता था कि हम बाहरी हैं। वह यह सुनिश्चित करते थे कि डी.आर.डी.ओ. के अपने साथियों के साथ हम सद्भावनापूर्वक रहें। आरंभिक दायित्वों को पूरा करने के बाद हम यह देखकर उत्साहित हुए कि हम जैसे अपेक्षाकृत नौसिखियों द्वारा डिजाइन किए गए गाइडेंस स्कीम को परीक्षण का एक अवसर दिया जा रहा है। वह शिष्टता का एक छोटा अंश भी नहीं छोड़ते थे, जैसे वह ध्यान रखते थे कि पहले फ्लाइट ट्रायल के समय हमें आमंत्रित किया जाए। जब वह परीक्षण सफल हो जाता था तो जादवपुर विश्वविद्यालय में कुलपति तथा हमारी बाकी टीम को सबसे पहले सूचना तथा बधाई दी जाती थी।

परीक्षण रेंजों में मुझे उनके साथ रहने का सौभाग्य प्राप्त हुआ तथा धीरे-धीरे मुझे उनके लंबे कार्य-समय की आदत हो गई। मैं नहीं जानता था कि मेरे अंदर इतनी ऊर्जा तथा उत्साह है। वह अकसर हमसे बातचीत, विचार-विमर्श, तर्क-वितर्क करते थे तथा हमें महसूस कराते थे कि हम उनकी टीम का एक महत्त्वपूर्ण हिस्सा हैं। कुछ ही घंटे सोने के बावजूद मैं शायद ही स्वयं को थका हुआ महसूस करता था।

वह इतने सौम्य तथा मित्रवत् थे, कभी-कभी हम असंगत व्यवहार करते थे, जिसका बाद में हमें अफसोस होता था। मुझे याद है कि एक बार मैंने व्यंग्य किया कि जिस प्रकार वह असंभव चीजों का सुझाव दे रहे हैं, अगली बार वह 'बिना जायरोस के साथ सीकर' के लिए कहेंगे। उन्होंने नरमी तथा दृढ़ता से कहा कि वास्तव में वह इसी का सुझाव दे रहे थे। और कुछ सप्ताह, संभवतः एक माह बाद, मुझे अपने ही शब्दों से पीछे हटना पड़ा और एक अन्य वैज्ञानिक के साथ 'बिना जायरोसवाले सीकर डिजाइन' के लिए उनके पास जाना पड़ा, जो अब काफी व्यावहारिक लग रहा था।

कभी-कभी वह हमें ऐसे कार्य सौंप देते थे, जो असंभव जैसे लगते थे। परंतु उनका विश्वास और दृढ़ता मुझे चुनौतियों को स्वीकार करने तथा उनके साथ सामंजस्य बिठाने के लिए उत्साहित करती थी। एक बार उन्होंने मुझे एक असफल

फ्लाइट परीक्षण का विश्लेषण करने के लिए गठित एक समिति की अध्यक्षता करने का कार्य सौंपा। मुझे लगा कि हमें कभी भी असफलता का कारण नहीं मिलेगा। फिर ऐसा हुआ कि वाहन तथा प्रणाली को डिजाइन करनेवाले वैज्ञानिक स्वयं अपनी विशेषज्ञता के क्षेत्र में किसी कमी के संबंध में अपने अनुमान के साथ सामने आ रहे थे। डॉ. कलाम ने ऐसा वातावरण निर्मित कर दिया कि यदि कोई वैज्ञानिक निष्ठावान् है तो यह मायने नहीं रखता कि कोई गलती की गई है। प्रत्येक वैज्ञानिक किसी हिचकिचाहट या इस भय कि उसे दंडित किया जाएगा, के बिना सामने आ रहा था। अंततः हमने रहस्य को सुलझा लिया और वह गलती फिर कभी नहीं उभरी।

उनके साथ यात्राएँ : कलाम साहब के साथ यात्रा करना बहुत सुखद अनुभव था। वह इतने अधिक भिन्न-भिन्न विषयों के बारे में बात करते थे कि मुझे समय बीतने का पता ही नहीं चलता था। वह उन लोगों के बारे में बात करते थे, जिन्हें वह जानते थे और जिनके साथ काम कर चुके थे, खासकर उनकी विशेषताओं के संबंध में। इस प्रकार वह अपने मूल्यों से मुझे प्रभावित करते थे और लोगों के प्रति तथा जीवन के बारे में मेरा दृष्टिकोण बदल देते थे।

किसी प्रकार उन्हें आध्यात्मिकता तथा संस्कृत धर्मग्रंथों की ओर मेरे झुकाव के बारे में पता चला। एक दिन उन्होंने मुझे एक हस्तलिखित पृष्ठ दिखाया और मुझसे पूछा कि क्या मैं पहचान सकता हूँ कि इसे किस धर्मग्रंथ से अनूदित किया गया है? मुझे कुछ याद नहीं आ रहा था। हालाँकि वह परिचित-सा लग रहा था; परंतु मैं संदर्भ नहीं पहचान पाया। उन्होंने मुझे छेड़ा कि मैं अपने धर्मग्रंथों को सावधानी से नहीं पढ़ता हूँ, और अंत में प्रकट किया कि वह पतंजलि के 'योगसूत्र' से था।

एक स्नेहिल मित्र : एक मित्र ने हमारा पारिवारिक एलबम देखते हुए टिप्पणी की, 'यह सज्जन बहुत स्नेहपूर्ण लग रहे हैं।' पुरस्कार प्राप्त करते हुए वह मेरा एक चित्र था, जबकि डॉ. कलाम देख रहे थे। उससे पहले मुझे यह एहसास नहीं हुआ था कि डॉ. कलाम के साथ मेरे संबंध के मध्य में स्नेह है।

उनका स्नेह कुछ लोगों के लिए नहीं है। वह लगभग उन सभी को आबद्ध कर लेता है, जो उनके संपर्क में आते हैं। एक बार कलकत्ता की एक महत्त्वपूर्ण बैठक में उन्होंने हमसे यह खोज-बीन करने को कहा कि क्या एक दुर्लभ होम्योपैथी दवा कलकत्ता में उपलब्ध है, जो वह हैदराबाद में अपने ड्राइवर के बच्चे के लिए चाहते थे?

पश्चिम बंगाल में कल्याणी विश्वविद्यालय डॉ. कलाम को 'डॉक्टरेट' की मानद उपाधि दे रहा था। परंतु वह दीक्षांत समारोह में शामिल नहीं हो पाए और मुझसे अनुरोध किया कि मैं उनकी ओर से उसे प्राप्त करूँ। उन्होंने मुझे अपने मित्र के रूप में विश्वविद्यालय के कुलपति से मिलवाया। यह एक दुर्लभ सम्मान था, जिसे मैं जीवन भर याद रखूँगा।

एक बार मुझे उनके एक दीर्घकालीन मित्र से पता चला कि अब्दुल कलाम तमिल पत्रिकाओं के लिए विज्ञान गल्प लिखते हैं। मैंने उन्हें अपनी जानकारी से विस्मित करने का प्रयास किया; परंतु उन्होंने एक शर्मीली मुसकराहट के साथ स्वीकार किया कि 'वह उनकी एक कमजोरी है'।

हमने बँगला तथा तमिल में कुछ अच्छी विज्ञान गल्प कथाओं का आदान-प्रदान किया। उन्होंने मुझे अच्छी विज्ञान गल्प कथाएँ लिखने के लिए प्रोत्साहित किया, क्योंकि वह युवाओं को विज्ञान के बारे में सपने देखने के लिए प्रेरित करेगा। उनके साथ रहते हुए मुझे वह इतना सरल काम लगा कि मैंने वचन दिया कि मैं लिखना शुरू करूँगा। घर आने पर वह काम मुझे काफी दुर्जेय प्रतीत हुआ--और उनके द्वारा सौंपे गए तकनीकी कार्यों के विपरीत, मैं अब तक एक विज्ञान गल्प पूरा नहीं कर पाया हूँ।

मेरे बच्चे गर्व से उस दिन को याद करते हैं, जब उन्हें एक पूरी सुबह डॉ. कलाम के साथ टहलने, कोल्ड ड्रिंक का आनंद उठाने तथा बातचीत करने का अवसर मिला। मेरे किशोर बच्चे अंग्रेजी वार्त्तालाप में बहुत अच्छे नहीं थे; परंतु मुझे यह देखकर बहुत आश्चर्य हुआ कि उन्हें डॉ. कलाम के साथ बातचीत करने में कोई कठिनाई नहीं हुई। मेरी बेटी उनसे दही-भात की रेसिपी (पाक विधि) पूछ रही थी और उनके स्पेशल दही-भात के लिए उनसे उनके चेन्नई निवास का निमंत्रण ले लिया। वे पहले डॉ. कलाम से सिर्फ एक बार आई.टी.आर., चाँदीपुर में मिले थे, जहाँ हम छुट्टियाँ मना रहे थे; परंतु वे उनके साथ बहुत सहज थे। मेरे बच्चों को यकीन है कि उन्हें राष्ट्रपति भवन में भी दही-भात के उनके निमंत्रण को भुनाने का अवसर मिलेगा।

जिस दिन डॉ. कलाम ने राष्ट्रपति भवन में राष्ट्रपति का पद सँभाला, मैं भी उस समारोह में निमंत्रित किया जानेवाला भाग्यशाली था। यह इस बात का एक और उदाहरण था कि जिन लोगों को वह मित्र समझते हैं, उन्हें किस प्रकार याद रखते हैं। वह एक दुर्लभ अवसर था। समारोह के अंत में मुझे थोड़ा अफसोस हुआ कि मैं उनसे मिल और बात नहीं कर पाया। तत्काल वह भीड़ के बीच मेरी ओर

उन्मुख हुए (जिस प्रकार उन्होंने अपने कई पूर्व सहयोगियों के लिए किया), मेरा तथा जादवपुर के मेरे सहकर्मियों का हाल-चाल पूछा। उन्होंने मुझसे कहा कि वह समारोह में मेरे पहुँचने से बहुत खुश हैं और आग्रह किया कि मैं उनके नए निवास पर दोपहर का भोजन करूँ। मेरी खुशी की कोई सीमा नहीं थी।

—टी.के. घोषाल

प्रोफेसर, इलेक्ट्रिकल इंजीनियरिंग
जादवपुर विश्वविद्यालय, कोलकाता

एक सहयोगी का पत्र

श्रद्धेय डॉ. कलाम!

पिछले कुछ दिनों से मेरा दिल खुशी तथा गर्व से भरा हुआ है कि हमारे श्रद्धेय कलाम साहब राष्ट्रपति बन गए हैं। जब भी मैं अकेला होता हूँ और आपके बारे में सोचता हूँ, मेरे अंदर बहुत सी हार्दिक भावनाएँ उभरती हैं। वे हमेशा के लिए याद रखे जानेवाले पल हैं, जब आपने अपने मीठे, सरल शब्दों से मेरे दिल को छुआ। इसपर और कुछ देर बाद। आज एक अरब जनसंख्यावाले इस महान् देश के पहले नागरिक के रूप में आपने अनजाने ही प्रत्येक बच्चे में उम्मीद भर दी है। वह आपके पदचिह्नों पर निम्नलिखित का सपना देखने का हौसला कर सकता है—

'महान लोगों के जीवन हमें प्रेरणा देते हैं, और हमारे जीवन को महान बनाते हैं।'

स्वप्न देखनेवाले इस बच्चे के लिए आपके जैसे एक 'महान् व्यक्ति' की अनूठी बात यह है कि एक साधारण नाविक परिवार का एक बच्चा इस देश की नाव भी चला सकता है। साथ ही, यह बच्चा अपने क्षणिक विश्व के चारों ओर इतना अधिक विक्षोभ देखता है—विक्षोभकारी घटनाएँ, जो दैनिक समाचार-पत्रों में भरी रहती हैं, आतंकवाद, गरीबी तथा और भी बहुत कुछ, कि वह महसूस करता है कि वे सपने कभी पूरे नहीं होंगे।...

वह बच्चा प्रार्थना करता है—

हे ईश्वर! मेरी रक्षा करो
मेरी नाव बहुत छोटी है
और आपका समुद्र बहुत बड़ा है!

वह वास्तव में हमारा स्वर्णिम समय था, जब आप टी.आई.एफ.ए.सी. में हमारे अध्यक्ष थे। आप, श्री वाई.एस. राजन तथा आपके द्वारा प्रेरित कई लोगों ने उसके भाग्य को निर्देशित किया, जिससे वह एक सम्मानित संगठन के रूप में फल-फूल सका, जिसने इस देश को पहली अंतर्दृष्टि दी। हम आपसे परिषद् की बैठकों तथा आपके दौरों के दौरान मिला करते थे। मैं हमेशा आपकी दो विशेषताओं से अभिभूत होता था—आपकी अत्यंत विनम्रता, सरलता तथा अपनी टीमों से कुछ बेहतर बाहर निकालने की आपकी अद्‌भुत क्षमता।...आप उसके साकार रूप हैं, जो एक बार डैग हैमर्सजोल्ड ने अपने लिए माँगा था (और जो मैं भी अपने जीवन में करने का प्रयास कर रहा हूँ)—

'काश मैं अधिक सरल, जीवंत, शांत तथा दृढ़ हो पाता!'

जब मैं पहली बार टी.आई.एफ.ए.सी. में आपसे मिला, मैंने पहले बहुत से लोगों से आपके विषय में थोड़ा-बहुत सुन रखा था। श्री वाई.एस. राजन तथा डी.आर.डी.ओ. के अन्य लोगों ने आपके बारे में बताया था। मैं आपके विषय में और अधिक जानने के लिए उत्सुक था, इसलिए मैंने 'अग्नि की उड़ान' के प्रकाशित होते ही उसे पढ़ा। यह अब भी मेरी पसंदीदा आत्मकथा है। अंतिम पृष्ठ पर स्थित कविता 'मैं इस महान् पुण्यभूमि में खोदा गया एक कुआँ...' इतनी हृदयस्पर्शी है कि मैंने अकसर बच्चों के सामने आपके बारे में इसका उद्धरण देता हूँ।

हाल में मैंने आपकी एक अन्य श्रेष्ठ कृति 'तेजस्वी मन' पढ़ी। वास्तव में इस पुस्तक ने ही मुझे प्रेरित किया कि मैं आपको पत्र लिखूँ। मैं छोटे बच्चों के मस्तिष्क को आशा से प्रज्वलित करने में अपना साधारण सा योगदान देना चाहता हूँ, ताकि उनकी वयस्कता दफन सपनों की उदासी से आच्छादित न हो।

अकसर मेरे दिल में एक गहरी उदासी, संभवत: एक विचित्र प्रकार का अपराध-बोध मुझे घेर लेता है, जब मेरी कार दिल्ली के अनगिनत रेड लाइटों में से एक पर रुकती है और एक नंगे पाँव, नन्ही, कमजोर बच्ची चालीस डिग्री सेल्सियस से अधिक की झुलसाती गरमी में एक रुपया या उससे भी कम की आशा में उत्साहपूर्वक मेरी कार का शीशा साफ करती है। लगभग बीस वर्षों तक स्टील बनाने का कार्य करते हुए और उसके बाद पिछले बारह वर्षों के दौरान टी.आई.एफ.ए.सी. में प्रौद्योगिकी विकास के लिए कार्य करते हुए, मेरा परेशान दिमाग इस प्रश्न का उत्तर खोजने में असमर्थ होता है—'हमसे कहाँ गलती हुई?' और मेरे अंदर का प्रौद्योगिकीवेत्ता सोचना शुरू कर देता है, 'इसे ठीक कैसे किया जाए?' ये सीधे-सादे प्रतीत होनेवाले विचार मुझे परेशान करते रहते हैं। हालाँकि मैं उन समस्याओं की गंभीरता से

परिचित हूँ जिनका हमारे देश को सामना करना पड़ रहा है।

मैंने सोचा कि यह कार्य पहले एक छोटे रूप में आरंभ किया जाए। एक पत्थर डालोगे तो निश्चित रूप से नदी में लहरें उठेंगी। पिछले कुछ माहों से मैं स्कूलों, केंद्रीय विद्यालयों तथा एस.ओ.एस. चिल्ड्रेंस विलेज (जो अविवाहित माताओं द्वारा छोड़े गए बच्चों या प्राकृतिक आपदाओं द्वारा अनाथ हुए बच्चों को गोद लेते हैं) में जा रहा हूँ तथा उन्हें आपकी कहानी सुनाता हूँ। मैं उन्हें विज्ञान के चमत्कारों के बारे में बताते हुए उनकी उत्सुकता भी जगाता हूँ। 'बच्चा पहला वैज्ञानिक है'—जैसा कि आपने अपनी नवीनतम पुस्तक में स्पष्ट रूप से पहचाना है।

मैंने आपका 'यौवन का गान' गाते हुए एक लाख युवा मस्तिष्कों तक पहुँचने के आपके महान् प्रयास में शामिल होने का एक प्रयास किया है; आपने एक बार टी.आई.एफ.ए.सी. में इस वर्तमान पद के लिए मेरा साक्षात्कार लेते हुए पहला प्रश्न पूछकर मेरे दिल को छू लिया था, 'आप मुसकराते क्यों हैं?' एक अन्य अवसर पर डी.एस.टी. में श्री वाई.एस. राजन के विदाई समारोह में आपने मुझे हॉल में जुटे लोगों में से बुलाया और कहा, 'दीपक, आप अच्छा बोलते हैं; राजन के विषय में कुछ कहिए।'

संभवत: ये मेरी दो मुख्य योग्यताएँ हैं—चेहरे पर मुसकराहट तथा दिल से बोलने का जोश, शायद मैं युवा पौधों के 'दृष्टिकोण' में कुछ परिवर्तन ला सकूँ ताकि वे ऐसे वृक्षों के रूप में विकसित हों, जो न केवल स्वादिष्ट फल देने के लिए फलें-फूलें, बल्कि लोगों को छाया तथा सुरक्षा भी दें। कौन जानता है कि संभवत: टैगोर का सपना 'जहाँ दिमाग में कोई भय न हो···मेरे देश को जागने दो!' तथा आपका भी एक विकसित भारत का सपना अगले दो दशकों में सच्चाई बन जाए!

आपके लिए चारों ओर से बधाई संदेशों का ताँता लग गया है; परंतु जैसे ही आप भारत के राष्ट्रपति पद की शपथ लेंगे, मैं चुपचाप आपके लिए प्रार्थना करूँगा—ईश्वर आप पर कृपा बनाए रखें, ताकि आप इस देश को एक बेहतर एवं विकसित बनाने के लिए इन प्रज्वलित मस्तिष्कों को आकार देने में सक्षम हो सकें।

मैं आपको शुभकामना देने में जॉन मैसफील्ड के साथ शामिल होता हूँ, आप प्रचुर ऊर्जा से भरे हुए एक नए जीवन में प्रवेश करें—

'हलके से संकेत से उद्यम शुरू करना
इतना महत्त्वपूर्ण होता है जो मनुष्य कभी नहीं जान सकता
पूरी मानवता को जाग्रत् करनेवाले अगले व्यक्ति तुम हो सकते हो।'

एक बार एक टी.आई.एफ.ए.सी. रात्रि भोज के दौरान आपने यह पूछकर

कि 'क्या यह व्यक्ति घर में भी मुसकराता है ?' मेरी पत्नी का हृदय छू लिया था। गंभीर शब्दों को कितनी सरलता से कहा गया! मेरी पत्नी के साथ मेरे परिवार के सभी सदस्य आपके नए सपने में आपको शुभकामना देने में मेरे साथ हैं और ईश्वर इस भूमि को कुछ और कलाम प्रदान करे!

हार्दिक शुभकामनाओं सहित।

—दीपक भटनागर

टी.आई.एफ.ए.सी.

डॉ. कलाम : विलक्षण व्यक्तित्व के धनी

वह क्या है, जो अवुल पकीर जैनुलाबदीन अब्दुल कलाम को इतना विशिष्ट बनाता है ? इसे शब्दों में उतारना कठिन है; फिर भी मैंने एक तुच्छ प्रयास किया है।

यह केवल इस कारण नहीं है कि डॉ. कलाम लंबे समय तक काम करते हैं। वह न केवल स्वयं बहुत मेहनत से काम करते हैं, बल्कि दूसरों को भी मेहनत करने के लिए प्रेरित करते हैं। जब मैं सन् 1987 में भारत लौटने के बारे में सोच रहा था, मैं नौ माह तक रक्षा अनुसंधान तथा विकास प्रयोगशाला (डी.आर.डी.एल.), हैदराबाद जाता रहा, जहाँ उस समय डॉ. कलाम निदेशक के पद पर थे। मुझे यह देखकर आश्चर्य हुआ कि परियोजना की सफलता के लिए विभिन्न समूह प्रमुख तथा वैज्ञानिक शाम को तथा सप्ताहांत में कार्य कर रहे थे। स्पष्ट है कि डॉ. कलाम के पास प्रत्येक को संपूर्ण 'मिशन' (उनका पसंदीदा शब्द) के प्रति समर्पण के लिए प्रेरित करने की क्षमता है। मेरे विचार से ऐसा इसलिए है, क्योंकि वह स्वयं सबकुछ छोड़कर मिशन पर अपना ध्यान केंद्रित रखते हैं। इसी कारण, यदि कोई उनके द्वारा लिये गए विशिष्ट निर्णयों से हमेशा सहमत न भी हो तो भी वह कभी उनके प्रयोजन या उनके इस विश्वास पर प्रश्न नहीं उठाता कि वह परियोजना की भलाई के लिए निर्णय ले रहे हैं। अपने प्रयोजनों के पारदर्शी रूप से संदेह से परे होने के कारण वह प्रत्येक को उनके मतभेदों को एक ओर करके साथ मिलकर कार्य करवाने में सफल हो पाते हैं।

डॉ. कलाम अपने चारों ओर के लोगों के कल्याण का भी बड़ा ध्यान रखते हैं। मैं उस अवधि की एक घटना का उल्लेख करना चाहता हूँ, जब मैं नियमित रूप से डी.आर.डी.एल. जा रहा था। उस समय मेरे दो पी-एच.डी. विद्यार्थी भी अपना शोध कार्य जारी रखने के लिए हैदराबाद आए। मैं उनसे कुछ सप्ताह पहले

भारत आया था। जिस दिन वे पहुँचे, वे मेरे साथ डी.आर.डी.एल. आए और मेरे ऑफिस में बातचीत कर रहे थे। बातचीत के बीच में मैं डॉ. कलाम के ऑफिस में यह बताने गया कि वे दोनों आ गए हैं। डॉ. कलाम ने कहा, 'अच्छा है। मैंने सी.ए.ओ. (मुख्य प्रशासनिक अधिकारी) से साइंटिस्ट्स होस्टल में उन्हें ठहराने के लिए कह दिया है। आप केवल उससे जाकर बोल दें।' फिर मैं अपने ऑफिस वापस चला गया।

केवल दस मिनट बाद मेरे विद्यार्थी उस महान् व्यक्ति को स्वयं मेरे ऑफिस में आते देखकर विस्मित रह गए। वह बोले, 'अच्छा, ये आपके विद्यार्थी हैं! मैंने सी.ए.ओ. से इनके ठहरने के बारे में बोल दिया है।' मैं स्वयं वहाँ एक अतिथि था, और कहा जाय तो ये दोनों अतिथि के अतिथि थे। फिर भी दूसरों का ध्यान रखने की उनकी प्रवृत्ति ऐसी थी कि उन्होंने बिना विलंब के यह सुनिश्चित किया कि वे आराम से हैं।

जब मैंने डी.आर.डी.ओ. लेबोरेटरी में सहयोगी निदेशक का पद ग्रहण किया तो मैंने उनसे पूछा कि उनकी प्रबंधन सफलता के पीछे क्या रहस्य है? स्वाभाविक रूप से उन्होंने इससे इनकार कर दिया कि उनके पास कोई रहस्य है। परंतु बाद में उन्होंने कहा कि वह ऐसा वातावरण निर्मित करने का प्रयास करते हैं, जिसमें लोग अपनी गलतियाँ स्वीकार करने से नहीं डरते और उनसे सीखते हैं। जिन उच्च प्रौद्योगिकी क्षेत्रों में वह कार्य कर रहे थे, जैसे स्पेस लॉञ्च वेहिकल्स, मिसाइल, एयरक्रॉफ्ट तथा हाल में परमाणु परीक्षण, इनमें गलतियाँ होना सामान्य बात होती है। उनकी राय में गलती करना कोई अपराध नहीं है; परंतु उस गलती से न सीखना अक्षम्य है। मैं दृढ़ता से यह कह सकता हूँ कि वह जो उपदेश देते हैं, उसपर अमल भी करते हैं। मैंने स्वयं लोगों तथा परियोजनाओं के प्रबंधन के विषय में जो भी सीखा है, उसका श्रेय उनके साथ नजदीकी संबंध को देता हूँ।

—डॉ. एम. विद्यासागर

कार्यकारी उपाध्यक्ष (एडवांस्ड टेक्नोलॉजी)

टाटा कंसल्टेंसी सर्विसेज

महान् संत-वैज्ञानिक

डॉ. कलाम अपने आप में एक दिव्य ज्योति हैं तथा इस विश्व में प्रत्येक सम्मान तथा प्रतिष्ठा के हकदार हैं।

डॉ. कलाम एक श्रेष्ठतम पूजनीय व्यक्तित्व हैं।

इस विश्व के सरलतम मनुष्य, जिनमें सभी विशेषताएँ, योग्यताएँ तथा गुण हैं, जो एक महान् तथा दिव्य व्यक्तित्व में होते हैं।

डॉ. कलाम के दर्शन सिद्धांत : (1) जो लोग ज़िम्मेदार, सरल, ईमानदार तथा मेहनती होते हैं, उन्हें ईश्वर द्वारा विशेष सम्मान मिलता है; क्योंकि वे इस पृथ्वी पर उसकी श्रेष्ठ रचना हैं।

(2) कम-से-कम दो गरीब बच्चियों को आत्मनिर्भर बनाने के लिए उनकी शिक्षा प्राप्ति में मदद करो।

(3) किसी के जीवन में उजाला लाओ।

(4) दूसरों का आशीर्वाद प्राप्त करो, अपने माता-पिता की सेवा करो, बड़ों तथा शिक्षकों का आदर करो और अपने देश से प्रेम करो; इनके बिना जीवन अर्थहीन है।

(5) ईश्वर की सभी रचनाओं से प्यार करो।

(6) देना सबसे उच्च व श्रेष्ठतम गुण है; परंतु उसे पूर्णता देने के लिए उसके साथ क्षमा भी होना चाहिए।

(7) हमारे अंदर ईश्वरीय सुंदरता का प्रवेश होना चाहिए।

(8) प्रत्येक क्षण रचनात्मकता का एक क्षण है। उसे व्यर्थ मत करो।

(9) धैर्य तथा सहिष्णुता शक्ति है। उसे खोने मत दो।

(10) प्रकृति से सीखो, जहाँ सबकुछ छिपा हुआ है और अपने जीवन को उद्‌देश्यपूर्ण तथा अर्थपूर्ण बनाओ।

(11) ये आँखें इस दुनिया को फिर नहीं देख पाएँगी। अपना बेहतरीन देने का प्रयास करो।

(12) हमें मुसकराहट का परिधान जरूर पहनना चाहिए तथा उसे सुरक्षित रखने के लिए हमारी आत्मा को गुणों का परिधान पहनना चाहिए।

(13) सरलता तथा परिश्रम का मार्ग अपनाओ, जो सफलता का एकमात्र रास्ता है।

(14) कुरान के अनुसार बहुत से स्वर्ग हैं, परंतु आठवाँ स्वर्ग उन लोगों के लिए बनाया गया है जो इस दुनिया में श्रेष्ठ कार्य करते हैं।

(15) अपने जीवन में उच्चतम तथा श्रेष्ठतम लक्ष्य रखो और उसे प्राप्त करो।

(16) इस प्रश्न के लिए तैयार रहो, जो ईश्वर हर किसी से पूछेगा : 'क्या

तुम तुम बन सकते थे।'

(17) समय, धैर्य तथा प्रकृति सभी प्रकार की पीड़ाओं को दूर करने और सभी प्रकार के जख्मों को भरनेवाले बेहतरीन चिकित्सक हैं।

(18) धैर्य एक शक्ति है। धैर्य तथा समय मलबरी वृक्ष के एक पत्ते को भी रेशम में बदल सकते हैं।

(19) जब ईश्वर हमारे साथ है तो कोई भी हमारे खिलाफ नहीं हो सकता।

[महामहिम डॉ. ए.पी.जे. अब्दुल कलाम के लिए]

स्मरणीय समूह, उड़ान''

हालाँकि ईश्वर ने मेरा भाग्य लिखा है, परंतु आपने उसे आकार दिया है; आपके प्रेम तथा स्नेह ने उसमें रंग भरे हैं।

आपका अनुग्रह मेरे लिए एक वरदान बना है।

आपके उपदेश मेरे लिए पवित्र बाइबल, गीता तथा कुरान हैं।

आपके दिव्य विचारों तथा गुणों ने मुझे कार्य करने तथा लक्ष्य प्राप्त करने के लिए प्रेरित किया है।

आपके मार्गदर्शन तथा शुभकामनाओं ने मेरी बहुत सहायता की है और नई ऊँचाइयों को प्राप्त करने में मेरी मदद की है, जिन्होंने मेरे जीवन को पूरी तरह बदल डाला है।

आपकी विशेषताएँ मेरे लिए बहुत मूल्यवान्, महत्त्वपूर्ण तथा सबक हैं।

आपके साथ ने मुझे मूल्यवान् पहचान दी है।

देश के लिए आपका समर्पण तथा त्याग मेरे तथा प्रत्येक भारतीय के लिए एक बड़ी सीख है, जो हमारी स्मृति में स्थायी रूप से अंकित हो गया है और हमारी मातृभूमि के इतिहास में स्वर्णिम अक्षरों में लिखा जाएगा।

ऐसा स्मरणीय प्रसंग हालाँकि स्वर्ग में उपस्थित होता है; परंतु हमारे सामान्य मित्रों द्वारा यह धरती पर साकार हुआ है। वे पक्षी—जिनकी दिव्य आत्मा ने यह प्रमाणित किया है कि ईश्वर की सेवा कभी निष्फल नहीं होती।

—एस.एस. पँवार

एडवोकेट, सुप्रीम कोर्ट

सदस्य, येलो हैवन ग्रुप

(डॉ. कलाम का सैर का समूह)

बच्चों द्वारा प्रशस्ति

नीचे दी गई अभिव्यक्तियाँ रामजस स्कूल, आर.के. पुरम, सेक्टर 4, नई दिल्ली के विद्यार्थियों द्वारा व्यक्त किए गए विनम्रता, सम्मान, आभार तथा विस्मय के उद्गार हैं—

सम्मानीय डॉ. अब्दुल कलामजी
आप सूर्य की तरह दीप्तिमान् हैं
आप चंद्रमा की तरह शीतल हैं
आप इतने सच्चे तथा उदार हैं
आपके जैसा व्यक्ति बहुत दुर्लभ है
आपका ज्ञान एक लंबी रेलगाड़ी की तरह है
मुझे आशा है कि मैं फिर आपसे मिल सकूँगा।

❖ ❖ ❖

—शौर्य दरबारी

प्रिय अब्दुल कलाम चाचा,

यदि आपको अपनी 17 फरवरी की एशियाड विलेज स्पोर्ट्स कॉम्पलेक्स की यात्रा याद होगी तो आपको हमारा भी स्मरण होगा। हम, तरुण तथा मोहित, हमारे साथ अपने खूबसूरत विचार बाँटने के लिए आपको धन्यवाद देना चाहते हैं और इसलिए यह पत्र लिख रहे हैं। मैं तरुण आपको व्यक्तिगत रूप से धन्यवाद देना चाहता हूँ कि आपने मुझे अपने साथ अधिक समय बिताने का निमंत्रण दिया। हमें गर्व है कि आप भारतीय हैं।

—तरुण एवं मोहित

एक अभिन्न मित्र द्वारा काव्यात्मक प्रशस्ति

श्री वाई.एस. राजन चालीस से अधिक वर्षों से डॉ. कलाम के नजदीकी मित्र तथा सहयोगी रहे हैं। वह वर्षों से डॉ. कलाम के विषय में कविताएँ लिखते रहे हैं। नीचे उन कविताओं के कुछ अंश हैं (कविताओं का चुनाव मैंने किया है)।

एस.एल.वी. का विजय गीत

'चलिए कहें—
'अब्दुल कलाम चिरायु हों'

अपनी गरजती आवाजों से
पूरे आकाश को गुंजायमान कर दें
उन्होंने 'रोहिणी' उपग्रह को
बाहरी अंतरिक्ष में भेजने के लिए
वाहन बनाया
तथा सम्मान के साथ विजय हासिल की
तथा कार्य को एक नई गति बनाई।

यदि हम मिलकर कार्य करें तो
क्या हम क्रूर गरीबी को नष्ट कर सकते हैं;
क्या पूरे देश में फैले
रोगों तथा पतन को
दिनों में दूर कर सकते हैं;
हमारे अपने हाथ हमारे रक्षक हैं;
यदि साठ करोड़ हाथ एक साथ उठें तो
कहो, क्या हमें कभी कमी महसूस होगी?'

[15 अगस्त, 1980]

अब्दुल कलाम

'दृढ़ निश्चयी मस्तिष्क
तथा मनुष्यों के लिए प्रेम
और एकाग्रता के साथ।
करुणा तथा सच्ची मित्रता
की एक बूँद भी पाने के लिए
भाग्यशाली होना जरूरी है!
जो लोग अब्दुल कलाम को जानते हैं
उनके पास वह महान् भाग्य है।'

[22 अक्तूबर, 1990]

बचपन का स्वप्न

एक बालक के रूप में उनका सपना बहुत ऊँचा था
जिसका थोड़ा अंश सफल हुआ

जब वह तिरसठ वर्ष के हुए
उन्होंने आकाश में
अपना जन्मदिन का उपहार देखा।

वह उड़ा, फैला तथा आकाश में विलीन हो गया,
रेडियो तरंगों में खबर आई
वह खुश हुए, आसमान में उड़े
खुशी में तल्लीन होने के बाद धरती पर आए;
उनके दिल में वह सपना और बड़ा हुआ
एक हाइपरसोनिक
जो एयरक्राफ्ट तथा एक लॉञ्च माध्यम
दोनों को जोड़ता है,
किसी दिन भारतीय धरती से उड़ेगा
और धरती पर लौटकर दुनिया को जीतेगा;
जब वह दिन आएगा
क्या वह दौड़े आएँगे
यदि वह अस्सी वर्ष के भी हों!

[15 अक्तूबर, 1994]

एक उदार हृदय

उनसे अधिक महान् उनका उदार हृदय है
धरती पर दुर्लभ, उदारता का एक स्रोत
वह चौबीस कैरेट स्वर्ण है
अन्य चीजों के जुड़ने से भी कुछ कम नहीं होता।
वह बुद्धिमत्ता तथा आकर्षण में रत्न है
वह शुद्ध है!

[27 नवंबर, 1997]

—वाई.एस. राजन
कुलपति
पंजाब टेक्निकल यूनिवर्सिटी

□

9

एक मानव

यह मनुष्य का स्वभाव है कि यदि उससे महानता की उम्मीद की जाती है, तो वह महानता की ऊँचाइयों तक पहुँचता है।

—जॉन स्टेनबेक

'विंग्स ऑफ फायर' (हिंदी में—'अग्नि की उड़ान') में डॉ. कलाम अपने क्रमिक विकास को रामेश्वरम के शुरुआती दिनों से त्रिचिरापल्ली में सेंट जोसेफ कॉलेज के दिनों से लेकर मद्रास इंस्टीट्यूट ऑफ टेक्नोलॉजी तक पहचानते हैं। वह हमें अपने उड़ने के जोश, अंतरिक्ष विभाग में एक रॉकेट इंजीनियर के रूप में तथा मिसाइल प्रौद्योगिकी के मार्गदर्शक के रूप में अपने कैरियर के विकास के बारे में बताते हैं। बाद में, 'इग्निटेड माइंड्स' (हिंदी में—'तेजस्वी मन') में वह भारत को एक विकसित राष्ट्र में बदलने में युवा प्रज्वलित मस्तिष्कों की शक्ति के बारे में बात करते हैं। श्री वाई.एस. राजन के साथ मिलकर लिखी गई उनकी एक अन्य पुस्तक 'इंडिया 2020 : ए विजन फॉर द न्यू मिलेनियम' (हिंदी में 'भारत 2020 : नवनिर्माण की रूपरेखा') में वह भारत को उच्च विकास मार्ग पर ले जाने के लिए प्रौद्योगिकीय संभावनाओं की विस्तृत रूपरेखा बनाते हैं।

एक रॉकेट इंजीनियर का देश को बदलने का सेवाभावी उत्साह रखनेवाले व्यक्ति के रूप में विकास एक सम्मोहक विषय है। ऐसा किस प्रकार हुआ? किन बड़ी घटनाओं ने उन्हें आकार दिया? वे सफलताएँ तथा निराशाएँ क्या थीं, जिन्होंने उनके विकास में योगदान दिया?

'वह भाग्यशाली थे कि उन्हें कुछ आरंभिक सफलताएँ मिलीं। उनके शिक्षकों ने उच्च शिक्षा के लिए उन्हें समर्थन दिया तथा उन्हें प्रोत्साहित किया। उन्हें जो कार्य सौंपे गए, वे उनकी रुचि से प्रत्यक्ष जुड़े हुए थे। प्रत्येक चरण में उन्हें अवसर प्राप्त हुए; प्रत्येक नाजुक मोड़ पर उन्हें एक महत्त्वपूर्ण कार्य के लिए चुना गया जिसने उन्हें तरक्की करने में मदद दी।' उपर्युक्त मत का समर्थन करना बड़ा अन्याय होगा।

वास्तविकता यह है कि अपने कैरियर के प्रत्येक चरण में वह जो करना चाहते थे, उन्होंने उसपर पूरी तरह ध्यान केंद्रित किया। वह संभावनाओं को पहचानने तथा उन्हें उपलब्धियों में बदलने में बहुत क्षमतावान् थे। उन्हें कुछ भी संयोगवश नहीं मिला। उन्होंने बुद्धिमत्तापूर्ण योजना निर्माण तथा अथक प्रयास द्वारा प्रत्येक उपलब्धि प्राप्त की। जब निराशा के पल आए तो उन्होंने उचित अवसर की प्रतीक्षा की, ईश्वर में अटूट आस्था रखी, जो उनके माता-पिता ने उनमें संस्कारित की थी, से उन्हें निराशा को झेलने का साहस मिला। हाथ में लिये गए कार्य के प्रति समर्पण तथा साथी वैज्ञानिकों व अन्य पर प्रेरक प्रभाव का परिणाम उन उपलब्धियों के रूप में सामने आया जिनपर आज देश को गर्व है।

एक स्पष्ट अंतर्दृष्टि के साथ ध्यान केंद्रित करना, अडिग प्रयास, विफलता की स्थिति में साहस बनाए रखना, सफलता की स्थिति में मन को शांत रखना, विनम्रता, ईश्वरीय शक्ति में अडिग आस्था, प्रशंसा करने में उदारता, आलोचना में रचनात्मकता तथा अनुकरणीय व्यवहार—वे कुछ विशेषताएँ हैं जिन्होंने लगातार उनकी प्रगति को आकार देने में मदद की है। ये विशेषताएँ भी उनके व्यक्तित्व के रूपांतरण को स्पष्ट नहीं करतीं।

इस देश में बहुत से कामयाब लोग हुए हैं। स्वतंत्रता के बाद से विभिन्न क्षेत्रों में कई व्यक्तियों ने पचास वर्षों में उल्लेखनीय प्रगति की राह आसान करते हुए उल्लेखनीय योगदान दिए हैं। फिर भी, हमें ऐसे स्वप्नद्रष्टा देखने को नहीं मिले जिन्होंने अपने कार्यक्षेत्र से अलग हटकर चिंतन-मनन किया हो और स्वप्न देखा हो तथा देश को एक विकसित राष्ट्र में बदलने के एकमात्र उद्देश्य से निरंतर कार्य किया हो। यदि डॉ. कलाम एक अंतरिक्ष वैज्ञानिक या एक मिसाइल या रक्षा प्रौद्योगिकीवेत्ता के रूप में अपनी उपलब्धियों से संतुष्ट हो जाते तो भी देश उनका आभारी होता। वास्तव में, उन्हें सभी बड़े सम्मान उनके आधिकारिक कर्तव्यों के क्रम में उनके द्वारा हासिल की गई उपलब्धियों के लिए दिए गए। लेकिन जैसे-जैसे हम उनके व्यक्तित्व के पहलुओं से परिचित होते हैं, आधिकारिक क्षमता में

उनके योगदान, देश के लिए उनके संपूर्ण योगदान के एक छोटे अंश के रूप में उभरते हैं।

वह अब भी इस देश के युवाओं में जोश भरने, उनके मस्तिष्कों को प्रज्वलित करने की इच्छा रखते हैं। नवंबर 2001 में सभी आधिकारिक आडंबरों को छोड़कर संपूर्ण देश के एक लाख स्कूली बच्चों से बात करके उन्हें अल्पावधि में देश की उन्नति के लिए प्रौद्योगिकी के क्षेत्र में कार्य करने को प्रेरित करने के उनके निर्णय को और कैसे स्पष्ट किया जा सकता है? हमारे पास ऐसे लोगों के बहुत कम उदाहरण हैं, जो पूर्ण निस्स्वार्थ भाव से इस प्रकार का मिशन लेकर चलते हैं। हमें उनके जीवन के उन घटनाक्रमों को खोजना होगा जिन्होंने एक रॉकेट इंजीनियर को राष्ट्र-निर्माण की दिशा में अपना निर्धारित चुनने के लिए प्रेरित किया। हम उनके लेखों की मदद से ही उनके व्यक्तित्व को छानने का प्रयास करेंगे।

यह बहुत महत्त्वपूर्ण है कि डॉ. कलाम विनम्रता से कहते हैं कि उनकी आत्मकथा उन लोगों का एक विवरण है, जिन्होंने उनके जीवन को गंभीर रूप से प्रभावित किया। वह अपने वर्तमान परिवार, शिक्षकों तथा गुरुओं को इसमें शामिल करते हैं। वह अपने युवा सहयोगियों का भी उल्लेख करते हैं। यह डॉ. कलाम को समझने की कुंजी है। वह जिससे भी बातचीत करते हैं, उसके सकारात्मक बिंदुओं को तुरंत अपना लेते हैं—और सबसे अधिक, वह उदारता से यह स्वीकार करते हैं। यही प्रवृत्ति उन्हें उच्चतर लक्ष्यों की ओर ले जाती है।

चलिए, यह चर्चा डॉ. कलाम पर उनके माता-पिता के प्रभाव से आरंभ करते हैं। उनके माता-पिता अत्यंत धार्मिक थे; परंतु आज के विभाजक अर्थ में धार्मिक नहीं थे। उनका दृष्टिकोण सहिष्णु था तथा सभी धर्मों के लोग उनके पिता के पास इलाज के लिए आध्यात्मिक मदद लेने आते थे। रामेश्वरम मंदिर के मुख्य पुजारी पक्षी लक्ष्मण शास्त्री उनके पिता के करीबी मित्र थे। उनके पिता ने उनसे कहा, 'जब तुम प्रार्थना करते हो तो तुम अपने शरीर से परे चले जाते हो और ब्रह्मांड का एक अंश बन जाते हो; जो धन, आयु, जाति या वर्ग का कोई अंतर नहीं जानता।' उनके माता-पिता ने उनमें एक गहरा आध्यात्मिक जोश भर दिया, जो किसी एक धर्म की संकीर्ण सीमाओं से परे है। आध्यात्मिक मामलों में इस शुरुआती मौलिक प्रशिक्षण ने जीवन भर उनका मार्गदर्शन किया तथा वह हमेशा एक दृढ़ आस्थावान् और सशक्त धर्मनिरपेक्ष बने रहे। जो राष्ट्रीय भावना आज उनमें विद्यमान है, उसे उनके प्रतिभाशाली मस्तिष्क में उनके माता-पिता द्वारा बोए गए आरंभिक बीजों में तलाश किया जा सकता है।

उनके शिक्षकों ने उनपर जो छाप छोड़ी, उसका डॉ. कलाम ने बहुत अच्छी तरह उल्लेख किया है। वह अपने कट्टर ब्राह्मण शिक्षक का उल्लेख करते हैं, जिन्होंने अपनी रूढ़िवादी पत्नी के विरोधों को नजरअंदाज करते हुए कलाम को अपने घर में भोजन कराया। इसने मानवता में उनकी आस्था फिर से स्थापित की तथा उन्होंने इन सांप्रदायिक भावनाओं से ऊपर रहने का संकल्प लिया।

ऐसा प्रतीत होता है कि डॉ. कलाम ने जिस चीज की भी इच्छा की, वह आसानी से प्राप्त कर ली। वह अपने स्कूल शिक्षक अयादुरई सोलोमन का जिक्र करते हैं, जिन्होंने उन्हें सिखाया (1945-50) कि यदि वह गंभीरता से कुछ चाहें तो वह निश्चित रूप से प्राप्त किया जा सकता है। 'विश्वास के साथ, आप अपनी नियति बदल सकते हैं।' यही उनके जीवन में हुआ। वह पक्षियों को उड़ते देखकर मुग्ध होते थे और उड़ने का रहस्य जानना चाहते थे। वास्तव में वह उड़ना चाहते थे, और ऐसा हुआ; वह एक रॉकेट इंजीनियर बने और उन्होंने स्पेसक्राफ्ट एवं मिसाइल उड़ाए। उनका लक्ष्य आरंभ से ही बहुत स्पष्ट था।

डॉ. कलाम मद्रास इंस्टीट्यूट ऑफ टेक्नोलॉजी के अपने शिक्षकों का बहुत श्रद्धा से नाम लेते हैं, जहाँ उन्होंने ऐरोनॉटिकल इंजीनियरिंग का अध्ययन किया (1954)। वह कहते हैं कि उनके शिक्षक महान् बुद्धिजीवी और बेदाग ईमानदारी की मिसाल थे। उन्होंने उनसे विषयों के तर्कसंगत आधारभूत सिद्धांत सीखे, जो पूरे कैरियर के दौरान उनके काम आया।

डिपार्टमेंट ऑफ स्पेस, जिसे उस समय 'इंडियन कमेटी फॉर स्पेस रिसर्च' के नाम से जाना जाता था, में शामिल होने के बाद (1962) ही डॉ. कलाम का कैरियर ऊँचाई पर पहुँचा। इससे पहले प्रो. एम.जी.के. मेनन ने उनपर ध्यान दिया था, जो बंगलौर में ऐरोनॉटिक्स डेवलपमेंट इस्टेब्लिशमेंट में डॉ. कलाम द्वारा विकसित किए गए हॉवरक्राफ्ट 'नंदी' से बहुत प्रभावित हुए थे। भारत में अंतरिक्ष अनुसंधान के नायक डॉ. विक्रम साराभाई द्वारा एक साक्षात्कार लिये जाने के बाद डॉ. कलाम को आई.एन.सी.ओ.एस.पी.ए.आर. में एक पद का प्रस्ताव दिया गया। यहाँ पर वह अपने समान बहुत से युवा वैज्ञानिकों के संपर्क में आए, जो आगे की सोचने तथा स्वतंत्र रूप से कार्य करने के लिए संकल्पबद्ध थे। वह डॉ. साराभाई की नेतृत्व क्षमताओं का जिक्र करते हैं, जो प्रौद्योगिकी में आत्मनिर्भरता के लक्ष्य के साथ आगे बढ़ने के लिए युवाओं पर विश्वास करते थे। यह डॉ. साराभाई का विश्वास था कि भारत उन्नत देशों से प्रौद्योगिकी का आयात किए बिना प्रौद्योगिकी के क्षेत्र में तरक्की कर सकता है। डॉ. साराभाई की धारणा संक्रामक थी और वह अपने

आशावाद से युवाओं को प्रभावित कर लेते थे। वह उन्हें बड़ा सोचने के लिए प्रेरित करते थे। उन्होंने स्वदेशी प्रौद्योगिकी के अनन्वेषित क्षेत्र को चुनौती देते हुए साहस के साथ भारत में अंतरिक्ष अनुसंधान की एक दस वर्षीय रूपरेखा बनाई। डॉ. साराभाई को अपने सपने में भारत के तत्कालीन प्रधानमंत्री जवाहरलाल नेहरू का पूरा समर्थन प्राप्त था। उन्हें युवाओं के अपने समूह में भी पूरा विश्वास था कि वे उनके वादे को पूरा करेंगे। डॉ. कलाम भी उन युवाओं में से एक थे, जिनपर डॉ. साराभाई को विश्वास था। राष्ट्रीय दृष्टिकोण से बड़ा सोचने के बीज उनके मस्तिष्क में बो दिए गए थे। वह प्रौद्योगिकीय क्रांति का एक हिस्सा बनने पर रोमांचित थे।

विकास का अगला बड़ा अवसर तब आया, जब उन्हें सेटेलाइट लॉञ्च वेहिकल (एस.एल.वी.) परियोजना के लिए परियोजना प्रबंधन के रूप में नियुक्त किया गया। एस.एल.वी.-3 परियोजना का मुख्य उद्देश्य एक भरोसेमंद लॉञ्च माध्यम विकसित करना था, जो चालीस किलोग्राम के एक सेटेलाइट को पृथ्वी के चारों ओर चार सौ किलोमीटर गोलाकार कक्षा में स्थापित करता। यह अधिक विशाल सेटेलाइट लॉञ्च वेहिकल्स जैसे ऑक्सिलरी सेटेलाइट लॉञ्च वेहिकल (ए.एस.एल.वी.) तथा पोलर सेटेलाइट लॉञ्च वेहिकल (पी.एस.एल.वी.) का पूर्ववर्ती था। उस समय (1973) यह देश की लगभग सबसे महत्त्वपूर्ण वैज्ञानिक परियोजना थी।

प्रो. प्रकाश धवन ने डॉ. ब्रह्मप्रकाश के साथ विचार-विमर्श करके उन्हें यह कार्य सौंपा। ये दो महत्त्वपूर्ण लोग थे जिनका महान् स्वप्नद्रष्टा डॉ. विक्रम साराभाई के बाद अंतरिक्ष अनुसंधान में महान् योगदान था। उन्होंने सही अनुमान लगाया कि एस.एल.वी. परियोजना जैसे एक बड़े दायित्व में एक समान योग्य तथा प्रतिबद्ध साथियों की टीम का नेता वही हो सकता है, जो टीम को एक साथ लेकर चल सके। इस कसौटी पर डॉ. कलाम उन्हें उपयुक्त व्यक्ति लगे। यह उनका पहला बड़ा दायित्व था, जहाँ वह इतनी बड़ी संख्या में दूसरों का नेतृत्व करते तथा अंतिम परिणामों के लिए उत्तरदायी होते। यह एक बड़ी चुनौती थी। हमेशा तेजी से सीखने की अपनी क्षमता के कारण उन्होंने अपनी प्रबंधन शैली तीन महारथियों—डॉ. विक्रम साराभाई, प्रो. प्रकाश धवन तथा डॉ. ब्रह्मप्रकाश के पदचिह्नों पर तैयार की। उन्हें आरंभ में ही यह एहसास हो गया कि आम सहमति की प्रवृत्ति ही उपयोगी होगी; प्रत्येक वैज्ञानिक की स्वायत्तता का सम्मान करना होगा : साथ मिलकर काम करने की प्रवृत्ति ही उच्चतम और श्रेष्ठ परिणाम दे सकती है।

उन्हें पहली बार व्यापक पैमाने पर तीन सौ उद्योगों के साथ काम करना था,

जो भारत में घटकों के डिजाइन विकसित करने तथा उनके निर्माण में भागीदारी कर रहे थे। घटकों की सूची लाखों में थी। यह एक भारी-भरकम कार्य था। इसके अलावा उनके साथी वैज्ञानिकों को भी नियंत्रित रखना था, उन्हें लगातार उनके दायित्व की याद दिलाते रहना था। एक मिशन आधारित परियोजना में अधिक प्रयोगों की गुंजाइश नहीं होती : प्रणालियों को उपलब्ध प्रौद्योगिकियों के साथ रखना आवश्यक होता है। समय तथा संसाधन की सीमाओं, परियोजना के लक्ष्यों तथा सबसे महत्त्वपूर्ण रूप से राष्ट्रीय लक्ष्यों को निरंतर ध्यान में रखना होता है। एस.एल.वी. परियोजना बहुत सी अंतरिक्ष परियोजनाओं की पूर्ववर्ती थी और उसे देश के लिए बहुत से आर्थिक तथा रणनीतिक लाभ प्राप्त करने के उद्देश्य से डिजाइन किया गया था। एक परियोजना नेता के रूप में हमेशा अपने सहयोगियों को इन पहलुओं की याद दिलाते रहना उनका काम था। यह कहते हुए उपसंहार करना अनुचित नहीं होगा कि एस.एल.वी. परियोजना उनके राष्ट्रीय दृष्टिकोण को आकार देनेवाली पहली घटना थी।

यह एस.एल.वी. परियोजना की सफलता के बाद आगे बढ़ने का समय था, जब उन्हें डी.आर.डी.ओ. (रक्षा अनुसंधान और विकास संगठन) की मिसाइल परियोजनाओं को सँभालने के लिए कहा गया। उन्हें समर्पित, प्रतिभाशाली परंतु निरुत्साहित वैज्ञानिकों का एक समूह मिला। कुछ बड़ा करने के लिए उन्हें उत्साहित करने के उद्देश्य से डॉ. कलाम को उन्हें एक महत्त्वपूर्ण परियोजना का प्रस्ताव देना था। अंतरिक्ष के क्षेत्र में अपने गुरुओं की तरह उन्हें एक साहसी व विशाल परियोजना को ढूँढ़ना था तथा उसे सरकार के उच्चतम स्तरों से स्वीकृत कराना था। चुनौती के प्रति उनका उत्तर था, रक्षा मंत्री के तत्कालीन वैज्ञानिक सलाहकार डॉ. अरुणाचलम के मार्गदर्शन के साथ, इंटीग्रेटेड गाइडेड मिसाइल डेवलपमेंट प्रोग्राम (आई.जी.एम.डी.पी.) की कल्पना। तत्कालीन रक्षा मंत्री श्री आर. वेंकटरमण ने तत्परता से परियोजना को समर्थन दिया। वास्तव में, उन्होंने ही प्रस्ताव को एक समन्वित परियोजना का आकार दिया था। यह परियोजना अगले दस वर्षों के लिए अधिकतम रक्षा अनुसंधान प्रयासों का केंद्र बन गई। संक्षेप में, आई.जी.एम.डी.पी. चार स्वदेशी मिसाइलों को विकसित करने के बारे में था— पृथ्वी (150 से 250 किलोमीटर की रेंज में जमीन से जमीन पर मार करनेवाली मिसाइल), आकाश (जमीन से हवा में मार करनेवाली छोटी दूरी की मिसाइल), त्रिशूल (जमीन से हवा में मार करनेवाली लंबी दूरी की मिसाइल) और नाग (तीसरी पीढ़ी की एंटी-टैंक मिसाइल)। एक प्रौद्योगिकी प्रदर्शक अग्नि (एक हजार किलोमीटर से अधिक

रेंजवाली मध्यवर्ती बैलिस्टिक मिसाइल) को भी विकसित किया जाना था।

डॉ. कलाम ने अंतरिक्ष परियोजनाओं के समान ही महत्त्वपूर्ण राष्ट्रीय महत्त्व की एक परियोजना पर काम शुरू किया था। देश के पास मिसाइलों की अपनी रेंज होने की संभावना पर सभी रोमांचित थे। वह भारत में मिसाइल प्रौद्योगिकी के अनन्वेषित क्षेत्रों को प्रेरित कर रहे थे। अठारह रक्षा प्रयोगशालाएँ परियोजना के लिए कार्यशालाएँ बनीं। विकास के विभिन्न चरणों में मिसाइलों के परीक्षण की व्यवस्था की गई। उड़ीसा राज्य के बालासोर में परीक्षण उड़ानों के लिए एक नई रेंज बनाई गई। डॉ. कलाम ने कई शैक्षिक संस्थानों को डिजाइन तथा विकास के लिए विशिष्ट उत्तरदायित्व क्षेत्रों में शामिल कर लिया। उन्होंने परियोजना की राष्ट्रीय प्रकृति पर जोर दिया और वैज्ञानिकों में गर्व की भावना उत्पन्न करके उन्हें एक टीम के रूप में कार्य करने को प्रेरित किया। इस परियोजना में प्रयोगशाला तथा उसके लोगों का पुनर्निर्माण शामिल था—एक बृहत् प्रयास। वह डिपार्टमेंट ऑफ स्पेस से अपने साथ एक खुली कार्य संस्कृति लेकर आए थे, जहाँ वैज्ञानिक वस्तुनिष्ठ तरीके से एक-दूसरे के कार्य की समीक्षा करते थे। यह डी.आर.डी.ओ. के लिए नया था। इसे शुरू किया जाना था। मानसिकता में कोई परिवर्तन बड़ी चुनौती उपस्थित करता है। उन्हें यह कहते हुए वैज्ञानिकों को उनकी विफलताओं को स्वीकार करने के लिए प्रशिक्षित करना था कि अनुसंधान तथा विकास प्रयासों में विफल होना कोई लज्जा की बात नहीं है। डॉ. कलाम ने डी.आर.डी.ओ. के अपने इस दौर में नेता के रूप में अपनी प्रतिष्ठा स्थापित की।

हालाँकि उस समय देश का औद्योगिक आधार इस चुनौती को स्वीकार करने के लिए पर्याप्त विकसित नहीं था, बहुत से उद्योगों को प्रयोगशाला के सहयोग से प्रौद्योगिकी विकसित करने के लिए इस परियोजना में शामिल किया गया। वह प्रौद्योगिकी विकास में एक राष्ट्रीय प्रयास था।

इस स्वदेशी प्रयास का महत्त्व तब पूरी तरह स्वीकार किया गया जब सन् 1988 में 'पृथ्वी' मिसाइल के पहले सफल लॉन्च के बाद, अमेरिका के नेतृत्व में पश्चिमी देशों ने एक मिसाइल प्रौद्योगिकी नियंत्रण पद्धति थोप दी, जिसके अनुसार मिसाइलों से संबंधित प्रौद्योगिकी का कोई प्रवाह कुछ देशों के एक अनन्य समूह (अमेरिका, चीन, ब्रिटेन, फ्रांस तथा रूस) के गैर-सदस्यों तक पहुँचने की मनाही थी। भारत की ओर प्रौद्योगिकी के प्रत्येक प्रवाह को प्रतिबंधित कर दिया गया। यहाँ तक कि दोहरे इस्तेमाल की संभावनाएँ जाहिर करते हुए सामान्य इस्तेमाल की वस्तुओं के भी भारत में प्रवेश पर प्रतिबंध लगा दिया गया। परंतु चूँकि भारत

आई.जी.एम.डी.पी. परियोजना के एक हिस्से के रूप में आवश्यक क्षमताएँ विकसित कर चुका था, देश इन उन्नत देशों के आदेश की अवहेलना कर सकता था और मिसाइल प्रौद्योगिकी तथा अन्य महत्त्वपूर्ण क्षेत्रों में विकास जारी रख सकता था। इसका एक उदाहरण यह है कि जब अमेरिका ने भारत को सुपर कंप्यूटर बेचने से इनकार कर दिया तो वैज्ञानिकों ने सुपर कंप्यूटरों का देशी रूप विकसित करते हुए इसका जवाब दिया! ('पेस' का निर्माण डी.आर.डी.ओ. तथा 'परम' का निर्माण सी-डी.ए.सी. ने किया)। इन्हें कम समय में और आयातित प्रणालियों की लागत के एक छोटे हिस्से से विकसित किया गया। हमारे वैज्ञानिकों ने ऐसे कई साहसिक करतब कर दिखाए हैं।

भारत पर प्रौद्योगिकी प्रतिबंधों के थोपे जाने पर डॉ. कलाम का यह संकल्प और मजबूत हुआ कि भारत को प्रौद्योगिकी के क्षेत्र में आत्मनिर्भर बनाना आवश्यक है, ताकि हमारा देश दूसरे देशों से प्रौद्योगिकी की याचना करने की बजाय उन्हें प्रौद्योगिकी देने का प्रस्ताव कर सके। मिसाइल परियोजना कार्य की प्रगति के दौरान डॉ. कलाम धीरे-धीरे अपना ध्यान प्रौद्योगिकी संबंधी स्वतंत्रता के राष्ट्रीय लक्ष्य की ओर लगा रहे थे। अब वह मात्र एक परियोजना नेता नहीं थे, जो देश के लिए कुछ मिसाइलें बनाने का प्रयास कर रहे थे, भले ही वे कितने भी महत्त्वपूर्ण हों।

अब एक अधिक बड़े क्षेत्र की ओर बढ़ने के लिए उनके लिए मंच तैयार था। 'पृथ्वी' का कई बार सफलतापूर्वक परीक्षण किया जा चुका था। प्रौद्योगिकी प्रदर्शक 'अग्नि' का सफल प्रक्षेपण किया गया। दूसरी परियोजनाएँ 'आकाश', 'त्रिशूल' तथा 'नाग' अपनी गति से प्रगति कर रही थीं। परियोजना टीमें अपने मामलों को प्रबंधन के साँचे में प्रबंधित कर रही थीं। पद्धति स्थापित कर दी गई थी। अब डॉ. कलाम के प्रत्यक्ष व दैनिक पर्यवेक्षण की आवश्यकता नहीं थी। उन्होंने सक्षमता से यह दिखा दिया कि एक सफल प्रबंधक वह है जो नेतृत्व की अगली पीढ़ी को विकसित करता है और उन्हें आत्मनिर्भर बनाता है। परियोजनाओं पर प्रणालियों तथा लोगों के प्रशिक्षण का अधिक स्थायी प्रभाव होता है।

अगला अवसर तब आया जब रक्षा मंत्री के वैज्ञानिक सलाहकार डॉ. वी.एस. अरुणाचलम ने अवकाश लेने का निर्णय किया। डॉ. अरुणाचलम तथा पूर्व वैज्ञानिक सलाहकार डॉ. राजा रमन्ना ने डॉ. अरुणाचलम के उत्तराधिकारी के रूप में डॉ. कलाम का नाम प्रस्तावित किया। डॉ. कलाम पर आए इस दायित्व ने आत्म-विकास के नए आयाम खोले। अब वह पचास से अधिक रक्षा अनुसंधान प्रयोगशालाओं के प्रमुख थे। इन प्रयोगशालाओं में गतिविधियों का क्षेत्र बहुत व्यापक था : इलेक्ट्रॉनिक्स

से लेकर कृषि, नौसेना अनुसंधान से लेकर एयरक्राफ्ट डिजाइन, सामग्री विकास से लेकर खाद्य प्रसंस्करण (फूड प्रोसेसिंग)। वह संभावनाओं से उत्साहित हुए। मिसाइल प्रयोगशाला के एक वरिष्ठ निदेशक के रूप में अधिकांश प्रयोगशालाओं में होनेवाले कार्यों के प्रकार से वह कुछ परिचित थे। बहरहाल, ऐसे विशाल संगठन का प्रमुख होना तथा देश के प्रौद्योगिकी विकास के महत्त्वपूर्ण अंश को निर्देशित करने की स्थिति में होना विकास का एक महान् अवसर था और उन्होंने इसे दोनों हाथों से ग्रहण किया। वह सभी प्रौद्योगिकियों के बारे में जानने का दिखावा नहीं करते थे। डॉ. कलाम हमेशा विनीत थे, जिज्ञासु थे और सीखने के इच्छुक थे। वह सभी प्रयोगशालाओं का दौरा करते थे तथा धैर्यपूर्वक वैज्ञानिकों से मिलते थे। उन्होंने प्रयोगशालाओं को राष्ट्रीय सेवा के लिए प्रस्तुत करने की अच्छी संभावना देखी।

डॉ. कलाम ने डॉ. अरुणाचलम से एक महान् विरासत ग्रहण की। डॉ. अरुणाचलम एक महान् स्वप्नद्रष्टा थे, जिन्होंने विशाल परियोजनाओं की कल्पना की, प्रौद्योगिकी विकास के बीज बोए, उन्नत प्रौद्योगिकियों के लिए प्रयोगशालाएँ आरंभ कीं तथा सबसे महत्त्वपूर्ण यह है कि उन्होंने कुछ कमजोर प्रयोगशालाओं को सुदृढ़ करने के लिए उचित व्यक्तियों को जुटाया। भारत में रक्षा अनुसंधान में उनका योगदान महत्त्वपूर्ण था तथा उनके साथ लगभग दस वर्षों तक काम करने के कारण डॉ. कलाम इससे पूर्णरूप से अवगत थे। डॉ. कलाम ने पाया कि उनके पूर्ववर्तियों ने कई बीज बोए थे; यदि वह उनकी अच्छी देखभाल करें तो उनके ही कार्यकाल में वे फल-फूल सकते हैं। उन्हें खुद को उन लोगों के बीच एक नेता के रूप में स्थापित करना था, जो पूर्व तक उनके सहकर्मी थे। उन्होंने विनम्रता के साथ और सावधानी से काम लिया तथा सशस्त्र सेनाओं सहित प्रत्येक का सम्मान प्राप्त किया। स्वदेशी प्रौद्योगिकी के प्रति उनकी पूर्ण प्रतिबद्धता एवं अथक कार्य ने उन्हें डॉ. अरुणाचलम के वास्तविक उत्तराधिकारी के रूप में स्थापित किया। उन्होंने आनुक्रमिक सरकारों में अपनी विश्वसनीयता इतनी अच्छी प्रकार स्थापित की कि उन्हें सेवानिवृत्ति की आयु के बाद भी 'अगले आदेश तक' सरकार में पूर्ण सचिव के रूप में कार्य जारी रखने के लिए कहा गया।

वास्तव में, वह अड़सठ वर्ष की आयु में स्वेच्छा से यह पद छोड़ने का निर्णय करने से पहले तक इसपर कार्य करते रहे। यह अप्रत्याशित है।

वैज्ञानिक सलाहकार का पद उनके द्वारा पहले सँभाले गए किसी भी कार्य से अधिक महत्त्वपूर्ण था। उनके हाथ में कई बड़ी परियोजनाएँ, जैसे हलके लड़ाकू विमान, मुख्य युद्धक टैंक तथा सैकड़ों मध्यम आकार की तथा छोटी परियोजनाएँ

थीं। प्रणालियाँ सुव्यवस्थित थीं और परियोजनाओं को उनकी निरंतर निगरानी की आवश्यकता नहीं थी। उनका कार्य एक ओर सशस्त्र सेनाओं तथा रक्षा मंत्रालय के बीच और दूसरी ओर डी.आर.डी.ओ. प्रयोगशालाओं में सामंजस्य बनाए रखना था। उन्हें राजनीतिक आकाओं को विश्वास में लेकर चलना था, ताकि नई परियोजनाओं को स्वीकृति मिल सके, अधिक राशि प्राप्त हो सके तथा पीछे रह गई कुछ परियोजनाओं के लिए और अधिक समय लिया जा सके।

उन्होंने अपनी नई भूमिका को सहजता से लिया। उन्हें जल्दी ही पता चल गया कि वह अन्य गतिविधियों के लिए समय निकाल सकते हैं। उन्होंने सरकार को एक आत्मनिर्भर समिति गठित करने के लिए प्रेरित किया, जिसके अध्यक्ष वह हों तथा तीनों सशस्त्र सेनाओं के प्रमुख तथा रक्षा सचिव और रक्षा उत्पादन सचिव उसके सदस्य हों। यह स्वदेशी प्रयास के लिए अपने प्रमुख ग्राहकों से प्रतिबद्धता सुनिश्चित करने का उनका बुद्धिमत्तापूर्ण तरीका था। इन बैठकों में उन्होंने भारतीय प्रौद्योगिकी पर निर्भर रहने की राष्ट्रीय आवश्यकता पर जोर दिया तथा सशस्त्र सेनाओं से पंद्रह वर्षीय एक त्रिआयामी योजना तथा उनकी आवश्यकताओं की एक वरीयता सूची प्राप्त की। उन्होंने सशस्त्र सेनाओं में यह जागरूकता उत्पन्न की कि डी.आर.डी.ओ. का अस्तित्व उनके लिए है तथा उन्हें अन्य देशों की ओर देखने की बजाय डी.आर.डी.ओ. में विकसित की जा रही प्रौद्योगिकी का लाभ उठाना चाहिए। उनका यह भी विचार था कि भारत को प्रौद्योगिकी का निर्यातक बनना चाहिए। उन्होंने इसके द्वारा डी.आर.डी.ओ. को भी एक संदेश दिया कि उन्हें रक्षा सेवाओं के प्रति अपनी प्रतिबद्धता को गंभीरता से लेना चाहिए और ग्राहकों के दृष्टिकोण से समय व गुणवत्ता महत्त्वपूर्ण हैं। कुल मिलाकर यह कूटनीति में एक उत्तम प्रयास था।

डॉ. कलाम ने इसके साथ-साथ अब डी.आर.डी.ओ. से बाहर की गतिविधियों में भी अधिक रुचि लेना आरंभ कर दिया। वह सन् 1993 में टेक्नोलॉजी इन्फॉरमेशन, फोरकास्टिंग एंड असेसमेंट काउंसिल (TIFAC) के अध्यक्ष बन गए। वह सन् 1990 से एडवांस्ड कंपोजिट्स मिशन के मामलों को देख रहे समूह के अध्यक्ष थे। इसने उन्हें पहली बार पूरी तरह नागरिक प्रौद्योगिकियों से परिचित कराया। वह एक नई दुनिया थी। उनकी प्रशिक्षित आँखों ने तत्काल न केवल रक्षा तथा रणनीतिक क्षेत्रों, बल्कि नागरिक प्रौद्योगिकियों की व्यापक रेंज में स्वदेशी प्रौद्योगिकी प्रगति की संभावना को देख लिया, जो देश का स्वरूप बदल सकते थे। वह भारतीय उद्योग संघ के राष्ट्रीय प्रौद्योगिकी परिषद् के अध्यक्ष बन गए। उद्योग के साथ इस

संबद्धता ने उन्हें एक नया दृष्टिकोण दिया। टी.आई.एफ.ए.सी. ने उद्योग, शिक्षा, प्रयोगशालाएँ तथा सरकारी एजेंसियों से लिये गए पाँच सौ विशेषज्ञों (जिन्हें पाँच हजार विशेषज्ञों का सहयोग प्राप्त था) के साथ एक व्यापक अध्ययन प्रायोजित किया। इन भव्य रिपोर्टों (1996) को बाद में (1998) संक्षिप्त किया गया तथा डॉ. कलाम और श्री वाई.एस. राजन द्वारा एक महत्त्वपूर्ण पुस्तक 'भारत 2020 : नवनिर्माण की रूपरेखा' में प्रस्तुत किया गया। इसके साथ वह एक शुद्ध रणनीतिक एवं रक्षा वैज्ञानिक से एक 'राष्ट्रीय वैज्ञानिक' में बदल गए।

उन्हें सन् 1997 में 'भारत रत्न' की उपाधि प्रदान की गई। सन् 1998 में दूसरा पोखरण परीक्षण हुआ। जवाब में पाकिस्तान ने भी परमाणु परीक्षण किए। परमाणु परीक्षणों पर विश्व प्रतिक्रिया बहुत भयावह थी। प्रौद्योगिकी के हस्तांतरण, बहुपक्षीय व द्विपक्षीय सहयोग तथा ऋण सहायता पर प्रतिबंध लगा दिए गए। अंतरराष्ट्रीय समुदाय में भारत को एक अछूत की तरह पेश किया गया। साथ ही डॉ. कलाम एवं डी.आर.डी.ओ. के के. संथानम के साथ परमाणु वैज्ञानिक डॉ. चिदंबरम और डॉ. अनिल काकोडकर देश के प्रिय बन गए। इस टीम ने हर किसी में भारतीय होने का गर्व भर दिया। इन सबको प्रसिद्धि मिली। उन्होंने 'महाशक्तियों' की अकड़ को कम करने के लिए प्रत्येक अवसर का प्रभावपूर्वक इस्तेमाल किया, साथ ही यह बताया कि उनकी प्रौद्योगिकी ही उनकी शक्ति है तथा यदि भारत अपनी प्रौद्योगिकी विकसित करने के प्रति प्रतिबद्ध हो जाए तो वह भी दूसरों का सम्मान प्राप्त कर सकता है। पोखरण और पश्चिमी प्रतिक्रिया ने उनके रूपांतरण को पूर्ण किया तथा भारत को वर्ष 2020 तक एक विकसित राष्ट्र बनने की ओर प्रेरित किया।

डॉ. कलाम ने अपनी ऊर्जा को राष्ट्र-निर्माण की दिशा में लगाने के लिए दिसंबर 1999 में डी.आर.डी.ओ. को छोड़ने का फैसला किया; क्योंकि पद की सीमाएँ उन्हें रोकती थीं। परंतु सरकार उन्हें नहीं छोड़ना चाहती थी। उन्हें 'इंडिया मिलेनियम मिशन' नामक परियोजना में अपने विजन 2020 को कार्यान्वित करने के लिए कहा गया। उन्हें भारत सरकार में कैबिनेट मंत्री का दर्जा दिया गया और भारत सरकार के प्रमुख वैज्ञानिक सलाहकार का पद दिया गया।

डॉ. कलाम को नियमित रूप से कई विश्वविद्यालयों में दीक्षांत भाषण देने के लिए आमंत्रित किया जाता था। उन्होंने युवाओं में अनुक्रियक तार को छुआ और उन्हें युवावस्था में ही प्रभावित करने का निर्णय किया। उन्होंने सत्तर वर्ष की आयु में पद छोड़ दिया तथा छोटे स्कूली बच्चों से बात करने के लिए देश का व्यापक दौरा किया। वह कहा करते थे कि यदि उनकी बातें सुनकर प्रत्येक स्कूल

में कुछ बच्चे भी प्रेरित होते हैं तो वह एक महत्त्वपूर्ण योगदान होगा। उनका यह मानना है कि प्रज्वलित मस्तिष्क भारत के अंदर की शक्ति को बाहर लाएँगे। इस पुस्तक में हम डॉ. कलाम की वेदना तथा उनके आशावाद को देख सकते हैं।

वह मूलभूत प्रश्न उठाते हैं—'हम खोए अवसरों तथा अतीत की विफलताओं की भरपाई कैसे कर सकते हैं?' यह प्रश्न इस वेदना से जनमा है कि संसाधनों, चाहे वे जन-संसाधन हों या प्रतिभा, प्राकृतिक उपहार या अन्य परिसंपत्तियाँ, की प्रचुरता के बावजूद हम दशकों से एक विकासशील देश हैं। 'हमारी समस्याएँ उनके प्रति हमारी प्रवृत्ति में विद्यमान हैं। हम अपने संसाधनों को बहुत व्यापकता तथा बहुत हलके से प्रसारित कर रहे हैं। हम जितने संसाधन और धन खर्च करते हैं उतने में तीन बार तथा सामान्यतः लगनेवाले समय से आधे समय में अपने कार्य संपन्न कर सकते हैं—यदि हम देश के लिए अंतर्दृष्टि के साथ मिशन पद्धति में काम करें। अंतर्दृष्टि प्रत्येक क्षेत्र में श्रेष्ठता उत्पन्न करती है। विभिन्न विभागों के बीच बेहतर तालमेल होता है, न कि एकल विभागों की वरीयता के अनुसार प्राथमिकताओं पर बल दिया जाता है। मतों से अधिक समीक्षाएँ उपलब्ध हैं। प्रत्येक मार्ग किसी-न-किसी अवरोध द्वारा बंद प्रतीत होता है। बंद ऊर्जाओं को स्वतंत्र किए जाने व उन्हें उपयुक्त तरीके से नियंत्रित किए जाने की आवश्यकता है।' वह लिखते हैं, 'मैंने भारत तथा अपने देशवासियों की क्षमता में विश्वास की अभिव्यक्ति के रूप में यह पुस्तक लिखी है।'

देश के प्रत्येक युवा को डॉ. कलाम द्वारा लिखित पुस्तक 'तेजस्वी मन' जरूर पढ़नी चाहिए। यह पिछले महापुरुषों—स्वामी विवेकानंद, गांधीजी तथा नेताजी सुभाषचंद्र बोस की तर्ज पर नींद से जागने का आह्वान है। डॉ. कलाम इसे देश के लिए दूसरी अंतर्दृष्टि कहते हैं।

डॉ. कलाम अपने दायित्वों के क्रम में विनाशकारी शस्त्र विकसित करने का कार्य करने के बावजूद एक शांतिवादी रहे हैं। वह उनके लिए विश्व के सामने यह प्रमाणित करने की प्रौद्योगिकीय चुनौती थी कि भारत भी ऐसा कर सकता है। उनका यह भी मानना है कि दूसरे देश हमारा सम्मान तभी करेंगे, जब हम शक्तिशाली होंगे। वह दृढ़ता से कहते हैं कि विश्व के सभी देश आर्थिक रूप से तभी प्रगति कर सकते हैं, जब चारों ओर शांति का वातावरण हो। आम व्यक्ति के लिए प्रौद्योगिकी का भव्य इस्तेमाल उनके लिए महात्माजी का यह सपना साकार करने का तरीका है—इस देश में अंतिम व्यक्ति के आँसू पोंछना।

क्या हमारे देश के युवा इस चुनौती को स्वीकार करने के लिए तैयार हैं? □

10

उपलब्धियाँ

डॉ. कलाम की अनेक उपलब्धियों पर पिछले अध्यायों में चर्चा की जा चुकी है। जब मैंने उनसे पूछा कि वह अपनी सबसे उल्लेखनीय उपलब्धि किसे मानते हैं, तो उन्होंने बिना किसी हिचकिचाहट के जवाब दिया कि उन्होंने जिन स्थानों पर भी काम किया, वहाँ पर सामंजस्यपूर्ण टीमों का निर्माण उनकी सबसे उल्लेखनीय उपलब्धि थी। वह गर्व से दावा करते हैं कि जिन लोगों ने भी उनके साथ काम किया है, वे अपने-अपने संगठनों में सर्वोच्च स्तरों तक पहुँचे हैं। वह बड़ी सहजता से कहते हैं कि उनमें से कुछ उनसे भी बेहतर हैं। अपने कनिष्ठ सहयोगियों द्वारा की गई प्रगति के बारे में सुनकर उन्हें अत्यंत प्रसन्नता होती है।

डॉ. कलाम को एक मिसाइल पुरुष और कभी-कभी एक परमाणु वैज्ञानिक कहा जाता रहा है। ऐसा प्रतीत होता है कि अधिकांश लोग उन अन्य प्रौद्योगिकियों की व्यापक रेंज से परिचित नहीं हैं, जिनपर उन्होंने काम किया या मार्गदर्शन किया। एस.एल.वी.-3 तथा आई.जी.एम.डी.पी. परियोजनाओं में उनके योगदान को सामान्य रूप में जाना जाता है। इन परियोजनाओं तथा अन्य प्रौद्योगिकियों के एक समूह, जिनपर उन्होंने कार्य किया या मार्गदर्शन किया, का विस्तृत विवरण उन तकनीकी कार्यों का अच्छा-खासा आभास देते हैं जिनमें वह व्यस्त थे।

हॉवरक्राफ्ट

यह एरोनॉटिक्स डेवलपमेंट इस्टेब्लिशमेंट में डॉ. कलाम की पहली परियोजना थी। एक हॉवरक्राफ्ट को हवा के कुशन पर उड़ने के लिए डिजाइन किया गया था। प्रारूप को कुल वजन मिलाकर पाँच सौ पचास किलोग्राम वजन के साथ 40

एम.एम. के एयर कुशन पर उड़ने के लिए डिजाइन किया गया था। उनके सहकर्मियों में कई संशयवादी थे, जो ऐसी परियोजना की व्यावहारिकता पर संदेह कर रहे थे। बहरहाल, कलाम तथा उनकी टीम ने प्रारूप को डिजाइन के अनुसार उड़ाते हुए उस परियोजना की सफलता प्रमाणित की। तत्कालीन रक्षा मंत्री श्री वी.के. कृष्णमेनन ने अधिकारियों की आपत्तियों को खारिज कर दिया और उस एयरक्राफ्ट में बैठकर उड़े। डॉ. कलाम ने उस हॉवरक्राफ्ट को उड़ाया! मंत्री इससे बहुत खुश थे और टीम को कार्य जारी रखने का निर्देश दिया। अलबत्ता श्री कृष्णमेनन के रक्षा मंत्रालय से हटते ही इस परियोजना को बंद कर दिया गया। अन्य लोगों ने इस परियोजना को अधिक महत्त्व नहीं दिया। इससे डॉ. कलाम को बहुत निराशा हुई।

रॉकेट एसिस्टेड टेक ऑफ (रॉकेट की सहायता से उड़ान भरने की प्रणाली) (राटो) : डॉ. साराभाई ने राटो परियोजना के लिए डॉ. कलाम को परियोजना-नेता के रूप में नियुक्त किया। यह तीव्र गति के जेटों को शॉर्ट रन के बाद उड़ान भरने के लिए प्रेरित करनेवाली प्रणाली विकसित करने का प्रस्ताव था। यह किसी कारणवश पर्याप्त लंबाईवाले किसी रनवे की अनुपलब्धता जैसी स्थितियों में मददगार हो सकती थी। रॉकेट रूस से आयात किए जाने थे। डॉ. कलाम ने विशेष वित्तीय शक्तियाँ हासिल कीं, प्रणाली विकसित की तथा 8 अक्तूबर, 1972 को प्रणाली का सफलतापूर्वक परीक्षण किया, जब एक सुखोई-16 जेट एयरक्राफ्ट अपने दो किलोमीटर के सामान्य रन की बजाय बारह सौ मीटर के शॉर्ट रन के बाद विमान-वाहित हो गया। पैंतीस हजार रुपए कीमतवाली आयातित प्रणालियों की तुलना में भारतीय राटो में केवल सत्रह हजार रुपए की लागत आई।

संयोजित पदार्थ (सम्मिश्र) : भारत में संयोजित पदार्थ सदियों पुराने हैं। पुराने दिनों में, मिट्टी के घरों में संरचना को मजबूत बनाने के लिए बाँस तथा फूस का प्रयोग किया जाता था और यह चलन अब भी भारत के गाँवों में प्रचलित है; हालाँकि वहाँ आम व्यक्ति यह नहीं जानता कि उनके द्वारा बनाई गई संरचना प्राकृतिक सम्मिश्रों का एक वर्ग है। देश के विभिन्न स्थानों में पुरातत्त्व संबंधी खुदाई से यह पता चला कि लकड़ी, सींग आदि से बनाए गए सम्मिश्र धनुष के रूप में प्राकृतिक सम्मिश्र संरचनाएँ भारतीयों द्वारा ग्यारहवीं शताब्दी में भी इस्तेमाल की जाती थीं।

हालाँकि लोगों ने सम्मिश्रों के महत्त्व को समझा, परंतु आरंभिक दिनों में

कृत्रिम उन्नत संयोजित पदार्थों के क्षेत्र में कुछ भी नहीं किया गया। उन्नत सम्मिश्रों में बेजोड़ विशेषताएँ थीं, जैसे—उच्च विशिष्ट मजबूती तथा माप, व्यापक तापमान पर उत्तम आयामी स्थिरता तथा ऐरोस्पेस के प्रयोग के लिए इन सामग्रियों की उपयुक्तता के लिए संरचनात्मक विशेषताओं को अपने अनुरूप ढालने की क्षमता। डॉ. ए.पी.जे. अब्दुल कलाम ने भारत में '60 के दशक के मध्य में इसरो में उन्नत संयोजित पदार्थों का विकास आरंभ किया। आरंभ में उन्होंने जूट के रेशों का इस्तेमाल करते हुए सम्मिश्र बनाने का प्रयास किया। अंतरिक्ष अनुसंधान के वैज्ञानिक होने के कारण वह प्रेशर वैसल, एयरफ्रेम, रॉकेट मोटर लाइनिंग इत्यादि के उद्देश्य को पूरा करने के लिए संरचनात्मक सम्मिश्रों के विकास के प्रति उत्सुक थे। उन्होंने '60 के दशक के उत्तरार्द्ध में त्रिवेंद्रम के स्पेस साइंस एंड टेक्नोलॉजी सेंटर (एस.एस.टी.सी.) पर फाइबर रिइनफोर्स्ड प्लास्टिक डिवीजन (एफ.आर.पी.डी.) की स्थापना की। यहाँ डॉ. कलाम ने अंतरिक्ष कार्यक्रम से लेकर सामान्य नागरिक इस्तेमाल तक के लिए अनगिनत परियोजनाएँ आरंभ करने का प्रयत्न किया। सन् 1969 में पहली फिलामेंट वाइंडिंग मशीन इसरो में चालू की गई तथा डॉ. कलाम ने पहला हाई-टेक प्रेशर वेसल का विकास आरंभ किया। वह भारत में उन्नत सम्मिश्रों का आरंभ था तथा इसने भावी प्रगति के लिए गति तैयार की।

उन्होंने सेटेलाइट लॉञ्च वेहिकल (एस.एल.वी.-3) के तीसरे तथा चौथे चरणों के लिए उन्नत सम्मिश्रों का इस्तेमाल करते हुए पहला रॉकेट मोटर केसिंग विकसित किया। प्रबलित करनेवाले तत्त्व के रूप में ग्लास रोविंग का इस्तेमाल किया गया। यह अनुभव करते हुए कि देश में विभिन्न सम्मिश्रों के अधिक मात्रा में उत्पादन करने के लिए कोई औद्योगिक सहयोग नहीं है। डॉ. कलाम ने आर.ई.पी.एल.ए.सी.ई. (रिइनफोर्स्ड प्लास्टिक सेंटर) की स्थापना की।

बाद में, एस.एल.वी.-3 के चौथे चरण को एप्पल (APPLE) सेटेलाइट के एपोजी बूस्टर मोटर के रूप में स्वीकार किया गया, जिसे यूरोपीय लॉञ्चर-एरिएन द्वारा लॉञ्च किया गया। इसने फिर से विश्व स्तर पर सम्मिश्र संरचना की श्रेष्ठता प्रमाणित की।

इंटीग्रेटेड गाइडेड मिसाइल डेवलपमेंट प्रोग्राम (आई.जी.एम.डी.पी.) द्वारा सम्मिश्रों को और गति प्रदान की गई, जब सन् 1982 में डॉ. कलाम डी.आर.डी.एल., हैदराबाद के निदेशक के रूप में डी.आर.डी.ओ. में शामिल हुए। उन्होंने आई.जी.एम.डी.पी. के लिए उन्नत सम्मिश्र डिजाइन तथा विकसित करने के लिए डी.आर.डी.एल. में डायरेक्टरेट ऑफ एडवांस्ड कंपोजिट्स (डी.ओ.ए.सी.) विकसित

किया। बाद में उन्होंने सन् 1991 में आई.जी.एम.डी.पी. के लिए सम्मिश्र हार्डवेयर के सीमित श्रेणी उत्पादन के लिए एक समर्पित विभाग कंपोजिट प्रोडक्ट सेंटर (सी.ओ.एम.पी.आर.ओ.सी.) स्थापित किया।

उन्नत सम्मिश्रों के भारतीय संदर्भ में नया क्षेत्र होने के कारण उनके पूर्ण विकास व अवशोषण के लिए विभिन्न संस्थानों तथा उद्योगों के नजदीकी संपर्क एवं भागीदारी की आवश्यकता थी। इस संदर्भ में कई संस्थानों, जैसे इंडियन इंस्टीट्यूट ऑफ टेक्नोलॉजी, चेन्नई; इंडियन इंस्टीट्यूट ऑफ साइंस, बंगलौर आदि तथा उद्योगों जैसे—मेसर्स, डब्ल्यू.आर.ए.पी., विजयवाड़ा; मेसर्स ए.आर.पी.एल., हैदराबाद आदि को डॉ. कलाम तथा फाइबर रिइनफोर्स्ड प्लास्टिक (एफ.आर.पी.) सेंटर, आई.आई.टी., चेन्नई के निदेशक तथा प्रमुख प्रो. (स्वर्गीय) के.ए.वी. पंडालाई द्वारा साथ लाया गया, ताकि भारतीय सम्मिश्र उद्योगों को बड़ी चुनौतियों का सामना करने के लिए तैयार किया जा सके। जल्दी ही डी.आर.डी.ओ. संस्थानों एवं उद्योगों का पिंड बन गया और उसके परिणाम फलदायी हुए। इंडियन पेट्रोकेमिकल्स कॉरपोरेशन लिमिटेड (आई.पी.सी.एल.) (कार्बन फाइबर), आर.पी.जी. ग्रुप (ग्लास फाइबर), मेसर्स हिंदुस्तान सिबा-जेइजी (एपोक्सी रेसिन), मेसर्स बेकलाइट हाइलम (फिनोलिक रेसिन) तथा कई अन्य उद्योगों ने भारत में सम्मिश्रों के क्षेत्र में क्रांति ला दी।

इन सभी प्रयासों ने आई.एस.ए.एम.पी.ई. में सम्मिश्रों पर एक अतिरिक्त अध्याय आरंभ करने को प्रेरित किया, जिसने कई उद्योगों, सरकार तथा निजी क्षेत्रों को एक सामान्य मंच पर ला दिया। इसने ऑटोमोबाइल उद्योग, रेलवे, पैकेजिंग, लीजर गुड्स आदि में सम्मिश्रों के इस्तेमाल में तेजी को प्रेरित किया। जब भारत ने टेनिस रैकेट फ्रेमों जैसे लीजर गुड्स का विदेशों में निर्यात करना शुरू किया तो भारतीय सम्मिश्र उद्योग को नई ऊँचाइयाँ प्राप्त हुईं।

डॉ. कलाम (जिन्हें प्यार से 'भारत में सम्मिश्रों का जनक' कहा जाता है) की दूरदर्शिता तथा अंतर्दृष्टि ने न केवल उन्नत सम्मिश्रों के विकास को सक्षम बनाया, बल्कि भारत को उन्नत सम्मिश्रों के क्षेत्र में आत्मनिर्भर बनाने के लिए सम्मिश्र उद्योगों को मजबूत बनाया, जिसका काफी रणनीतिक महत्त्व है।

उपग्रह प्रक्षेपण यान (एस.एल.वी.-3)

अपनी प्रौद्योगिकी से उपग्रहों को लॉञ्च करने के लिए स्वदेशी क्षमता विकसित करने के उद्देश्य से इसरो में उपग्रह प्रक्षेपण यान कार्यक्रम शुरू किया गया। डॉ. कलाम को परियोजना प्रमुख बनाया गया। वह उस समय तक इसरो की सबसे

महत्त्वपूर्ण तथा महत्त्वाकांक्षी परियोजना थी। परियोजना प्रमुख के रूप में नामांकित करना एक सम्मान भी था और चुनौती भी। एस.एल.वी.-3 का मुख्य उद्देश्य उपग्रहों का प्रक्षेपण करने के लिए एक भरोसेमंद प्रणाली को डिजाइन, विकसित और संचालित करना था। निर्दिष्ट मिशन चालीस किलोग्राम के एक उपग्रह को पृथ्वी के चारों ओर चार सौ किलोमीटर की एक गोलाकार कक्षा में स्थापित करना था। एक बड़ा काम था यान के चार चरणों के लिए एक रॉकेट मोटर सिस्टम का विकास। हाई एनर्जी प्रोपेलेंटों के इस्तेमाल में सक्षम रॉकेट मोटर सिस्टम (जो विकसित किया जाना था) में इस्तेमाल के लिए 8.5 टन प्रोपेलेंट ग्रेन निर्मित किया जाना था। एक अन्य कार्य था नियंत्रण तथा मार्गदर्शन। प्रक्षेपण सुविधाओं जैसे—सिस्टम इंटीग्रेशन तथा चेक आउट सुविधाओं में वृद्धि और लॉञ्च सहायक प्रणालियों जैसे लॉञ्चर व वेहिकल असेंबली मिक्सचरों के विकास पर भी ध्यान दिया गया। यह एक बड़ी परियोजना थी, जिसमें दो सौ पचास सब-असेंबलियाँ तथा चौवालीस बड़े सब-सिस्टम शामिल थे। सभी गतिविधियों में तालमेल बिठाना और सबसे महत्त्वपूर्ण तो अपने कई साथियोंवाली टीम की प्रमुखता करना डॉ. कलाम के लिए एक प्रबंधन चुनौती थी। धात्विक (स्टेनलेस स्टील, एल्यूमिनियम के अपमिश्रण, मैग्नीशियम, टिटेनियम, कॉपर, बेरिलियम टंगस्टन तथा मोलिबडेनम) और अधात्विक (सम्मिश्र तथा सिरेमिक्स) तत्त्वों का इस्तेमाल किया गया। एवियोनिक्स तथा प्रिसिजन इंजीनियरिंग उच्च श्रेणी के थे। इस परियोजना की सफलता ने डॉ. कलाम को राष्ट्रीय पहचान दी। उन्हें इस उपलब्धि के लिए 'पद्मभूषण' सम्मान से सम्मानित किया गया।

आई.जी.एम.डी.पी.

डॉ. कलाम ने रक्षा मंत्री के तत्कालीन वैज्ञानिक सलाहकार डॉ. वी.एस. अरुणाचलम के मार्गदर्शन में इंटीग्रेटेड गाइडेड मिसाइल डेवलपमेंट प्रोग्राम (आई.जी.एम.डी.पी.) का प्रस्ताव तैयार किया। यह अवधारणा तत्कालीन रक्षा मंत्री श्री आर. वेंकटरमण की थी, जो मिसाइलों के क्षेत्र में एक समन्वित परियोजना चाहते थे। इसकी अवधारणा बहुत साहसिक और क्षेत्र बहुत व्यापक था; इसमें प्रौद्योगिकियों के इस्तेमाल की आवश्यकता थी, जिन्हें देश में अभी विकसित किया जाना बाकी था। विकसित देशों द्वारा मिसाइल प्रौद्योगिकी नियंत्रण पद्धति थोपे जाने के कारण परियोजना की जटिलता कई गुना बढ़ गई थी; संबंधित प्रौद्योगिकी का प्रवाह रुक गया। इससे भी बुरी बात यह है कि सामान्य इस्तेमाल के कुछ उपकरणों

का प्रवाह भी दोहरे इस्तेमाल का बहाना बनाकर रोक दिया गया। उपकरणों की आपूर्ति के अनुबंधों का पालन नहीं किया गया। मिसाइल क्षेत्र तथा अन्य रक्षा संबंधी क्षेत्रों में विकास को इस दृष्टिकोण से देखा जाना था। कम मनोबलवाले व्यक्तियों ने हिम्मत छोड़ दी होती। परंतु डॉ. अरुणाचलम तथा डॉ. कलाम ऐसे नहीं थे। चुनौतियों ने उन्हें देश में ऐसी प्रणालियाँ विकसित करने के प्रयासों को और तेज करने के लिए प्रेरित किया, जो अब तक उसकी क्षमता से परे माने जाते थे। 'पृथ्वी' तथा 'अग्नि' में ये उपलब्धियाँ हार न माननेवाले इसी जोश के कारण हैं।

आई.जी.एम.डी.पी. कार्यक्रम में डिजाइन तथा विकास शामिल है, जिसने निम्नलिखित मिसाइलों के निर्माण को प्रेरित किया—

त्रिशूल : यह एक तेज प्रतिक्रिया प्रणाली है, जिसे नीची उड़ान भरनेवाले विमानों, हेलीकॉप्टरों तथा विमान-भेदी मिसाइलों के खिलाफ इस्तेमाल किया जाता है। इसमें एक सम्मिश्र नोदक (कंपोजिट प्रोपेलेंट) के साथ डुअल थ्रर्स्ट रॉकेट मोटर का इस्तेमाल किया जाता है। यह कमांड गाइडेंस, ग्राउंड राडार सिस्टम तथा ऑनबोर्ड कंट्रोल सिस्टम पर काम करता है। इसके बहुत से उड़ान परीक्षण किए गए, जिनमें सी-स्किमिंग क्षमताएँ भी शामिल हैं।

पृथ्वी : यह सार्वकालिक एवं जमीन से ज़मीन पर मार करनेवाली मिसाइल है, जो सेना के लिए चालीस और एक सौ पचास किलोमीटर के बीच सही-सही निशाना लगा सकती है। वायु सेना के लिए इसका उन्नत रूप दो सौ पचास किलोमीटर की रेंज में निशाना लगा सकता है। मिसाइल प्रणालियों का संचालन तथा फील्ड गतिशीलता ग्राउंड सिस्टम वेहिकल्स के एक सेट द्वारा समर्थित है। यह प्रणाली रक्षा सेवाओं में सम्मिलित की गई है।

आकाश : यह पच्चीस किलोमीटर की अधिकतम अंतर्रोधी रेंजवाली मध्यम दूरी की वायु-रक्षा प्रणाली है। यह इलेक्ट्रॉनिक स्कैनिंग, फेज्ड एरे राडार तथा मल्टिपल प्रोसेसर्स में जड़े हुए सॉफ्टवेयर का इस्तेमाल करते हुए कई निशानों का पता लगाने तथा एक साथ चार लक्ष्यों पर वार करने में सक्षम है। विभिन्न प्रणालियों जैसे— एयरफ्रेम, प्रोपल्शन, कंट्रोल, टेलीमेटरी, लॉञ्चर आदि के प्रदर्शन का सफलतापूर्वक परीक्षण किया जा चुका है।

नाग : यह तीसरी पीढ़ी की टैंक भेदी मिसाइल है, जिसमें 'दागो और भूल जाओ'

तथा 'ऊपर से आक्रमण' करने की क्षमताएँ हैं। यह विस्फोटक प्रतिक्रियात्मक बख्तरों जैसे विभिन्न बख्तरों को पराजित करने में भी सक्षम है। इसे दिन तथा रात की काररवाइयों के लिए एक डेडिकेटेड मिसाइल कैरियर या हेलीकॉप्टर पर तैनात किया जा सकता है। इसकी विभिन्न प्रणालियों व उप प्रणालियों का सफलतापूर्वक परीक्षण किया जा चुका है।

अग्नि : यह लंबी दूरी के फ्लाइट वेहिकल्स के लिए एक प्रौद्योगिकी प्रदर्शक है। इस दो चरणवाले यान में सॉलिड प्रोपेलेंट बूस्टर तथा कार्बन सम्मिश्रों के साथ दो इंजनवाला नोदक चरण, एक पेलोड उठानेवाली रि-एंट्री यान संरचना होती है जो बाहरी सतह पर बहुत उच्च तापमान सहने में, बल्कि अंदर 40 डिग्री सेल्सियस तापमान बनाए रखने में सक्षम होता है। इस प्रौद्योगिकी प्रदर्शक के कई सफल परीक्षण किए गए हैं और विभिन्न प्रणालियों तथा उप-प्रणालियों को सफलतापूर्वक विकसित एवं परीक्षित किया गया है।

निम्नलिखित प्रयोगशालाएँ मिसाइलों के क्षेत्र में महत्त्वपूर्ण कार्य कर रही हैं। कई अन्य प्रयोगशालाएँ, शैक्षिक संस्थान तथा उद्योग भी मिसाइल प्रयासों में योगदान दे रहे हैं।

डिफेंस रिसर्च एंड डेवलपमेंट लेबोरेटरी (डी.आर.डी.एल.), हैदराबाद को सन् 1962 में मिसाइल प्रणालियाँ विकसित करने के लिए एक बड़ी रणनीति के हिस्से के रूप में स्थापित किया गया, जिसे रक्षा सेवाओं के लिए आवश्यक विभिन्न मिसाइल प्रणालियों को डिजाइन, विकसित तथा उत्पादित करने का उत्तरदायित्व सौंपा गया। सन् 1962 से 1983 तक लेबोरेटरी ने मिसाइल प्रणालियों के लिए आवश्यक मूलभूत प्रौद्योगिकियों, जैसे सॉलिड व लिक्विड प्रोपल्शन, कंट्रोल, गाइडेंस तथा प्रिसिजन फेब्रिकेशन इत्यादि को सफलतापूर्वक स्थापित किया। इन प्रयासों ने जुलाई 1983 में इंटीग्रेटेड गाइडेड मिसाइल डेवलपमेंट प्रोग्राम नामक एक भव्य कार्यक्रम के आरंभ को प्रेरित किया। इस कार्यक्रम में थल सेना, जल सेना तथा वायु सेना की विशिष्ट आवश्यकताओं को पूरा करने के लिए पाँच विभिन्न प्रकार की मिसाइलों का विकास तथा उत्पादन सम्मिलित था। इतने विशाल महत्त्ववाले कार्यक्रम के लिए न केवल विभिन्न सुविधाओं की आवश्यकता थी, बल्कि कुछ क्षेत्रों, जैसे—प्रोपल्शन, एयरफ्रेम, कंपोजिट्स, इनर्शियल नेविगेशन सिस्टम, सॉफ्टवेयर, रैमजेट प्रोपल्शन सिस्टम, जो एक बहुत उच्च विशिष्ट आवेग प्राप्त करता है, कमांड गाइडेंस तथा कंट्रोल, कंपोजिट रेडोम के अलावा मोटर केसिंग तथा एयरफ्रेम

के निर्माण के लिए विभिन्न प्रौद्योगिकियों, थर्मल बैटरी तथा ऑन-बोर्ड कंप्यूटरों के क्षेत्र में तकनीकी विशेषज्ञता का विकास भी आवश्यक था।

रिसर्च सेंटर इमारत (आर.सी.आई.), हैदराबाद की स्थापना सन् 1988 में की गई। यह डी.आर.डी.एल. परिसर से बारह किलोमीटर दूर है तथा इसमें इनर्शियल नेविगेशन, एवियॉनिक्स, गाइडेंस व कंट्रोल, रिलायबिलिटी टेस्टिंग तथा इंटीग्रेशन और प्रणालियों के ऑटोमेटिक चेक आउट में विशेषज्ञता रखनेवाली विभिन्न प्रयोगशालाएँ हैं। विभिन्न कार्यशालाओं में विकसित सभी प्रणालियों व उप-प्रणालियों को आवश्यक पर्यावरणीय परीक्षणों से गुजरना पड़ता है तथा उड़ान परीक्षण से पहले इस परिसर में समन्वय तथा परीक्षण किया जाता है।

कंपोजिट प्रोडक्ट सेंटर (सी.ओ.एम.पी.आर.ओ.सी.), हैदराबाद को सन् 1991 में डी.आर.डी.एल. में सम्मिश्रों पर किए गए सफल विकास कार्य के बाद स्थापित किया गया था। सी.ओ.एम.पी.आर.ओ.सी. का लक्ष्य न केवल रक्षा क्षेत्र में प्रयोग के लिए, बल्कि नागरिक क्षेत्र में अन्य प्रयोगों के लिए सम्मिश्रों के विकास पर ध्यान देना था। अगस्त 1996 में वह कंपोजिट प्रोडक्ट डेवलपमेंट सेंटर (सी.पी.डी.सी.), हैदराबाद के नाम से एक पूर्णकालिक डी.आर.डी.ओ. प्रयोगशाला हो गया, जिसका उद्देश्य ऐरोस्पेस उद्योगों एवं नागरिक क्षेत्र की आवश्यकताओं को पूरा करना था।

इन मिसाइल प्रणालियों में निम्नलिखित प्रौद्योगिकियों का प्रयोग किया गया है—

1. **मिसाइल सिस्टम डिजाइन**—सरल 3 डी.ओ.एफ. मॉडल, नॉन लिनियरिटी को कवर करते हुए सबसे जटिल 6 डी.ओ.एफ., एयरफ्रेम लचीलापन तथा पैरामीटरों में अनिश्चितताएँ, संपूर्ण शस्त्र प्रणाली (कंप्लीट वेपन सिस्टम) की अंकीय अनुकृति, शस्त्र प्रणालियों की संकर अनुकृति, सिस्टम मॉडलिंग तथा विश्लेषणात्मक समाधान खोजना।
2. **प्रोपल्शन**—लिक्विड, सॉलिड तथा रैमजेट।
3. **गाइडेंस**—इन्फ्रारेड, लेजर, आई.आर., रेडियो कमांड, इनर्शियल, आई.आई.आर. एवं राडार होमिंग।
4. **कंट्रोल सिस्टम**—इलेक्ट्रो-न्यूमेटिक, इलेक्ट्रो-हाइड्रॉलिक, इलेक्ट्रिक एक्चुएशन, हॉट गैस एक्चुएशन।
5. **एयरफ्रेम**—स्टील, एल्युमिनियम, मैग्नीशियम, टिटेनियम अयस्क और सम्मिश्र।

6. **ऐरोडायनेमिक्स**—सबसोनिक, ट्रांसोनिक, सुपरसोनिक, हाइपरसोनिक; सैद्धांतिक, व्यावहारिक तथा सी.एफ.डी. प्रौद्योगिकियाँ।
7. **ग्राउंड सिस्टम**—लॉञ्चर्स, राडार, सी 4 सिस्टम, चेकआउट तथा सपोर्ट सिस्टम।
8. **इंस्ट्रूमेंटेशन (उपकरणों का प्रयोग)**—अपरिवर्तनशील परीक्षणों के लिए ग्राउंड इंस्ट्रूमेंटेशन तथा विभिन्न उप-प्रणालियों का गुणवत्ता परीक्षण/स्वीकृति, विभिन्न मिसाइल प्रणालियों के लिए फ्लाइट इंस्ट्रूमेंटेशन।
9. **फेब्रिकेशन (निर्माण)**—सरल संचालनों जैसे टर्निंग, मिलिंग से लेकर उन्नत प्रौद्योगिकियों जैसे—ई.डी.एम, फ्लो टर्निंग, सुपर प्लास्टिक फॉर्मिंग, वैकम ब्रेजिंग, फ्लेक्सिबल मशीनिंग, लेजर ट्रिमिंग, सी.एन.सी. वायर कटिंग, सुपर फिनिशिंग तथा सरफेस ट्रीटमेंट।
10. **सॉफ्टवेयर इंजीनियरिंग**—मिसाइल प्रणालियाँ इस सीमा तक अधिक-से-अधिक सॉफ्टवेयर इंटेंसिव होती जा रही हैं कि मिसाइलों की वर्तमान रेंज बहुत परिष्कृत है। सॉफ्टवेयर इंजीनियरिंग में सॉफ्टवेयर का विकास, ऑनबोर्ड तथा वास्तविक कार्यान्वयन, वेरिफिकेशन तथा वैलिडेशन (सत्यापन तथा वैधता), डॉक्यूमेंटेशन (दस्तावेजीकरण), लाइफ-साइकिल सपोर्ट।
11. **परीक्षण तथा मूल्यांकन**—पर्यावरणीय परीक्षण, जिसमें डायनेमिक परीक्षण, जलवायु संबंधी परीक्षण, ध्वनि संबंधी परीक्षण, मिश्रित पर्यावरणीय परीक्षण तथा ई.एम.आई./ई.एम.सी. परीक्षण सम्मिलित हैं।
12. **गुणवत्ता के प्रति आश्वस्त होना**—क्यू.ए. प्लान का विकास, ए.टी.पी., क्यू.सी. टीमों का निर्माण तथा विश्वसनीयता आकलन।

इस प्रकार यह ध्यान रखा जाता है कि विभिन्न प्रकार की मिसाइल प्रणालियों के विकास के क्रम में उपर्युक्त सभी क्षेत्रों में विकास व प्रगति हो। एक पारंपरिक विकास-चक्र में एक भरोसेमंद हार्डवेयर बनाने के लिए अधोलिखित कदम उठाए जाते हैं—

(क) सैद्धांतिक डिजाइन तैयार करना (थियोरेटिकल मॉडलिंग)

(ख) प्रारंभिक डिजाइन

(ग) परीक्षण व मूल्यांकन के लिए सुविधाएँ स्थापित करना

(घ) विस्तृत इंजीनियरिंग आरेखों का उत्पादन तथा दस्तावेजीकरण

(ङ) क्यू.ए. प्लान विकसित करना

(च) परीक्षण तथा चेकआउट सुविधा स्थापित करना

(छ) प्रारूप को साकार करना

(ज) परीक्षण करके परिणामों का विश्लेषण करना

(झ) डिजाइन में संशोधन तथा गुणवत्ता परीक्षण के लिए सीमित संख्या में उत्पादन

(ञ) जमीनी गुणवत्ता परीक्षण तथा उड़ान की तैयारी

(ट) उड़ान परीक्षण तथा उड़ान गुणवत्ता परीक्षण

(ठ) उड़ान के पश्चात् विश्लेषण पर आधारित संशोधन तथा डिजाइन को संरक्षित कर देना

(ड) अंतिम दस्तावेजीकरण तथा उत्पादन के लिए तैयार।

पोखरण परमाणु परीक्षण

11-13 मई, 1998 को पाँच परमाणु उपकरणों का परीक्षण डी.ए.ई. तथा डी.आर.डी.ओ. द्वारा किए गए मार्गदर्शक कार्यों का गौरवशाली परिणाम है।

परीक्षणों में इस्तेमाल किए गए उपकरणों को भाभा परमाणु अनुसंधान केंद्र (बी.ए.आर.सी.) द्वारा डिजाइन तथा विकसित किया गया था। बी.ए.आर.सी. भारत के परमाणु शस्त्र कार्यक्रम का मुख्य केंद्र है। इन पाँच परीक्षणों में इस्तेमाल किया गया विखंडनीय पदार्थ (फिसाइल मैटीयिरल) डी.ए.ई. द्वारा संबंधित प्रौद्योगिकियों में स्थानीय कौशल से विकसित किया गया था। विस्फोटक एवं विस्फोटक संबंधी प्रौद्योगिकियों, सिस्टम इंजीनियरिंग और इंटीग्रेशन में डी.आर.डी.ओ. के अनुभव तथा विशेषज्ञता ने इन पाँच उपकरणों के परीक्षण में महत्त्वपूर्ण भूमिका निभाई।

विभिन्न प्रकार के परमाणु विस्फोटकों, जैसे—विखंडन (फिशन), वर्धित विखंडन (बूस्टेड फिशन), तापनाभिकीय (थर्मोन्यूक्लीयर) तथा लो यील्ड का डिजाइन तथा विकास बी.ए.आर.सी. ने किया। इसके बाद विखंडनीय पदार्थों का उपयुक्त आकारों में निर्माण भी बी.ए.आर.सी. ने ही किया।

11 मई, 1998 को भारत परमाणु अस्त्र-संपन्न देशों में शामिल हो गया, जब उसने राजस्थान के पोखरण में एक साथ तीन परमाणु परीक्षण किए। 'ऑपरेशन शक्ति-1' के कूट नामवाले ये परीक्षण भारत के परमाणु ऊर्जा विभाग (डी.ए.ई.)

तथा रक्षा अनुसंधान व विकास संगठन (डी.आर.डी.ओ.) की संयुक्त परियोजना के रूप में पाँच परीक्षणों की शृंखला का भाग थे। डी.आर.डी.ओ. का कार्य प्रमाणित डिजाइन का अस्त्रीकरण करना था।

डी.आर.डी.ओ. तथा डी.ए.ई. ने सक्षमता और प्रभावशाली ढंग से एक-दूसरे का सहयोग किया तथा राष्ट्रीय मिशन में अपनी-अपनी प्रौद्योगिकीय शक्ति को समेकित किया।

ब्रह्मोस

डॉ. कलाम प्रौद्योगिकी के क्षेत्र में अन्य देशों से मदद लेने के खिलाफ नहीं थे, यदि दोनों भागीदारों की मजबूती को सम्मान देने की व्यवस्था हो। ऐसा एक अवसर आया, जब एक रूसी कंपनी एन.पी.ओ. मशीनोस्ट्रोइनिया (एन.पी.ओ.एम.) ने एक विमान-भेदी पराध्वनिक (सुपरसोनिक) क्रूज मिसाइल विकसित करने के लिए डी.आर.डी.ओ. के साथ संयुक्त रूप से कार्य करने का प्रस्ताव रखा। एन.पी.ओ.एम. के महानिदेशक शिक्षाविद् डॉ. येफ्रेमोव के साथ डॉ. कलाम के अच्छे संबंध स्थापित हो गए थे। डॉ. कलाम ने सरकार को इस प्रस्ताव को स्वीकार करने तथा संयुक्त प्रयास में निवेश करने के लिए प्रेरित किया। एक अनुसंधान संगठन के लिए संयुक्त उद्यम के अनूठे अनुभव में डी.आर.डी.ओ. (50.5 प्रतिशत) ने रूसी भागीदारी (49.5 प्रतिशत) के साथ एक भारतीय कंपनी स्थापित की। इस कंपनी की एक अन्य प्रमुख विशेषता यह है कि रूसी योगदान को रूसी ऋण के भारतीय भुगतान से पूरा किया जा रहा है। अब इस उदाहरण को भारतीय-रूसी संयुक्त उद्यमों में व्यापक रूप से अंगीकृत करने की सिफारिश की जा रही है। डॉ. कलाम तथा डॉ. येफ्रेमोव को अपनी-अपनी सरकारों को पूरी तरह विश्वास दिलाना पड़ा कि वे नए आधार तैयार करें और वित्तीय व्यवस्थाओं को स्वीकार करें। इस नवप्रवर्तक उदाहरण के बिना रूसी भागीदार परियोजना के वित्त पोषण में सफल नहीं होते। वित्त के अलावा भागीदारों के बीच प्रौद्योगिकी का भी आदान-प्रदान किया जा रहा है। मिसाइलों का निर्माण दोनों देशों में किया जाएगा। यह कंपनी इस संबंध में अच्छी प्रगति कर रही है। अब तक सफलतापूर्वक दो विकास-उड़ान किए जा चुके हैं।

ब्रह्मोस प्राइवेट लिमिटेड को फरवरी 1998 में भारत तथा रूस के बीच हस्ताक्षरित अंतर-सरकारी समझौते के अनुसार एक संयुक्त उद्यम के रूप में भारत में स्थापित किया गया। 'ब्रह्मोस' को दो महान् नदियों—भारत की ब्रह्मपुत्र तथा

रूस की 'मॉस्को' के प्रतिनिधित्ववाले दो महान् देशों के संगम के रूप में स्थापित किया गया।

भारत का डिफेंस रिसर्च एंड डेवलपमेंट ऑर्गेनाइजेशन (डी.आर.डी.ओ.) तथा रूस का संघीय राज्य एकात्मक उद्यम एन.पी.ओ. मशीनोस्ट्रोइनिया (एन.पी.ओ.एम.) कंपनी के संयुक्त उद्यम भागीदार हैं।

'ब्रह्मोस' कंपनी बहुत से भारतीय तथा रूसी संस्थानों और उद्योगों की भागीदारी से पराध्वनिक विमान-भेदी क्रूज मिसाइल प्रणालियों का डिजाइन, विकास, निर्माण तथा बिक्री के उद्देश्य से काम कर रही है।

जब ब्रह्मोस मिसाइल सन् 2003 तक नियमित उत्पादन के लिए तैयार हो जाएगी तब यह मित्र देशों को निर्यात के लिए उपलब्ध होगी। संयुक्त उद्यम ब्रह्मोस की स्थापना एकीकरण तथा विश्व बाजार में संयुक्त रूप से विकसित उच्च प्रौद्योगिकी सैन्य उत्पादों के प्रचार का एक अच्छा उदाहरण है।

पराध्वनिक क्रूज मिसाइल—'ब्रह्मोस'

'ब्रह्मोस' एक पराध्वनिक (सुपरसोनिक) क्रूज मिसाइल है, जो धरती, समुद्र, उपसागर तथा वायु आधारित विभिन्न माध्यमों से प्रक्षेपित किए जाने में सक्षम है।

मुख्य रूप से 'ब्रह्मोस' एक विमान-भेदी मिसाइल है। इसमें तट आधारित रेडियो-कंट्रास्ट लक्ष्यों को भी निशाना बनाने की क्षमता है।

यह मिसाइल ऊर्ध्वाकार या झुकी हुई अवस्था में छोड़ी जा सकती है और यह 360 डिग्री कवर करेगी।

'ब्रह्मोस' मिसाइल का व्यास लगभग सात सौ मिलीमीटर का है तथा यह लगभग नौ मीटर लंबा है। इसका वजन दो सौ किलोग्राम के मुखाग्र (वारहेड) के साथ तीन हजार किलोग्राम है; इसमें मध्य क्रम में पंद्रह किलोमीटर ऊँचाई तथा अंतिम चरण के दौरान पाँच-दस मीटर की ऊँचाई पर समुद्र की दूरी तय करने की क्षमता है।

मिसाइल की बनावट

'ब्रह्मोस' मिसाइल की रचना धरती, समुद्र तथा उपसमुद्री मंचों के लिए समान है। वायु में प्रक्षेपित किए जानेवाले रूप में प्रक्षेपण के दौरान स्थिरता के लिए अपेक्षाकृत छोटा बूस्टर तथा अतिरिक्त टेल फिन (पीछे की ओर पंख) हैं।

मिसाइल को एक कनस्तर से छोड़ा जाता है, जो भंडारण-सह-परिवहन पात्र के रूप में भी कार्य करता है।

एक्टिव-पैसिव राडार सीकर तथा वारहेड को विभिन्न रेडियो-कंट्रास्ट भूमि लक्ष्यों के लिए निर्दिष्ट किया जा सकता है। 'ब्रह्मोस' भूमि आधारित तथा विमान आधारित लक्ष्यों के एक समूह के खिलाफ विभिन्न मिसाइलों के एक साथ प्रक्षेपण की भी सुविधा प्रदान करता है।

प्रोपल्शन सिस्टम में एक सॉलिड बूस्टर तथा एक लिक्विड रैमजेट सस्टेनर होता है। मिसाइल को लक्ष्य की ओर मोड़ने के लिए आरंभिक नियंत्रण थ्रस्टरों तथा जेट वेंस द्वारा प्रभावित किया जाता है। इनर्शियल नेविगेशन सिस्टम मध्य क्रम तथा अंतिम चरण में एक सक्रिय राडार सीकर द्वारा मिसाइल को नियंत्रित करता है, जिसमें विशेष इलेक्ट्रॉनिक प्रत्युपाय (काउंटर मेजर) होते हैं।

रक्षा अनुसंधान तथा विकास संगठन (डी.आर.डी.ओ.)

डी.आर.डी.ओ. एक जटिल तंत्र है, जिसमें विमानों से लेकर कृषि विज्ञान तक की प्रौद्योगिकियों की व्यापक रेंज को समेटनेवाली पचास से अधिक प्रयोगशालाएँ हैं। प्रत्येक प्रयोगशाला प्रौद्योगिकी के विशिष्ट क्षेत्रों में विशेषज्ञता प्राप्त है, जो कभी-कभी दूसरों की पूरक होती है। डी.आर.डी.ओ. को प्रमुख वैज्ञानिकों जैसे डॉ. नाग चौधरी, डॉ. भगवंतम, डॉ. राजा रमन्ना तथा डॉ. वी.एस. अरुणाचलम, जिनके उत्तराधिकारी डॉ. कलाम थे, द्वारा नेतृत्व किए जाने का सौभाग्य प्राप्त हुआ है। अक्तूबर 1992 से रक्षा मंत्री के वैज्ञानिक सलाहकार के रूप में डॉ. कलाम को अनुसंधान व विकास में सभी प्रयोगशालाओं का मार्गदर्शन करने और फलदायी संभाव्यतावाली परियोजनाओं की प्रगति पर निगरानी रखने का संपूर्ण दायित्व प्राप्त हुआ। दिसंबर 1999 में डॉ. वी.के. आत्रे उनके उत्तराधिकारी बने।

प्रत्येक क्षेत्र की कुछ महत्त्वपूर्ण प्रौद्योगिकियों का जिक्र करना उपयुक्त होगा, ताकि डी.आर.डी.ओ. की प्रयोगशालाओं द्वारा किए जा रहे कार्य के बारे में कुछ जानकारी मिल सके। हालाँकि सभी को समेटना संभव नहीं होगा। विषयों का चुनाव बहुत आत्मनिष्ठ है; इस चुनाव से प्रौद्योगिकियों के अपेक्षाकृत महत्त्व का अर्थ नहीं निकाला जाना चाहिए। प्रत्येक विकास की रक्षा के लिए प्रणालियों के विकास की कुल योजना में महत्त्वपूर्ण भूमिका है। एक आम पाठक बहुत से तकनीकी विवरणों को अच्छी तरह नहीं समझ सकता, न ही उसकी उनमें रुचि होगी। अत: वह जिन प्रौद्योगिकियों के साथ सहजता से संबंध स्थापित कर सकता है, उन्हें ही चुना गया है। संवेदनशील या रणनीतिक क्षेत्रों से संबंधित प्रौद्योगिकियों को शामिल नहीं किया गया है।

इलेक्ट्रॉनिक्स

इलेक्ट्रॉनिक्स समूह में निम्नलिखित प्रयोगशालाएँ शामिल हैं—

1. इलेक्ट्रॉनिक एंड राडार डेवलपमेंट इस्टेब्लिशमेंट (ई.आर.डी.ई.), बंगलौर बड़ी प्रणालियाँ विकसित करनेवाली प्रयोगशाला है, जिसमें रक्षा सेवाओं के लिए राडार विकसित करने में बहुत मूल्यवान् योगदान दिए हैं। आर्मी कम्युनिकेशन नेटवर्क इसी लैब द्वारा डिजाइन तथा विकसित किया गया।

अधिकांश निगरानी प्रणालियों में राडार का इस्तेमाल किया जाता है। इसे सभी मौसमों में लंबी दूरी से भी चीजों को पहचानने के लिए इस्तेमाल किया जा सकता है।

राडार प्रणालियों के सफल विकास के लिए मूलभूत रूप से आवश्यक तथा अपनाए गए महत्त्वपूर्ण प्रौद्योगिकी क्षेत्र निम्नलिखित हैं—

राडार सिस्टम डिजाइन बहुक्रिया संचालन (मल्टी-फंक्शन ऑपरेशन), मजबूत तथा टिकाऊ संरचना और नेटेड फंक्शन की आधुनिक आवश्यकताओं से जुड़ा हुआ है।

* माइक्रोवेव एंटीना सिस्टम
* हाई पावर माइक्रोवेव ट्रांसमीटर
* फ्रंट एंड रिसीवर तथा कोहरेंट सोर्स
* डिजिटल सिग्नल प्रोसेसिंग
* डाटा प्रोसेसिंग
* हाई-टेक फेब्रिकेशन
* परिष्कृत परीक्षण / मूल्यांकन क्षमताएँ।

इन प्रौद्योगिकी क्षेत्रों को अपनाए जाने के कारण डी.आर.डी.ओ. दो महत्त्वपूर्ण राडार प्रणालियों, यानी पल्स कॉम्प्रेशन सर्विलिएंस राडार सिस्टम (INDRACPC) तथा मल्टी-फंक्शन फेज्ड एरे राडार (RAJENDRA) के सफल विकास में सक्षम होकर देश के प्रति महत्त्वपूर्ण योगदान कर पाया है। हलके लड़ाकू विमानों (लाइट कॉमबैट एयरक्राफ्ट) के लिए आवश्यक विशिष्ट राडार प्रणालियों में भी विकास प्रगति पर है।

2. डिफेंस इलेक्ट्रॉनिक रिसर्च लेबोरेटरी (डी.ई.आर.एल.), हैदराबाद इलेक्ट्रॉनिक युद्धनीति के विशेष संदर्भ में वाइडबैंड माइक्रोवेव प्रौद्योगिकियों के क्षेत्र में काम करता है। इस लैब ने तीनों रक्षा सेवाओं के लिए कई विशिष्ट उत्पाद विकसित किए हैं।

इस क्षेत्र में प्रौद्योगिकी पर नजदीकी अंतरराष्ट्रीय निगाह रखी जाती है। मल्टी-ऑक्टेव फ्रीक्वेंसी के साथ माइक्रोवेव घटक, ऊर्जा उत्पादन, आवर्धन, स्विचिंग, सीमित करना, हलका करना, संशोधित करना, फ्रीक्वेंसी परिवर्तन, जासूसी आदि कार्य कर सकते हैं। कई मध्यवर्ती प्रौद्योगिकियाँ इस विशेषज्ञता का हिस्सा हैं।

ब्रॉडबैंड माइक्रोवेव घटकों के विकास में परिष्कृत तकनीकों, जैसे—कंप्यूटर निर्मित डिजाइन, आर्टवर्क, फोटोलिथोग्राफी, मेटलाइज्ड सिरेमिक सबस्ट्रेट पर सर्किट फेब्रिकेशन, कंपोनेंट असेंबली, चिप बॉण्डिंग तथा अति स्वच्छ वातावरण में वायर बॉण्डिंग का प्रयोग किया जाता है। विशिष्ट मानकों के अनुसार माइक्रोवेव प्रदर्शन का परीक्षण तथा मूल्यांकन भी एक विशेषीकृत कौशल है।

डी.आर.डी.ओ. ने ब्रॉडबैंड एंटीना के क्षेत्र में एक प्रमुख सफलता प्राप्त कर ली है। इस प्रौद्योगिकी में एच.एफ./वी.एच.एफ./यू.एच.एफ. से लेकर माइक्रोवेव तथा मिलीमीटरिंग वेव तक फ्रीक्वेंसी स्पेक्ट्रम सम्मिलित है।

3. इंस्ट्रूमेंट्स रिसर्च एंड डेवलपमेंट इस्टेब्लिशमेंट (आई.आर.डी.ई.), देहरादून ऑप्टिकल, इलेक्ट्रो-ऑप्टिकल तथा ऑप्ट्रॉनिक इंस्ट्रूमेंटेशन के क्षेत्र में विशेषज्ञता प्राप्त है। लैब द्वारा विकसित उत्पादों को बड़ी संख्या में रक्षा सेवाओं में शामिल किया गया है। इनमें नाइट विजन (रात को देखने में सहायक) उपकरण तथा थर्मल साइट (ताप दृष्टि) विशेष रूप से उल्लेखनीय हैं।

4. सॉलिड स्टेट फिजिकल लेबोरेटरी (एस.एस.पी.एल.), दिल्ली आधुनिक इलेक्ट्रॉनिक सामग्री के विकास के लिए उपयोगी विभिन्न सामग्रियों तथा उपकरणों के लिए अनुसंधान व विकास का आधार प्रदान करती है। हाल ही में इस लैब ने गैलियम आर्सेनाइड चिप्स के उत्पादन के लिए अपने द्वारा विकसित प्रौद्योगिकी पर आधारित एक कारखाना गैलियम आर्सेनाइड इनेबलिंग टेक्नोलॉजी सेंटर (जी.ए.ई.टी.ई.सी.) स्थापित किया।

5. डिफेंस इलेक्ट्रॉनिक एप्लीकेशंस लेबोरेटरी (डील), देहरादून मुख्य रूप से उपग्रह संचार, मिलीमीटर वेव प्रणालियों, उन्नत डाटा लिंक तथा इमेज प्रोसेसिंग के क्षेत्र में काम करता है। रक्षा सेवाएँ लैब द्वारा प्रदान की जा रही उपग्रह संचार (सेटेलाइट कम्युनिकेशन) सुविधाओं पर काफी निर्भर करती हैं। लैब ने अंटार्कटिका में स्थित स्टेशन से संचार संपर्क स्थापित किया। कुछ समय पूर्व जमीनी स्टेशन तथा दूरस्थ पायलट-युक्त यान के बीच दृढ़ संपर्क स्थापित करने के क्षेत्र में विकास किया गया है।

6. डिफेंस साइंस सेंटर (डी.एस.सी.), दिल्ली मुख्यतः लेजर प्रौद्योगिकियों

पर कार्य करता है। लैब के मुख्य फोकस पर बल देने के लिए उसे लेजटेक (LASTEC) का नाम दिया गया। हाल में इसने गति पकड़ी और तब से काफी प्रगति हो चुकी है।

7. एडवांस्ड न्यूमेरिकल रिसर्च एंड एनालिसिस ग्रुप (ANURAG) वेरी लार्ज स्केल इंटीग्रेशन (वी.एल.एस.आई.) डिजाइन बनाने में व्यस्त है। इस लैब ने पेस (PACE) नामक एक पैरालल प्रोसेसर विकसित करने में सफलता प्राप्त की, जब अमेरिका ने विभिन्न प्रौद्योगिकी अस्वीकृति पद्धतियों के तहत भारत को ऐसे हाई-स्पीड कंप्यूटर देने से इनकार कर दिया।

डी.आर.डी.ओ. को 'अग्नि' तथा अन्य प्रणालियों के लिए तीव्र गति में गणना करने की आवश्यकता थी। जब उसने मौसम विज्ञान विभाग में लगे क्रे (CRAY) सुपर कंप्यूटर को इस्तेमाल करना चाहा तो उन्होंने इसकी अनुमति देने से इनकार कर दिया, क्योंकि वे अमेरिका द्वारा एंड यूज (प्रयोग समाप्त करने संबंधी) प्रतिबंधों से बँधे थे। उन्हें यह कंप्यूटर अमेरिका ने दिया था। डॉ. अरुणाचलम तथा डॉ. कलाम अमेरिका गए और पेंटागन में जाकर डी.आर.डी.ओ. के लिए एक सुपर कंप्यूटर की आपूर्ति की माँग की। पेंटागन ने इस माँग को अस्वीकार कर दिया तथा मौसम विज्ञान कंप्यूटर के इस्तेमाल की अनुमति भी नहीं दी। इससे दोनों वैज्ञानिक मायूस हुए और फिर भारत में सुपर कंप्यूटर विकसित करने का निर्णय किया। परमाणु ऊर्जा विभाग में काम कर रहे डॉ. वेंकटरमण भी 'ANURAG' को आरंभ करने के लिए डी.आर.डी.ओ. में शामिल हो गए। तीस माह यानी ढाई वर्ष के अंदर एक सुपर कंप्यूटर विकसित करने की योजना थी। इसका सुखद परिणाम था 'पेस' कंप्यूटर।

पैरालल प्रोसेसर के विकास को 'पेस' (PACE) नाम दिया गया। यह 'प्रोसेसर फॉर ऐरोडायनमिक कंप्यूटेशंस एंड इवेल्यूएशन' का संक्षिप्त रूप है। 'पेस' की संरचना समूहों की श्रेणीबद्धता पर आधारित है। हालाँकि 'पेस' को मूल रूप से एयरक्राफ्ट डिजाइन के लिए कंप्यूटेशनल फ्लूड डायनेमिक्स (सी.एफ.डी.) में इस्तेमाल के लिए तैयार किया गया था; परंतु इस मशीन को कई अन्य इस्तेमालों में भी लाया गया है, जिनमें शामिल हैं—

I. सी.एफ.डी. कोड्स
II. फिनिट-एलीमेंट एनालिसिस
III. न्यूट्रल नेटवर्क
IV. सिग्नल प्रोसेसिंग

V. फास्ट फोरियर ट्रांसफॉर्म

VI. रोबोटिक्स के लिए विजन एलगोरिथम (परिकलन-प्रक्रिया)

VII. मेडिकल इमेजिंग।

'पेस' की संरचना स्वतंत्र है। उसे किसी माइक्रो प्रोसेसर के आस-पास संरचित किया जा सकता है। वर्तमान में स्पार्क-वी (SPARC) तथा हाइपर स्पार्क प्रोसेसर पर आधारित 'पेस' के रूप वाणिज्यिक रूप से उपलब्ध हैं। प्रोसेसिंग पावर तथा प्रयोगकर्ता को उपलब्ध मेमोरी के संदर्भ में इसकी संरचना परिवर्तनीय है। 'पेस' को 2 से 128 नोड मॉडलों में बनाया जा सकता है। प्रत्येक श्रेणी में उपलब्ध मेमोरी 8 से लेकर 256 एम.बी. की है। वर्तमान मशीन हाइपर स्पार्क प्रोसेसर पर आधारित 128 नोड मॉडल है।

8. सेंटर फॉर एयरबोर्न सिस्टम्स (सी.ए.बी.एस.), बंगलौर राडार तथा निगरानी के लिए एक विमानवाहित प्लेटफॉर्म विकसित करने के लिए कार्य कर रहा था।

9. सेंटर फॉर आर्टिफिशियल इंटेलिजेंस एंड रोबोटिक्स (सी.ए.आई.आर.) को रक्षा उद्देश्यों के लिए इन अपेक्षाकृत नए क्षेत्रों को नियंत्रित करने के लिए स्थापित किया गया था।

10. डिफेंस बायो-इंजीनियरिंग एंड इलेक्ट्रो-मेडिकल लेबोरेटरी (डी.ई.बी.ई.एल.), बंगलौर बायो-मेडिकल क्षेत्र में इलेक्ट्रॉनिक प्रयोग को विस्तृत करने की दिशा में काम कर रही है।

11. माइक्रोवेव ट्यूब रिसर्च एंड डेवलपमेंट लेबोरेटरी (एम.टी.आर.डी.सी.)। यह प्रयोगशाला माइक्रोवेव ट्यूबों के विकास पर काम कर रही है तथा इसने हाल ही में विमानवाहित इस्तेमाल के लिए दो किलोवाट की एक ट्यूब का सफल विकास एवं परीक्षण किया है। इसके साथ ही भारत उन कुछ देशों के समूह में शामिल हो गया है, जो माइक्रोवेव ट्यूब बनाते हैं।

एरोनॉटिक्स

डी.आर.डी.ओ. ने पिछले पचास वर्षों में वैमानिकी (एरोनॉटिक्स) के क्षेत्र में उल्लेखनीय प्रगति की है। वैमानिकी प्रयोगशालाओं का समूह डी.आर.डी.ओ. के बजट में सबसे बड़ा हिस्सा रखता है। अन्य परियोजनाओं के साथ हलके लड़ाकू विमान (SCA) के लिए जेट इंजन परियोजना, पायलट--विहीन परीक्षण विमान (लक्ष्य) तथा दूरस्थ पायलट-युक्त यान (निशांत) जैसे कई कार्यक्रमों पर कार्य चल रहा है।

1. एरोनॉटिकल डेवलपमेंट एजेंसी (ए.डी.ए.) ऐसी संस्था है, जिसे हलके लड़ाकू विमान विकसित करने का कार्य सौंपा गया है। उनके मुख्य कार्य हैं डिजाइन, विकास तथा परियोजना प्रबंधन। वह सभी कार्यशालाओं में एल.सी.ए. से संबंधित सभी गतिविधियों को समन्वित तथा नियंत्रित करता है। एल.सी.ए. एक हलके वजनवाला, कई भूमिकाओं वाला एयरक्राफ्ट है। इसमें कई अत्याधुनिक विशेषताएँ हैं, जैसे—रिलैक्स्ड स्टेटिक स्टेबलिटी तथा हाई लिफ्ट सर्विस, फ्लाई-बाई-वायर फ्लाइट कंट्रोल, नीचा संरचनात्मक वजन तथा प्राथमिक संरचनात्मक घटकों में सम्मिश्रों का प्रयोग, इंटीग्रेटेड डिजिटल एवियोनिक्स, उन्नत प्रोपल्शन सिस्टम, मल्टी मोड राडार। इसके अलावा, इसमें एक उच्च क्षमतावाले ग्लास कॉकपिट एवं पायलट यान इंटरफेस की सुविधाएँ हैं। उपयुक्त लागत, समर्थनीयता (एफोर्डेबिलिटी), डिजाइन तथा प्रौद्योगिकी चुनावों को प्रभावित करनेवाले बहुत महत्त्वपूर्ण तत्त्व हैं। जनवरी 2001 में हलके लड़ाकू विमान का सफलतापूर्वक उड़ान परीक्षण किया गया। दो एयरक्राफ्टों के साथ उड़ान परीक्षण प्रगति में हैं।

एल.सी.ए. कार्यक्रम प्रबंधन कार्यों के अतिरिक्त ए.डी.ए. चयनित क्षेत्रों में विकास गतिविधि के लिए तकनीकी सहयोग भी प्रदान करता है। इसमें सिस्टम एनालिसिस, सिग्नेचर तथा सरवाइवबिलिटी स्टडीज, कंप्यूटेशनल फ्लूड डायनेमिक्स, सी.ए.सी./सी.ए.एम., कंपोजिट डिजाइन, एवियॉनिक्स, कॉकपिट इवेल्यूशन तथा स्वतंत्र सत्यापन और सॉफ्टवेयर का वैधीकरण सम्मिलित है।

2. एरोनॉटिकल डेवलपमेंट इस्टेब्लिशमेंट (ए.डी.ई.) मानव-विहीन वायुयानों, विमान अनुकृति, हलके लड़ाकू विमान प्रणालियों तथा उड़ान अनुसंधान व विकास पर कार्य कर रहे हैं। 'लक्ष्य' व 'निशांत' बड़े सफल विकास प्रयास हैं। एवियॉनिक्स क्षेत्र में एल.सी.ए. परियोजना को समर्थन इस लैब के लिए एक अन्य महत्त्वपूर्ण आवश्यक क्षेत्र है। वर्तमान ए.डी.ई. गतिविधियों में निम्नलिखित शामिल हैं—

* एक उचित लागतवाले तथा पुनर्प्रयोगवाले हवाई लक्ष्य के रूप में एक पायलट-विहीन 'लक्ष्य' विमान का विकास। 'लक्ष्य' नामक यह प्रणाली एच.ए.एल. के साथ भागीदारी में निर्मित की जा रही है।
* युद्धक्षेत्र निगरानी तथा गहन सर्वेक्षण 'यू.ए.वी. निशांत' का विकास। कई अन्य डी.आर.डी.ओ. प्रयोगशालाएँ विकास कार्यक्रम में सहयोग करती हैं, जबकि ए.डी.ई. प्रमुख प्रयोगशाला के रूप में कार्य करता है।
* फ्लाइट तथा एयर कॉमबैट मिशन सिमुलेटर्स का विकास तथा पायलट-इन-द-लूप सिमुलेशन द्वारा एल.सी.ए. फ्लाइट कंट्रोल नियमों को समर्थन।

* एल.सी.ए. के डिजिटल फ्लाई-बाई-वायर फ्लाइट कंट्रोल सिस्टम का विकास। एच.ए.एल., ए.डी.ए., अन्य टीमों तथा उद्योग की भागीदारी से ए.डी.ई. इस प्रयास में मुख्य भूमिका अदा कर रहा है। उल्लेखनीय पहलू यह था कि पोखरण परीक्षणों के बाद अमेरिका द्वारा सहयोग वापस ले लिये जाने के बाद भी लैब ने अपने प्रयासों को जारी रखा और उसमें सफल हुआ।
* एच.यू.डी., एम.एफ.डी. तथा डिसप्ले प्रोसेसर के साथ एल.सी.ए. के प्राइमरी कॉकपिट डिसप्ले सुईट का विकास।
* एल.सी.ए. के लिए एवियॉनिक्स इंटीग्रेशन, जिसमें डायनमिक एवियॉनिक्स इंटीग्रेशन रिग फैसिलिटी का विकास शामिल है।
* चयनित क्षेत्रों, जैसे--पायलट स्टेशनों में डायरेक्ट वॉयस इनपुट (डी.वी.आई.), मानव-विहीन हवाई यानों (यू.ए.वी.) के लिए इमेज प्रोसेसिंग तकनीक तथा संरचनात्मक डायनमिक्स (गति विज्ञान) में प्रायोगिक अनुसंधान।

3. एरल डिलीवरी रिसर्च एंड डेवलपमेंट इस्टेब्लिशमेंट (ए.डी.आर.डी.ई.) पैराशूटों तथा संबंधित हवाई प्रणालियों के डिजाइन तथा विकास में शामिल है।

4. एडवांस्ड सिस्टम्स इंटीग्रेशन एंड इवेल्यूशन ऑर्गेनाइजेशन (ए.एस.आई.ई.ओ.) को एवियॉनिक्स सिस्टम डेवलपमेंट तथा फ्लाइटर एयरक्राफ्टों के इंटीग्रेशन में विशेषज्ञता हासिल है। विमान-वाहित इलेक्ट्रॉनिक युद्ध के क्षेत्र में इसने प्रशंसनीय प्रगति की है। इस लैब ने एल.सी.ए. के लिए मिशन कंप्यूटर भी विकसित किया है।

5. सेंटर फॉर एरोनॉटिकल सिस्टम्स स्टडीज एंड एनालिसिस (सी.ए.एस.एस.ए.) ने निर्णय लेने में विकल्प तथा चयनाधिकार प्रदान करने के लिए सिस्टम एनालिसिस की क्षमताएँ विकसित की हैं।

6. सेंटर फॉर मिलिटरी एयरवर्दीनेस एंड सर्टिफिकेशन (सी.ई.एम.आई.एल.ए.सी.) एयरक्राफ्ट तथा उसके प्रणालियों के लिए क्वालिफिकेशन/टाइप सर्टिफिकेशन स्टैंडर्डों का विकास करता है। इस लैब द्वारा स्वीकृति हासिल किए बिना किसी भी प्रणाली को एक लड़ाकू विमान में नहीं लगाया जा सकता। इसकी एक बड़ी उपलब्धि डिजिटल फ्लाई बाई वायर क्षमता के साथ उड़ान के लिए एल.सी.ए. का क्लीयरेंस थी।

7. गैस टरबाइन रिसर्च इस्टेब्लिशमेंट (जी.टी.आर.ई.) को एयरक्राफ्ट इंजनों

से संबंधित अनुसंधान, डिजाइन तथा विकास गतिविधियों के लिए स्थापित किया गया था। इसका वर्तमान बड़ा कार्यक्रम है 'कावेरी' (KAVERI) का विकास, जो एल.सी.ए. को शक्ति देगा। इस इंजन के प्रारूप परीक्षण के लिए मूल्यांकन के दौर से गुजर रहे हैं। केंद्रीय इंजन, काबिनी (KABINI) के प्रदर्शन का पहले ही सफलतापूर्वक मूल्यांकन किया जा चुका है।

जी.टी.आर.ई. ने युद्ध टैंकों के प्रोपल्शन सिस्टम में इस्तेमाल के लिए उच्च क्षमतावाला हाई बूस्ट टर्बो चार्जर भी विकसित किया है। जी.टी.आर.ई. की विविध गतिविधियों में मेरिनाइजेशन, पावर जेनरेशन तथा 'कावेरी' इंजन कार्यक्रम के अन्य संबद्ध स्पिन-ऑफ एप्लिकेशन शामिल हैं। जी.टी.आर.ई. के प्रौद्योगिकी पोर्टफोलियो में टर्बो मशीनरी डिजाइन, एयर ब्लास्ट एटॉमाइजेशन, फुल अथॉरिटी डिजिटल इंजन कंट्रोल (एफ.ए.डी.ई.सी.) सिस्टम, हार्डवेयर-इन-लूप इंजन सिमुलेशन, वाटर एनेलॉगी के द्वारा फ्लो विसुअलाइजेशन, आंतरिक सी.एफ.डी. एनालिसिस, एक्सपेरिमेंटल स्ट्रेस एस्टिमेशन पर आधारित डिजिटल इमेज एनालिसिस, इंजन डाटा एक्विजिशन तथा उन्नत निर्माण तकनीक सम्मिलित हैं।

8. उपर्युक्त उल्लिखित संस्थानों के अतिरिक्त डी.आर.डी.ओ. का एरोनॉटिक्स रिसर्च एंड डेवलपमेंट बोर्ड (ए.आर. एंड डी.बी.) विभिन्न वैज्ञानिक संस्थानों में वैमानिकी अनुसंधान को भी प्रायोजित करता है। इस बोर्ड की स्थापना फरवरी 1971 में की गई थी। रक्षा मंत्री के वैज्ञानिक सलाहकार को इसका अध्यक्ष बनाया गया तथा अनुसंधान व विकास प्रयोगशालाओं, शैक्षिक संस्थानों, उद्योग व रक्षा सेवाओं से इसके सदस्य चुने गए। ए.आर. एंड डी.बी. का लक्ष्य तथा उद्देश्य देश में वैमानिकी के विकास के लिए रणनीतियाँ विकसित करना तथा विभिन्न क्षेत्रों में वैमानिकी से संबंधित शोध गतिविधियों को प्रोत्साहित करना था। ए.आर. एंड डी.बी. वायुगतिकी (एरोडायनमिक्स), संरचनाओं, प्रोपल्शन, सामग्रियों, वायुयान प्रणालियों, संचालन समस्याओं तथा उड़ने में सक्षमता, मानविकी इंजीनियरिंग, ऐरोस्पेस इन्फॉरमेशन तथा मानव-शक्ति विकास में विशेषज्ञ पैनलों के द्वारा अपनी गतिविधियों को व्यवस्थित करता है। ए.आर. एंड डी.बी. ने पचास करोड़ से अधिक बजट सहयोग के साथ विभिन्न संस्थानों में आठ सौ पचास से अधिक परियोजनाओं को प्रायोजित किया है। इसमें निर्मित उल्लेखनीय सुविधाएँ हैं—ट्राइसोनिक तथा हाइपरसोनिक विंड टनल फैसिलिटी, पूर्ण-स्तरीय वाइब्रेशन/फेटिंग टेस्ट फैसिलिटी, ध्वनि संबंधी उत्सर्जन परीक्षण सुविधा, कंप्यूटर नियंत्रित ऑटोक्लेव, सी.एफ.डी. सेंटर ऑफ एक्सीलेंस इत्यादि। प्रोपल्शन के क्षेत्र में कंपोनेंट डेवलपमेंट

के लिए परीक्षण सुविधाओं तथा ए.आर. एंड डी.बी. के सहयोग से स्थापित कैसकेड टेस्ट फैसिलिटी को 'कावेरी' इंजन कार्यक्रम में इस्तेमाल किया गया है। ए.आर. एंड डी.बी. ने पक्षी-संकटों पर अध्ययन में सहयोग दिया; संख्यात्मक मौसम पूर्वानुमान तथा मानविकी इंजीनियरिंग ने उपभोक्ता सेवाओं में सहयोग किया है।

डॉ. कलाम ने संबंधित क्षेत्रों में अन्वेषणात्मक अग्रगामी अनुसंधान के लिए ए.आर. एंड डी.बी. की तर्ज पर नेवल रिसर्च बोर्ड, लाइफ साइंसेज रिसर्च बोर्ड तथा आर्मामेंट रिसर्च बोर्ड का गठन किया।

शस्त्र-सज्जा

पारंपरिक शस्त्र-सज्जा का लंबा इतिहास है; परंतु उन्नत इलेक्ट्रॉनिक्स, सेंसर्स, कंप्यूटरों तथा अन्य नई प्रौद्योगिकियों के आविष्कार के साथ शस्त्रीकरण प्रौद्योगिकी ने नए तथा स्मार्ट शस्त्रों के संबंध में बहु-आयामी भूमिका प्राप्त कर ली है। इस संदर्भ में, शस्त्रों के विकास में, चार प्रयोगशालाएँ महत्त्वपूर्ण योगदान कर रही हैं। ये चार प्रयोगशालाएँ हैं—आर्मामेंट रिसर्च एंड डेवलपमेंट इस्टेब्लिशमेंट (ए.आर.डी.ई.), पुणे; हाई एनर्जी मैटीरियल्स रिसर्च लेबोरेटरी (एच.ई.एम.आर.एल.), पुणे; टर्मिनल बैलिस्टिक्स रिसर्च लेबोरेटरी (टी.बी.आर.एल.), चंडीगढ़ तथा प्रूफ एंड एक्सपेरीमेंटल इस्टेब्लिशमेंट (पी.ई.ई.), चाँदीपुर। विस्तृत रूप से एच.ई.एम.आर.एल. मुख्यत: हाई एनर्जी सामग्रियों को विकसित तथा उत्पादित करता है, जबकि ए.आर.डी.ई. इन हाई एनर्जी सामग्रियों का इस्तेमाल करके प्रणालियों को डिजाइन एवं विकसित करता है। कोई भी शस्त्र या हथियार किसी उपभोक्ता के पास तब तक नहीं जा सकता जब तक कि उपभोक्ता एजेंसियों द्वारा पूर्णरूप से उसे परीक्षित या स्वीकृत न किया गया हो। टी.बी.आर.एल. तथा पी.ई.ई. अपने स्वतंत्र विकासों के अलावा इस दिशा में भी अहम भूमिका रखते हैं।

1. पुणे स्थित हाई एनर्जी मैटीरियल्स रिसर्च लेबोरेटरी (एच.ई.एम.आर.एल.) का इतिहास वर्ष 1908 से आरंभ होता है, जब वह नैनीताल में रासायनिक जाँचकर्ता के ऑफिस के रूप में आरंभ किया गया था। धीरे-धीरे वह अपने कर्तव्यों, उत्तरदायित्वों तथा स्थितियों के संदर्भ में आमूल परिवर्तन के दौर से गुजरा और अंत में सन् 1963 में एक पूर्ण स्तरीय प्रयोगशाला के रूप में उभरा, जो अनन्य रूप से हाई एनर्जी मैटीरियलों के क्षेत्र में शोध एवं विकास को समर्पित था। यह देश में अपनी तरह की एकमात्र प्रयोगशाला है, जो बंदूक, रॉकेट तथा मिसाइल से लेकर उच्च क्षमतावान् विस्फोटकों के लिए हाई एनर्जी सॉलिड प्रोपेलेंटों के संपूर्ण क्षेत्र

तथा इलुमिनेटिंग कंपोजिशंस, डिलेज, ट्रेसर्स, आई.आर.फ्लेयर, स्मोक, इनसेंडियरी इत्यादि के क्षेत्र में कार्य करती है। इस कार्य की विशेषीकृत प्रकृति व कार्य की संवेदनशीलता के संदर्भ में एच.ई.एम.आर.एल. को उत्पादन इकाइयों को प्रौद्योगिकी के हस्तांतरण से पहले अपने पायलट प्लांटों को डिजाइन करना है।

इंस्टेंट जेल, बेसिक लीड एजाइड, कंबस्टिबल कार्ट्रिरिज केस, टीयर गैस, एडिटिव लाइनर इत्यादि बहुत सी प्रौद्योगिकियों को विकसित किया गया है तथा सरकारी व औद्योगिक—दोनों उत्पादन एजेंसियों को हस्तांतरित किया गया है।

एच.ई.एम.आर.एल. की सबसे बड़ी उपलब्धियाँ जिन क्षेत्रों में रही हैं, वे हैं प्रणाली परियोजनाओं, प्रौद्योगिकियों तथा संबद्ध विस्फोटक/रासायनिक विकास, जैसे चार्ज लाइन माइन क्लीयरिंग वेहिकल, फ्यूल एयर एक्सप्लोसिव (एफ.ए.ई.), एक्सप्लोसिव रिएक्टिव आर्मर (ई.आर.ए.), ऑक्सीज़न रिजेनरेटिंग कंपोजिशन, इन्फ्रा-रेड फ्लेयर तथा ग्रेनेड को प्रदर्शित और प्रमाणित किया गया है। बीटा-एच.एम.एक्स. के उत्पादन के लिए प्रौद्योगिकी भी स्थापित की गई है। वर्तमान में एच.ई.एम.आर.एल. देश की एकमात्र प्रयोगशाला है, जिसे हाई एनर्ज़ी मैटीरियल्स के उत्पादन के क्षेत्र में विशेषज्ञता प्राप्त है।

2. सन् 1958 में स्थापित ए.आर.डी.ई. ने शस्त्र कारखाना, किर्की के परिसर के साथ एक प्रारंभिक संस्थान के रूप में अपना कार्य आरंभ किया तथा कर्मियों को जबलपुर स्थित भूतपूर्व तकनीकी विकास प्रतिष्ठान (शस्त्र) और किर्की के तकनीकी विकास प्रतिष्ठान से लिया गया। सन् 1966 में ए.आर.डी.ई. पुणे शहर के बाहरी सिरे पर स्थित पशान के अपने वर्तमान अवस्थिति पर चला गया।

सेना ए.आर.डी.ई. द्वारा विकसित किए गए स्टोरों को बड़ी संख्या में इस्तेमाल में ला रही है। पुराने उपयोगी 7.62 एस.एल.आर., 75/24 पैक हॉविट्जर, 105 एम.एम. आई.एफ.जी., मेकेनिकल फ्यूज तथा 5.56 एम.एम. इनसास (आई.एन.एस.ए.एस.) से लगभग छह सौ स्टोर विकसित किए गए। आई.जी.एम.डी.पी. कार्यक्रम के तहत मिसाइलों के लिए विभिन्न प्रकार के मुखाग्र बनाए गए। हाल ही में रक्षा सेवा में शामिल किया गया 'एम.बी.टी. अर्जुन' के लिए शस्त्र-निर्माण इसकी एक उल्लेखनीय उपलब्धि है। अन्य बड़ी उपलब्धियों में विभिन्न कैलिबरों में एफ.एस.ए.पी.डी.एस. एम्युनिशन, 122 एम.एम. रॉकेट, विभिन्न प्रकार के गोला-बारूद जैसे एच.ई., हीट (एच.ई.ए.डी.) इत्यादि। इन हार्डवेयरों के अलावा, नागरिक क्षेत्र की आवश्यकताओं को पूरा करने के लिए उन्नत सामग्री, जैसे पी.जेड.टी. का भी विकास एवं उत्पादन किया गया।

3. टेक्निकल बैलिस्टिक्स रिसर्च लेबोरेटरी (टी.बी.आर.एल.), चंडीगढ़ को सन् 1961 में स्थापित किया गया था, जिसका लक्ष्य डेटोनिक्स, एनर्जेटिक मैटीरियल्स, ब्लास्ट/डैमेज, इम्युनिटी/लिथेलिटी, शस्त्र-सज्जा डिजाइन/डेवलपमेंट और नए शस्त्र-सज्जा स्टोरों के प्रदर्शन एवं मूल्यांकन में मौलिक तथा प्रायोगिक अनुसंधान कार्य के लिए सुविधा प्रदान करना है। प्रयोगशाला के पास अपना पर्याप्त विशाल फायरिंग रेंज है, जो रामगढ़ में दो हजार हेक्टेयर क्षेत्र में फैला हुआ है। टर्मिनल बैलिस्टिक्स के बारे में विश्वसनीय तथा सही-सही आँकड़े प्राप्त करने के लिए वह परिष्कृत उपकरणों/तकनीकों से लैस है। पृथ्वी के मुखाग्र, अग्नि, एल.सी.ए., सीताफल (SITAFAL), क्लस्टर बम इत्यादि का सफल परीक्षण किया गया। कई अन्य सुविधाओं का भी स्वतंत्र रूप से विकास किया गया है।

पारंपरिक फायरिंग रेंज (121.5 हेक्टेयर) की तुलना में केवल दो हेक्टेयर के क्षेत्र की आवश्यकतावाले बेफल रेंज का डिजाइन भी सेना द्वारा स्वीकार कर लिया गया है।

बुंद ब्लास्टिंग डिवाइस, जनरल परपज (सामान्य प्रयोग) एंटी पर्सनल ग्रेनेड, रॉयट कंट्रोल नॉन-लीथल (दंगा नियंत्रक गैर घातक) बुलेटों को सफलतापूर्वक विकसित किया गया है। इसके अलावा विस्फोट विज्ञान (डेट्रोनिक्स) के अध्ययन, शॉक डायनेमिक्स, अंडरवाटर शॉक प्रेशर तथा ब्लास्ट डैमेज को विकसित किया गया है। ये शस्त्रों के परीक्षण तथा विकास में योगदान दे रहे हैं।

अंग्रेजों ने पहली परीक्षण फायरिंग के बाद सन् 1893 में चाँदीपुर में प्रूफ एंड एक्सपेरीमेंटल इस्टेब्लिशमेंट (पी.ई.ई.) स्थापित किया। यदि कैप्टन मोहन को उद्धृत करें तो 'चाँदीपुर ने चाहने के लिए कुछ नहीं छोड़ा'। दक्षिण-पश्चिम की ओर तट अर्द्धचंद्राकार है, जो सुरक्षा के कारणों से लंबी दूरी के शस्त्रों को समुद्र में दागने के लिए सबसे आदर्श सुविधाएँ प्रदान करता है। तट के निकट समुद्र बहुत उथला है तथा कम वेगवाले ज्वार-भाटा के दौरान तीन से चार किलोमीटर घट जाता है, जिससे अविकृत कठोर बालू के ढेर का विस्तृत क्षेत्र बच जाता है, जिस पर युद्धक टैंक भी आसानी से चल सकते हैं। सभी रेंज ऑपरेशन कम वेगवाले ज्वार-भाटा के दौरान तट पर कार्यान्वित किए जाते हैं।

यह रक्षा सेवाओं के लिए शस्त्र भंडार के परीक्षण-मूल्यांकन तथा जाँच के लिए आदर्श परीक्षण क्षेत्र है। इसके पास तोपखाना तथा नौसेना बंदूकों व गोला-बारूद की जाँच की भी रेंज है। यहाँ नई विकसित और आयात के लिए विचाराधीन बंदूकों तथा गोला-बारूद की मूल्यांकन फायरिंग की जाती है।

4. पी.ई.ई. ने बंदूकों, प्रक्षेपास्त्रों की जाँच के लिए विभिन्न प्रकार की प्रणालियाँ तथा आंतरिक व बाह्य बैलिस्टिक पैरामीटरों को मापने के लिए प्रणालियाँ विकसित की हैं। विभिन्न जलवायु स्थितियों में किसी हथियार के प्रदर्शन का पूर्वानुमान लगाने में मौसम विज्ञान संबंधी जानकारी एक महत्त्वपूर्ण भूमिका अदा करती है। गोला-बारूद तथा विस्फोटकों का भंडारण, परिवहन और प्रबंध तथा रेंजों में सुरक्षा इस प्रयोगशाला की विशेषज्ञता के अन्य अत्यंत विशिष्ट क्षेत्र हैं। ये चार प्रयोगशालाएँ एक-दूसरे के साथ नजदीकी सहयोग से कार्य कर रही हैं।

यह गर्व का विषय है कि युद्ध-सामग्री बनानेवाले कारखानों के उत्पादन का लगभग सत्तर प्रतिशत शस्त्रीकरण प्रयोगशालाओं द्वारा विकसित स्टोरों से आता है तथा लगभग चार हजार करोड़ रुपए से अधिक के बराबर होता है। वास्तव में आज विकासशील शस्त्रीकरण भंडार हमारी आत्मनिर्भरता सूची को तीस प्रतिशत से सुधारकर सत्तर प्रतिशत करने के लिए हमारी आत्मनिर्भरता और प्रतिबद्धता को बढ़ावा दे सकता है।

युद्ध इंजीनियरिंग

1. शोध तथा विकास गतिविधियों में डिफेंस इंस्टीट्यूट ऑफ फायर रिसर्च की उपलब्धियाँ व लाभ काफी हैं। इसमें सबसे उल्लेखनीय वायु सेना तथा नेशनल एयरपोर्ट अथॉरिटी ऑफ इंडिया के लिए विकसित किया गया 'क्रैश फायर टेंडर'; थल सेना व वायु सेना के लिए विकसित किया गया 'ट्रक फायर फाइटिंग लार्ज' तथा 'ट्रेलर फायर पंप लार्ज'; टैंकों के लिए फायर सप्रेशन सिस्टम; रक्षा सेवाओं तथा अन्य विभिन्न अग्निशामक कारकों के लिए विभिन्न प्रकार के अग्निशामक उपकरण, जैसे—हेलॉन-1211 तथा हेलॉन-1301।

युद्धक टैंकों के लिए अग्नि तथा विस्फोट शामक प्रणाली, मुख्य युद्धक टैंक 'अर्जुन' के लिए सेकेंड के हजारवें भाग में हाइड्रोकार्बन फ्यूल फायर पहचानने तथा उसे बुझाने में समर्थता, टी-72 टैंक के लिए भी ऐसी ही प्रणाली विकसित करना विशेष रूप से उल्लेखनीय हैं। फायर इंजीनियरिंग, फायर प्रिवेंशन तथा फायर फाइटिंग में तकनीकी एवं प्रबंधकीय अध्ययन में प्रदान प्रशिक्षण के स्तर तथा परिष्करण में डी.आई.एफ.आर. अपने प्रकार का अनूठा संस्थान है। अग्नि सुरक्षा के क्षेत्र में इस संस्थान की पहचान राष्ट्रीय स्तर पर है तथा ब्यूरो ऑफ इंडियन स्टैंडर्ड की सभी अग्नि सुरक्षा समितियों में इसे प्रतिनिधित्व दिया जाता है।

2. वेहिकल रिसर्च डेवलपमेंट इस्टेब्लिशमेंट (वी.आर.डी.ई.), अहमदनगर के प्रयासों का नतीजा रक्षा सेवाओं के इस्तेमाल के लिए हजारों की संख्या में विशेषज्ञ वाहनों के उत्पादन के रूप में सामने आया है। तोपखाना, इंजीनियरों, सिग्नलों, ई.एम.ई. तथा मेडिकल यूनिटों के लिए विशेषज्ञ वाहनों के क्षेत्र में उसका योगदान विशेष रूप से उल्लेखनीय है। युद्ध संबंधी वाहनों की नवीन श्रेणियों के विकास में उल्लेखनीय प्रगति हुई है। इंटीग्रेटेड गाइडेड मिसाइल डेवलपमेंट प्रोग्राम (एकीकृत निर्देशित प्रक्षेपास्त्र विकास कार्यक्रम) के लिए जमीनी वाहनों का तीव्रता से हो रहा विकास एक अन्य महत्त्वपूर्ण उपलब्धि है। वी.आर.डी.ई. की एक अनूठी विशेषता है देश के ऑटोमोबाइल उद्योग के लिए उनका योगदान। यह वाहनों की सड़क योग्यता की प्रमाणीकरण एजेंसी के रूप में भारत सरकार द्वारा मान्यता प्राप्त एकमात्र डी.आर.डी.ओ. प्रयोगशाला है। इसके परीक्षण ट्रैक एशिया में उच्च कोटि के हैं। सक्रिय सुरक्षा, निकास उत्सर्जन, ई.एम.आई./ई.एम.सी., ध्वनि तथा फोटोमेटरी के क्षेत्र में आधुनिक सुविधाएँ अंतरराष्ट्रीय मानकों के अनुसार परीक्षण सुनिश्चित करती हैं तथा इसके परिणामस्वरूप वी.आर.डी.ई. को एक इंडो-ई.ई.सी. कार्यक्रम के लिए चुना गया। इसे ऑटोमोबाइल परीक्षण के लिए राष्ट्रीय केंद्र बना दिया गया है।

3. कॉमबैट वेहिकल रिसर्च डेवलपमेंट इस्टेब्लिशमेंट (सी.वी.आर.डी.ई.), अवदी, डी.आर.डी.ओ. का एक विशाल प्रतिष्ठान है, जिसकी उपलब्धियाँ हमारे देश की सुरक्षा के लिए अत्यंत महत्त्वपूर्ण हैं। इसकी मौलिक प्रौद्योगिकीय विशेषज्ञता में अन्य चीजों के अलावा, सस्पेंशन प्रणाली, शस्त्र प्रणाली, इंजनों का विकास तथा बख्तरबंद लड़ाकू वाहनों का स्वचालित प्रेषण। प्रायोगिक क्षेत्र में भी हलके लड़ाकू वाहनों की सस्पेंशन प्रणाली, बख्तरबंद संरचनाओं का विकास, गियर बॉक्स, फ्लूड कपलिंग, टॉर्क कन्वर्टर, वाहनों का डिजाइन, निर्माण तथा ऑटोमोटिव प्रदर्शन के मूल्यांकन, इंजन के लिए कंट्रोल लॉजिक्स, संप्रेषण आदि में विशेषज्ञता प्राप्त है। सी.वी.आर.डी.ई. ने एम.बी.टी. 'अर्जुन' के लिए विभिन्न प्रणालियों से संबंधित विशेष प्रौद्योगिकीय योग्यता विकसित की है।

सी.वी.आर.डी.ई. एक पूर्ण रूप से एकीकृत शस्त्र-प्रणाली के रूप में एम.बी.टी. 'अर्जुन' के उत्पादन के लिए सभी घटक प्रणालियों के संघटक के अलावा टैंक के चेसिस, ऑटोमोटिव प्रणालियों, टरेट संरचना तथा गन कंट्रोल सिस्टम का विकासकर्ता है। इस टैंक को उपभोक्ताओं द्वारा स्वीकृत कर लिया गया है तथा इसका उत्पादन हो रहा है। यह उल्लेखनीय है कि लगभग तीन सौ करोड़

की कुल विकास लागत विश्व में अन्य कहीं ऐसी प्रणालियों की विकास लागत का एक छोटा भाग है।

4. सैन्य पुल निर्माण उपकरणों, सुरंग बिछाना, सुरंग पहचान प्रणालियों तथा सहायक भूमिका के लिए मोबाइल इंजीनियरिंग प्रणालियों के क्षेत्र में रिसर्च एंड डेवलपमेंट इस्टेब्लिशमेंट (इंजीनियर्स) के योगदान ने देश को इन क्षेत्रों में शत्रुओं पर रणनीतिक लाभ प्राप्त करने में बड़ी मदद की है। इस प्रतिष्ठान द्वारा निर्मित सैन्य पुल निर्माण उपकरणों में से कई विश्व के बेहतरीन उपकरणों के समकक्ष हैं तथा भारतीय उपमहाद्वीप के संदर्भ में विशिष्ट उपभोक्ता संबंधी इस्तेमालों में अच्छा प्रदर्शन करते हैं। हलकी संरचनाएँ, नवप्रवर्तक प्रणालियाँ तथा ऐसी प्रणालियों को संचालित करने के लिए इलेक्ट्रॉनिक नियंत्रकों का इस्तेमाल, रिसर्च एंड डेवलपमेंट इस्टेब्लिशमेंट (इंजीनियर्स) द्वारा विकसित एक पारंपरिक मोबाइल सैन्य-प्रणाली की अनिवार्य विशेषताएँ हैं। सैन्य ट्रकों तथा ट्रैक्ड वाहनों पर रखी गई इनमें से अधिकांश उच्च प्रौद्योगिकी मोबाइल सैन्य-प्रणालियाँ उत्पादन के लिए सहज प्रौद्योगिकी हस्तांतरण से गुजर चुकी हैं।

पर्वतारोहण उपकरणों के विकास, अंटार्कटिका के लिए डिजाइन किया गया व वहाँ निर्मित पूर्ण स्तरीय सर्वऋतु स्टेशन, ठंडे क्षेत्र के इंजीनियरिंग उपकरणों में रिसर्च एंड डेवलपमेंट इस्टेब्लिशमेंट (इंजीनियर्स) की उच्च स्तर की विशेषज्ञता को स्पष्ट करता है। सियाचिन ग्लेसियर में एक सैन्य अस्पताल के रूप में काम कर रहा काफी ऊँचाई पर स्थित मेडिकल ऐड कॉम्पलेक्स भी इसकी एक महत्त्वपूर्ण उपलब्धि है। कम तापमान में प्रयोग होनेवाले उपकरणों के विकास, बर्फ पर टिके रहनेवाले तथा भयानक बर्फीले तूफानों को सहन करनेवाली संरचनाओं के डिजाइन में विशेषज्ञता, जैसे जलापूर्ति, विद्युत् उत्पादन व तापन जैसी निरंतर चालू रहनेवाली सेवाओं की आपूर्ति रिसर्च एंड डेवलपमेंट इस्टेब्लिशमेंट (इंजीनियर्स) के उल्लेखनीय इंजीनियरिंग प्रयासों के कुछ उदाहरण हैं।

नवीन विकासों में टैंक आधारित ब्रिज, हाथों से लॉञ्च किया जानेवाला एसॉल्ट ब्रिज—जो ब्रिटेन के गिर्डर ब्रिज के समकक्ष है तथा विश्व के अन्य पैंतीस देशों द्वारा इस्तेमाल किया जा रहा है—और 'पृथ्वी', 'त्रिशूल', 'आकाश' तथा 'अग्नि' मिसाइलों के लिए सहायक उपकरण, जैसे प्रक्षेपक, विद्युत् आपूर्ति प्रणालियाँ, उच्च दबाव वाली वायुचालित प्रणालियाँ इत्यादि। इन ब्रिजों के अलावा अन्य नूतन विकासों में ट्रैक वेज तथा मास्ट, रेपिड रनवे रिपेयर टेक्निक (तीव्र गतिवाली रनवे मरम्मत तकनीक), माइन लेइंग इक्विपमेंट (सुरंग बिछाने के उपकरण) तथा लड़ाकू

नौकाएँ शामिल हैं। रिसर्च एंड डेवलपमेंट इस्टेब्लिशमेंट (इंजीनियर्स) ने शोध व विकास तथा उद्योग के बीच एक मजबूत संबंध स्थापित करने के लिए भी कार्य किया है। अतीत में आर.डी.ई.-40 एल्यूमिनियम अयस्क का विकास एवं वर्तमान में सहकारी इंजीनियरिंग का विकास इस सहयोगी प्रवृत्ति के पहले दो उदाहरण हैं। जीवन-रक्षा प्रणालियों की भविष्यवाणी तथा निरंतर निगरानी के परिणामस्वरूप उत्पादों की विश्वसनीयता और निरंतर सुधारों में उच्च आत्मविश्वास आया है।

5. स्नो एंड एवेलेंच सिस्टम इस्टेब्लिशमेंट (एस.ए.एस.ई.), रामगढ़ की एक महत्त्वपूर्ण उपलब्धि है हिम-स्खलनों की भविष्यवाणी की तकनीकों का विकास, जिन्होंने भारतीय उपमहाद्वीप में समय-समय पर कहर ढाया है तथा अपार जन-धन की क्षति की है। हिम-स्खलन के खतरों को कम करने के लिए एस.ए.एस.ई. ने तापमान, हिम और निर्माण सामग्रियों की भारतीय स्थितियों के अनुकूल सभी प्रकार की हिम-स्खलन नियंत्रण संरचनाएँ बनाईं हैं तथा यह हिम-स्खलन की चेतावनी भी देता है।

हिम-स्खलन नियंत्रक प्रणालियों के विकास में पहला कदम हिम-स्खलन स्थलों की पहचान तथा उनके व्यवहारजन्य प्रारूप की जानकारी है। एस.ए.एस.ई. ने हिमालय में चार स्थानों के लिए हिम-स्खलन एटलस तैयार किया है। इस एटलस की खास विशेषता यह है कि इसमें क्षेत्र के जलवायु संबंधी विवरणों एवं हिम-स्खलन से सुरक्षा एवं बचाव के तरीकों पर प्रकाश डाला गया है। प्रत्येक एकल हिम-स्खलन मार्ग के लिए ऐसे आँकड़ों पर आधार पर हिम-स्खलन के आरंभ की संभावनाओं का संकेत दिया जा सकता है।

संरचनाओं के प्रयोग से हिम-स्खलन नियंत्रण इस आपदा को शमित करने का सबसे विश्वसनीय तरीका है। एस.ए.एस.ई. ने श्री बदरीनाथ मंदिर की सुरक्षा के लिए खतरा बन चुके हिम-स्खलन के नियंत्रण के लिए रन आउट जोन में सामान्य तौर पर प्रयोग की जानेवाली हिम-स्खलन की गति रोकनेवाली संरचना मिट्टी के टीले का डिजाइन तथा उत्थान किया है। नियंत्रण योजना के सफल कार्यान्वयन ने सन् 1986 से हिम-स्खलन के खतरे को कम किया है। एस.ए.एस.ई. ने जम्मू-श्रीनगर राजमार्ग पर शैलन नुल्लाह कॉम्पलेक्स के निकट हिम गैलरी भी डिजाइन की है, जो वर्ष में अधिकांश समय राजमार्ग को खुला रखने में मदद करेगा।

6. डिफेंस टैरेन रिसर्च लेबोरेटरी (डी.टी.आर.एल.) को सर्वेक्षण रिपोर्टों, मानचित्रों, हवाई चित्रों, रिमोट सेंसिंग डाटा आदि से प्राप्त जानकारियों का इस्तेमाल

करके भूभागों के वैज्ञानिक मूल्यांकन में विशेषज्ञता प्राप्त है, जो मुख्यतः भू-विज्ञान, मिट्टी तथा सिविल इंजीनियरिंग के भू-विज्ञान नियमों पर आधारित होता है। ऐसे अध्ययनों में इस्तेमाल किए जानेवाले उपकरणों में हैंड लेंस, स्टेरोस्कोप से लेकर अंकीय विश्लेषण के लिए कंप्यूटर तथा विभिन्न रूपों में आउटपुट के लिए ऑटोमेशन सॉफ्टवेयर शामिल हैं। इसमें आधार सूचना को अद्यतन करना, विश्लेषण, वर्गीकरण, विशिष्ट भू प्रारूपों तथा पहलुओं को रेखांकित करना और इन रेखांकनों के एक विशिष्ट प्रयोग के लिए उपयुक्त भूभाग पैरामीटरों पर आधारित निर्मित मानचित्रों में रूपांतरण करना शामिल है।

भूभाग समन्वयन की अवधारणा दुर्गम क्षेत्रों में भूभाग मूल्यांकन की मूल धारणा है। सुगम भूभाग का फील्ड अध्ययन इसका पूरक है। डी.टी.आर.एल. ने सुगम के साथ-साथ दुर्गम मैदानों, रेगिस्तानों, पहाड़ी भूभागों के साथ पश्चिमी, उत्तरी तथा पूर्वी क्षेत्रों में कार्य किया है।

डी.टी.आर.एल. के अध्ययन तथा विकास/जाँच के लाभों का नागरिक क्षेत्र में भूमि प्रयोग योजना, कृषि संसाधनों, भू-जल संभावना, नगर योजना, दुर्गम भूभाग की संसाधन तालिका तथा रिमोट सेंसिंग टेक्नोलॉजी के इस्तेमाल एवं प्रयोग के क्षेत्रों में बड़े परिणाम देखने को मिले हैं।

सामग्री

1. डिफेंस मैटीरियल रिसर्च लेबोरेटरी (डी.एम.आर.एल.) वर्तमान रक्षा हार्डवेयर के लिए उपयुक्त भौतिक प्रौद्योगिकियों तथा प्रक्रियाओं के विकास में लगा हुआ है। यह लेबोरेटरी देश को उन्नत प्रौद्योगिकी विकल्प प्रदान करने के उद्देश्य से भावी सामग्रियों एवं प्रक्रियाओं के विकास के लिए एक राष्ट्रीय मंच के रूप में उभरा है। इस प्रयोगशाला में हुए विकासों ने देश में कई नए प्रौद्योगिकी केंद्रों के निर्माण को प्रेरित किया है; जैसे—हैदराबाद में मिश्र धातु निगम (एम.आई.डी.एच.ए.एन.आई.), नॉन-फेरस टेक्नोलॉजी डेवलपमेंट सेंटर (एन.एफ.टी.डी.सी.) तथा इंटरनेशनल एडवांस्ड टेक्नोलॉजी सेंटर फॉर पाउडर मेटलर्जी एंड न्यू मैटीरियल्स (ए.आर.सी.आई.) तथा तिरुचिरापल्ली में हैवी एलॉय पेनेट्रेशन प्लांट (एच.ए.पी.पी.)। मेन बैटल टैंक (एम.बी.टी.) अर्जुन डी.एम.आर.एल. द्वारा विकसित कंचन आर्मर का इस्तेमाल करता है। टिटेनियम अयस्कों, ऑक्सीजन मुक्त ताँबा, जेट फ्यूल स्टार्टरों तथा हवाई इंजन में प्रयोगों के लिए अयस्कों के क्षेत्र में बड़ी प्रगति हुई है।

2. नेवल मैटीरियल रिसर्च लेबोरेटरी (एन.एम.आर.एल.) नौसेना संबंधी सामग्रियों के विकास में विशेषज्ञता प्राप्त है। इसमें जहाज संलग्नकों के लिए प्रोटेक्टिव फिल्म, विशिष्ट पॉलिमर्स जैसे—स्टेल्थ मैटीरियल, स्ट्रक्चरल स्टील, सिरेमिक मैटीरियल तथा फ्यूल सेल पावर पैक। यह प्रयोगशाला नौसेना इस्तेमालों के लिए एंटी कॉरोसिव (खराब न होनेवाला) पेंटों में विशेषज्ञता प्राप्त है। इन पेंटों को सिविल मेरीन क्षेत्रों में विशाल पैमाने पर इस्तेमाल किया जा रहा है। इसने विशेष रबड़ से बने ध्वनिक अवशोषक भी सफलतापूर्वक विकसित किए हैं।

3. डिफेंस मैटीरियल साइंस रिसर्च डेवलपमेंट इस्टेब्लिशमेंट (डी.एम.एस.आर.डी.ई.) की अनुसंधान तथा विकास गतिविधियाँ बहुपक्षीय हैं, जिनमें पोलिमर विज्ञान, कंपोजिट मैटीरियल (सम्मिश्र), इलेस्टोमर्स तथा एड्हेसिव, फ्यूल तथा लुब्रिकेंट, ऑर्गेनो-मेटेलिक कैमिस्ट्री, सरफेस इंजीनियरिंग तथा इलेक्ट्रो-कैमिस्ट्री, कैमफ्लेज मैटीरियल, टेक्सटाइल तथा प्रोटेक्टिव क्लोथिंग और जनरल स्टोरों का बायोडिग्रेडेशन सम्मिलित हैं। यह प्रयोगशाला आधुनिक परीक्षण उपकरणों तथा सामग्री विशिष्टीकरण सुविधाओं से अच्छी तरह लैस है। इसमें एक प्रोसेस इंजीनियरिंग विभाग भी है।

4. डिफेंस रिसर्च एंड डेवलपमेंट इस्टेब्लिशमेंट, ग्वालियर, रसायनशास्त्र तथा जैविक प्रणालियों में अनुसंधान के क्षेत्र में एक प्रमुख प्रतिष्ठान है। प्रयोगशाला ने ग्रामीण इस्तेमाल के लिए उपयुक्त कई उपयोगी तथा ढोने में आसान डायग्नोस्टिक किट विकसित किए हैं। यह परमाणु, रासायनिक एवं जैविक युद्ध के लिए सुरक्षात्मक कपड़े विकसित करने में अग्रणी प्रयोगशाला है।

नेवल सिस्टम

1. नेवल फिजिकल ओशियनोग्राफिक रिसर्च लेबोरेटरी (एन.पी.ओ.एल.) नौसेना के महत्त्व की कई शाखाओं को समेटते हुए विभिन्न क्षेत्रों में कार्य कर रहा एक उत्तम केंद्र है। इसमें अंडरवाटर वेपन (जलगत शस्त्र) जैसे—तारपीडो तथा फायर कंट्रोल प्रणालियाँ, हाइड्रोडायनेमिक रिसर्च (द्रवगतिक शोध), वारशिप टेक्नोलॉजी (युद्धपोत प्रौद्योगिकी), मेरीन इंजीनियरिंग (समुद्री इंजीनियरिंग), कंप्यूटेशनल स्टडीज (संगणना संबंधी अध्ययन), अंडरवाटर डेकॉयज (जलगत जाल), अंडरवाटर शॉक, नॉयज एंड वाइब्रेशन स्टडीज (जलगत आघात, शोर तथा कंपन अध्ययन), हाइड्रो बैलिस्टिक्स (द्रव प्रक्षेपण विज्ञान) आदि सम्मिलित हैं। फिलहाल एन.पी.ओ.एल. सोनर सिस्टम डिजाइन के लिए उन्नत प्रौद्योगिकियों

पर काम कर रही है तथा समुद्र-विज्ञान संबंधी अध्ययन, एकाउस्टिक सिग्नल प्रोसेसिंग इन्फॉरमेशन टेक्नोलॉजी, डिसप्ले तथा जलगत ऊर्जा-परिवर्तकों के क्षेत्र में अपनी विशेषज्ञता से लाभ प्राप्त कर रही है। नौसेना सामग्रियों में एन.एम.आर.एल. की उपलब्धियों को इंडियन डिफेंस टेक्नोलॉजी 'मैटीरियल्स' डॉक्यूमेंट में सम्मिलित किया गया है।

पहले स्वदेशी सरफेस शिप सोनर के सफल विकास के साथ एन.पी.ओ.एल. एक बड़ी सोनर सिस्टम लेबोरेटरी बन गई है। फ्रंट एंड प्रोसेसिंग, सिग्नल प्रोसेसिंग, डिसप्ले टेक्नोलॉजी, आर्टीफिशियल इंटेलिजेंस, सॉफ्टवेयर इंजीनियरिंग तथा इन्फॉरमेशन टेक्नोलॉजी के क्षेत्र में नवीनतम प्रौद्योगिकियों को अपनाते हुए यह प्रयोगशाला निरंतर अपना सोनर सिस्टम डिजाइन सुधार रही है, जो गुणवत्ता तथा प्रदर्शन में वैश्विक मानकों को पूरा कर सकती है। सार्वजनिक क्षेत्र की उत्पादन इकाइयों, जैसे भारत इलेक्ट्रॉनिक्स (बी.ई.) तथा इलेक्ट्रॉनिक्स कॉरपोरेशन ऑफ इंडिया लिमिटेड (ई.सी.आई.एल.) के साथ मिलकर वह सब-मेरीन आर्म तथा उसकी एयर विंग के लिए भारतीय नौसेना की बढ़ती माँगों को पूरा करने में सफल रहा है। इस प्रक्रिया में प्रयोग-विशिष्ट एकीकृत सर्किट (ए.एस.आई.सी.) तथा सोनर प्रयोगों के लिए हाइब्रिड का विकास भी किया गया है।

विभिन्न नौसेना मंचों की जटिल आवश्यकताओं को पूरा करने के लिए विभिन्न लंबाई, आकार तथा वजन के जलगत ध्वनिक ऊर्जा-परिवर्तकों के विकास द्वारा यह प्रयोगशाला देश के आत्मनिर्भरता प्रयासों में मदद कर रही है। विशेष ध्वनिक सामग्रियों, जैसे—पोलिमर, पोलिमर-मैट्रिक्स कंपोजिट्स, इलास्टोमर, एड्हेसिव, रबड़ कंपोजिट इत्यादि के विकास एवं इंजीनियरिंग पक्षों जैसे अंडरवाटर एनकैप्सूलेशन और सीलिंग पैकेजिंग के क्षेत्रों में इसने वर्षों में उल्लेखनीय विशेषज्ञता प्राप्त कर ली है। कोच्चि तथा इडुक्की में अंडरवाटर कैलिब्रेशन (जलगत व्यासमान) सुविधाएँ अंतरराष्ट्रीय स्तर की हैं तथा ऊर्जा-परिवर्तक व्यवस्था, फ्रीक्वेंसी, रेंज तथा गहराई के संबंध में व्यापक आवश्यकताओं को पूरा कर रही हैं।

ए.एस.डब्ल्यू. प्रणालियों का प्रदर्शन सुधारने के लिए समुद्र माध्यम की विभिन्न विशिष्टताओं का विस्तृत ज्ञान अत्यंत आवश्यक है। इसे ध्यान में रखते हुए प्रयोगशाला ने समुद्री पर्यावरण मॉडलिंग पर विशाल तथा सूक्ष्म स्तर का अध्ययन कराया है। तटीय प्रबंधन तथा बालू के किनारों पर प्रदूषण विसर्जन के संबंध में इसके द्वारा कराए गए अध्ययन पर्यावरणीय सुरक्षा के संदर्भ में बहुत महत्त्वपूर्ण हैं। साथ ही, सैन्य तथा नागरिक उपयोगों के लिए 'वायु समुद्र अंत:संबंध' अध्ययन

भी कराया गया। एक्सपेंडेबल बाथी थर्मोग्राफ (एक्स.बी.टी.), साउंड वेलोसिटी रिकॉर्डर, करेंट तथा सोनिक रे प्लॉटर्स, मेरीन इंस्ट्रूमेंटेशन के क्षेत्र में इसके योगदान हैं।

'आई.एन.एस. सागरध्वनि' नामक मेरीन एकाउस्टिक रिसर्च शिप (मार्स) एन.पी.ओ.एल. की आधारभूत संरचना सुविधाओं में एक बड़ी वृद्धि है। इस मंच के अंदर आठ अत्याधुनिक वैज्ञानिक प्रयोगशालाएँ हैं, जो ध्वनि-विज्ञान, भौतिक तथा रासायनिक समुद्र-विज्ञान, समुद्री भौगोलिक संरचनाओं आदि के क्षेत्र में विभिन्न प्रायोगिक अध्ययनों में मदद कर रही है।

एन.पी.ओ.एल. कई पुरस्कार प्राप्त कर चुका है, जिनमें ऊर्जा-परिवर्तकों की मरम्मत में बेहतरीन स्वदेशी प्रयास के लिए सेल्वन सम्मान (1967), सोनर सिस्टमों के विकास के लिए डी.आर.डी.ओ. सम्मान (1982), एक्स.बी.टी. विकास के लिए इंपोर्ट सबस्टीट्यूशन सम्मान (1983), बेहतरीन रक्षा प्रौद्योगिकी के लिए वास्विक सम्मान (1985), एक विज्ञान प्रयोगशाला के रूप में उल्लेखनीय प्रदर्शन के लिए डी.आर.डी.ओ. का टिटेनियम सम्मान (1989) तथा सबसे नवीनतम प्रौद्योगिकी हस्तांतरण के लिए डी.आर.डी.ओ. सम्मान।

2. नेवल साइंस एंड टेक्नोलॉजी लेबोरेटरी (एन.एस.टी.एल.) को युद्धपोत प्रौद्योगिकी तथा जलगत शस्त्रों, जैसे तारपीडो तथा सुरंगों के विकास के उद्देश्य से स्थापित किया गया था। इन वर्षों में इसने जलगत शस्त्रों के विकास व समुद्री प्रौद्योगिकी के क्षेत्र में योग्यता हासिल कर ली। इसने सब-मेरीन सोनर के लिए इंटीग्रेटेड फायर कंट्रोल सिस्टम विकसित किया। लेबोरेटरी ने नौसेना में ड्रिल एंड प्रैक्टिस तारपीडो शामिल किए। सन् 1997 में उन्नत प्रायोगिक एंटी सब-मेरीन तारपीडो (ए.ई.टी.) का प्रौद्योगिकी प्रदर्शन पूर्ण हुआ। निशाने के दबाव, ध्वनिक तथा चुंबकीय प्रभाव के तहत निशाने को ठीक-ठीक पहचानकर नष्ट करने में सक्षम माइक्रो-प्रोसेसर आधारित इंटेलिजेंट माइन भी विकसित किया गया।

एक नौसेना शस्त्र विकास केंद्र के अलावा यह समुद्र-विशिष्ट यांत्रिकी इंजीनियरिंग के क्षेत्रों, जैसे हाइड्रोडायनेमिक्स (द्रवगतिकी), अंडरवाटर नॉयज मेजरमेंट्स (जलगत शोर मापक) तथा शॉक एंड वाइब्रेशन (आघात तथा कंपन) अध्ययनों में विशेषज्ञता प्राप्त एक मजबूत प्रौद्योगिकीय समूह के रूप में भी उभरा है। इस मोरचे पर, समुद्री पानी से चलनेवाली बैटरी, हाइब्रिड कंट्रोलरों के साथ डायरेक्ट ड्रिवेन लीनियर ब्रशलेस डी.सी. मोटर तथा जलगत इस्तेमाल के लिए कार्बन फाइबर रिइनफोर्स्ड प्लास्टिक शेलों के विकास में महत्त्वपूर्ण सफलता मिली।

इस प्रक्रिया में अत्यंत बहुमुखी सुविधाएँ जैसे हाई स्पीड टोइंग टैंक (एच.एस.टी.टी.), शॉक एंड वाइब्रेशन टेस्ट सेंटर स्थापित की गई हैं। कैविटेशन टनेल का निर्माण पूरा हो चुका है और यह कार्यरत भी है। प्रयोगशाला जलगत वाहनों के आघात, कंपन तथा ध्वनि के क्षेत्र में अध्ययन कर रही है। हाई स्पीड टोइंग टैंक, एशियाई महाद्वीप में द्रवगतिक मॉडल अध्ययन के लिए एक अनूठी सुविधा है। इसमें लहरें उत्पन्न करने तथा समुद्र के निकट की अवस्थाओं की अनुकृति करने की सुविधा है। ऑन बोर्ड उपकरणों तथा प्रणालियों के लिए जलगत आघात के प्रभाव का अध्ययन करने के लिए फ्लोटिंग शॉक प्लेटफॉर्म के साथ शॉक टैंक उपलब्ध है। यह प्रयोगशाला विभिन्न प्रौद्योगिकी विकास कार्यक्रमों में शैक्षिक संस्थानों, अन्य डी.आर.डी.ओ. प्रयोगशालाओं तथा निजी व सार्वजनिक क्षेत्र के उद्योगों के साथ मिलकर कार्य कर रही है।

यह आघात, ध्वनि तथा कंपन के क्षेत्र में लगभग चालीस संगठनों, जैसे— विशाखापत्तनम स्टील प्लांट, वालचंदनगर उद्योगों, एच.पी.सी.एल., बी.एच.पी.वी. आदि को बहुत सी परामर्श सेवाएँ भी उपलब्ध कराता है। इसने तारपीडो परीक्षण की सभी आवश्यकताओं को पूरा करने के लिए एक तारपीडो लॉन्च एंड रिकवरी वेसल भी डिजाइन एवं निर्मित की है।

जीव विज्ञान

मानव अध्ययन : डिफेंस इंस्टीट्यूट ऑफ फिजिकल एंड एलायड साइंसेज (डी.आई.पी.ए.एस.) तथा डिफेंस इंस्टीट्यूट ऑफ साइकोलॉजिकल रिसर्च (डी.आई.पी.आर.) मानव स्वास्थ्य के शारीरिक, जैव-रासायनिक, न्यूट्रीशनल व मनोवैज्ञानिक पहलुओं पर अध्ययन करवाता है। जबकि डी.आई.पी.ए.एस. के कार्य ने अधिक ऊँचाई पर रहने के कारण चयापचय (मेटाबॉलिक) परिवर्तनों से संबंधित कुछ तथ्यों को पहली बार विश्व के सामने प्रकट किया, वहीं डी.आई.पी.आर. के कार्य ने सैन्य-बल चयन प्रक्रियाओं को एक वैज्ञानिक लाभ दिया है। इन दोनों संस्थानों के समन्वय ने एड्स जैसी जानलेवा बीमारी के प्रकटीकरण में शामिल साइको-सोमो-न्यूरो तत्त्वों के अध्ययन में महत्त्वपूर्ण परिणाम दिए हैं।

हाल ही में डी.आई.पी.ए.एस. ने अधिक ऊँचाई पर तैनात सैनिकों की हाइपोक्सिया सहनशीलता बढ़ाने के लिए ग्लूटेमिक एसिड के प्रयोग की खोज की। चार मनोवैज्ञानिक परीक्षण थल सेना, जल सेना तथा वायु सेना को सौंपे गए हैं। सशस्त्र बल चिकित्सा सेवाओं के डी.जी. ने पाला-पीड़ितों के लिए एलोवीरा

प्रयोग करने संबंधी डी.आई.पी.ए.एस. द्वारा सुझाए गए होम्योपैथिक उपचार के क्लीनिकल परीक्षणों को पास कर दिया है। भारत तथा कीनिया में नीम गर्भ-निरोधक NIM-76 पर क्लीनिकल परीक्षण होने वाले हैं। ग्लूटेमिक एसिड का अधिक ऊँचाई पर रहनेवाले लोगों पर परीक्षण किया जाएगा।

न्यूक्लीयर मेडिसिन : इंस्टीट्यूट ऑफ न्यूक्लीयर मेडिसिन एंड एलायड साइंसेज (आई.एन.एम.ए.एस.) मुख्य रूप से रेडियो-फार्मास्युटिकल्स, रेडियो इम्युनेसी, रेडियो बायोलॉजी तथा हेल्थ फिजिक्स के क्षेत्र में कार्य करता है। आई.एन.एम.ए.एस. द्वारा चलाए जा रहे प्रसिद्ध थायरॉयड रिसर्च सेंटर को हाइपर थायरॉयडिज्म के प्रबंधन में रेडियो आयोडिन स्पिलिट डोज थैरेपी की अंतरराष्ट्रीय प्रशंसा प्राप्त अवधारणा का श्रेय जाता है।

हाल ही में आई.एन.एम.ए.एस. ने टेक्नेशियम-99 एम. के साथ लेबल करने के लिए कोल्ड किट विकसित किए, जो कैंसर, इन्फेक्शन तथा इंफ्लेमेशन के निदान व प्रभावित अंग की पहचान के लिए अत्यंत संवेदनशील एवं विशिष्ट पाया गया है। घातक ब्रेन ट्यूमर रोगियों की रेडियो थैरेपी में सुधार के लिए एक विभेदक रेडियो-मोडिफायर 2-डिऑक्सी-ग्लूकोज का सफलतापूर्वक इस्तेमाल किया गया है। रेडियो थैरेपी के साथ 2-डी.जी. का इस्तेमाल भारतीय परिस्थितियों में सर्वथा उपयुक्त एक उच्च लागत-सक्षम माध्यम होगा। सन् 1997 में आई.एन.एम.ए.एस. ने बोन मेटास्टेसिस में दर्द कम करने के लिए पी-32 क्रोनिक फॉस्फेट के साथ 2-डी.जी. का प्रयोग किया। ड्रग कंट्रोलर ऑफ इंडिया द्वारा वैधानिक क्लीयरेंस के बाद आई.एन.एम.ए.एस. में विकसित स्वदेशी डेंटल इंप्लांट तथा बोन प्लेटों के बहुकेंद्रीय क्लीनिकल ट्रायल चयनित डेंटल केंद्रों द्वारा नागरिकों को उपलब्ध होंगे।

खाद्य प्रसंस्करण : खाद्य प्रौद्योगिकी स्थानीय कारकों, जैसे उपलब्ध खाद्य सामग्री के प्रकार तथा उपभोक्ता के स्वाद पर निर्भर होती है। डिफेंस फूड रिसर्च लेबोरेटरी (डी.एफ.आर.एल.) देश में खाद्य प्रसंस्करण तथा संरक्षण का एक मार्गदर्शक संस्थान है। उसके खाते में बड़ी संख्या में सुविधाजनक भारतीय खाद्य पदार्थ तैयार करने के सूत्र, परोसने के लिए तैयार भोजन के पक्व तथा संरक्षण और विभिन्न जलवायुवाले क्षेत्रों के लिए विशेष रूप से उपयुक्त पैकेजिंग प्रक्रियाएँ हैं।

डी.एफ.आर.एल. ने फलों, सब्जियों एवं फलों के जूस के संरक्षण में उल्लेखनीय प्रगति की है। भारतीय फलों, जैसे—अंगूर, खरबूजा, आम तथा पपीता को नौ महीनों से अधिक अवधि के लिए संरक्षित करने की प्रोसेसिंग प्रौद्योगिकी विकसित कर ली

गई है। लेबोरेटरी ने डिहाइड्रेशन का फ्रीज-दॉ तरीका भी विकसित किया है, जो दालों, फलियों व अनाजों को इंस्टेंट कुकिंग प्रकृति प्रदान करता है।

डी.एफ.आर.एल. ने अब तक अंटार्कटिका तथा तृष्णा (TRISHNA) पर्वतारोहण अभियानों के लिए पाँच टन से अधिक शीघ्र तैयार होने वाले खाद्य पदार्थ तैयार किए हैं। प्रायद्वीप के तटीय इलाकों में रहनेवाले सैनिकों को अब मृदु नारियल-पानी की कमी महसूस नहीं होगी, क्योंकि डी.एफ.आर.एल. ने उसे एल्यूमिनियम कैनों तथा लचीले पोलिमेरिक पाउचों में तीन माह तक संरक्षित करने की प्रौद्योगिकी विकसित कर ली है, जिसमें उसके प्राकृतिक गुण तथा स्वाद बरकरार रहते हैं।

अधिक ऊँचाई पर शोध : डी.आर.डी.ओ. की तीन प्रयोगशालाओं, डिफेंस एग्रीकल्चरल रिसर्च लेबोरेटरी (डी.ए.आर.एल.), फील्ड रिसर्च लेबोरेटरी (एफ.आर.एल.) तथा डिफेंस रिसर्च लेबोरेटरी (डी.आर.एल.) का समूह, जिसे 'हिमालयन लैब' के नाम से जाना जाता है, अधिक ऊँचाई तथा अन्य दुर्गम स्थानों पर तैनात सैनिकों द्वारा सहन की जा रही लॉजिस्टिक समस्याओं के समाधान में व्यस्त है।

विशेषीकृत कृषि : उत्तर-पश्चिमी उत्तर प्रदेश के तराई क्षेत्र में स्थित डी.ए.आर.एल. कृषि, बागवानी, जमीन रहित कृषि (हाइड्रोपॉनिक्स), मुरगीपालन तथा हिमालयी क्षेत्र में तैनात सैनिकों के लिए ऊर्जा के गैर-पारंपरिक स्रोतों के क्षेत्र में अनुसंधान एवं विकास गतिविधियों में व्यस्त है। डी.एफ.आर.एल. ने हाइब्रिड टमाटरों, कार्नेशन तथा स्ट्रॉबेरी के मास मल्टीप्लीकेशन के लिए टिशू कल्चर प्रोपेगेशन मेथ्ड विकसित करने में सफलता हासिल की है। किए गए प्रयोगों ने पहाड़ी इलाकों के लिए आर्थिक रूप से महत्त्वपूर्ण इन पौधों के विशाल स्तरीय उत्पादन में इस नई तकनीक की क्षमता को प्रमाणित किया है।

कोल्ड डेजर्ट फार्मिंग (ठंडे रेगिस्तानों में कृषि) : एफ.आर.एल. पश्चिमी हिमालय के दुर्गम क्षेत्रों में प्राकृतिक तथा विकसित किए गए पेड़-पौधों के अध्ययन में व्यस्त है। हाल ही में, एफ.आर.एल. लद्दाख के दुर्गम ठंडे रेगिस्तान में प्राकृतिक पेड़-पौधों के विस्तृत अध्ययन में व्यस्त रहा है। उसने बारह हजार पाँच सौ फीट की ऊँचाई पर एक गाँव के विकास में योगदान दिया, जिससे एक ही वर्ष में उस गाँव की वार्षिक पारिवारिक आय दो हजार दो सौ रुपए से बढ़कर छह हजार आठ

सौ रुपए हो गई। एफ.आर.एल. सब्जियों तथा मल्च की सुरक्षित कृषि के द्वारा प्लास्टीकल्चर को बढ़ावा दे रहा है, जिससे बर्फ-युक्त सर्दियों के दौरान सब्जियों का उत्पादन संभव हो जाता है। एफ.आर.एल. द्वारा प्रेरित गैर-पारंपरिक सब्जियों को स्थानीय जनसंख्या द्वारा व्यापक रूप से स्वीकृत किया गया है। एफ.आर.एल. लेह घाटी में एक एल्पाइन हर्बल बाग स्थापित करने तथा नुब्रा व सुरू घाटी में कृषि-पशु संसाधनों को समृद्ध करने की दिशा में कार्य करने जा रहा है।

विकास के लिए एक गाँव का अंगीकरण : लद्दाख के एक गाँव नांग (बारह हजार पाँच सौ फीट) को आत्मनिर्भर बनाने के लिए उसे गोद लिया गया। यह कोल्ड डेजर्ट एग्रो टेक्नोलॉजी की क्षमता को प्रदर्शित करने के लिए किया गया। ग्रामीण क्षेत्र तथा रोजगार मंत्रालय (पहले इसका नाम ग्रामीण विकास मंत्रालय था) ने अपनी जवाहर रोजगार योजना के तहत इस परियोजना में धन लगाया। इसका उद्देश्य जल भंडारों तथा सिंचाई स्रोतों के निर्माण/मरम्मत, एग्रो-टेक्नोलॉजी (कृषि प्रौद्योगिकी) तथा फार्म मशीनरी तथा वन-रोपण के द्वारा ग्रामीण सहकारिता, जल- संग्रहण को स्थापित/पुनर्जीवित करना था। जनवरी 1995 के ठंडे माह के दौरान इस परियोजना को आरंभ किया गया। ग्रामीणों को पच्चीस हेक्टेयर भूमि में एक वन तथा जल-संग्रहण की स्थापना के लिए रोजगार प्रदान किया गया। इस उद्देश्य को प्राप्त करने के लिए ग्रामीणों को निरंतर परामर्श तथा प्रोत्साहन दिया गया। विभिन्न उपायों के अंगीकरण के साथ वह गाँव लेह घाटी में आलू के बीजों के उत्पादन का मुख्य केंद्र बन गया। वे कड़क सर्दियों में हरी पत्तेदार सब्जियों का आनंद उठाते हैं, जो अब तक असंभव माना जाता था। वे अब न केवल आत्मनिर्भर बन गए बल्कि उन्होंने घाटी के अन्य गाँवों की भी मदद की।

औषधीय पौधे : अरुणाचल प्रदेश की निचली पहाड़ियों में कार्य कर रही डी.आर.एल. वाणिज्यिक लाभ के लिए स्थानीय औषधीय पौधों की खोजबीन कर रही है। इस लेबोरेटरी के वैज्ञानिकों ने स्थानीय वृक्ष उत्पादों, जैसे—पत्ते, छाल, फल, लकड़ी आदि के अर्कों का अध्ययन किया है तथा कई प्राकृतिक डर्मेटोफाइटों को पहचाना है। उन्होंने एक नए फंगस की पहचान की है तथा एंटीफंगल एक्टिविटी प्रोटोकॉल में जोड़ दिया है। डी.आर.एल. ने छावनियों तथा आस-पास के इलाकों में मलेरिया की निगरानी एवं नियंत्रण के क्षेत्र में काम किया है तथा एक काफी प्रभावी हर्बल मच्छर प्रतिरोधक विकसित किया है।

डी.आर.डी.ओ. देश के अधिक ऊँचाईवाले क्षेत्रों में उपयुक्त कृषि प्रौद्योगिकियों

के विकास में कार्य कर रहा है, ताकि सशस्त्र बलों की शीघ्र सड़ने-गलनेवाली वस्तुओं (सब्जियाँ, फल, दूध तथा मांस आदि) की आवश्यकता को स्थानीय स्तर से ही पूरा किया जा सके तथा स्थानीय किसानों की आर्थिक स्थिति में सुधार हो सके। इसमें विकसित की गई कुछ महत्त्वपूर्ण कृषि प्रौद्योगिकियाँ तथा उत्पाद इस प्रकार हैं—

मुख्यत: सब्जियों के प्रकार/हाइब्रिडों का विकास किया गया है तथा उन्हें हिमालयी क्षेत्रों में वाणिज्यिक स्तर पर उगाया जा रहा है।

चूँकि अधिक ऊँचाईवाले क्षेत्रों में फसल अवधि छोटी होती है, अत: प्रत्यारोपण की आवश्यकतावाली सब्जियों, जैसे—गोभी, बंदगोभी, नोल-खोल, टमाटर, प्याज इत्यादि को उगाना कठिन है। डी.आर.डी.ओ. ने सब्जियों की प्रारंभिक पौधशाला के लिए खाई कृषि को मानकीकृत किया। इस विधि से उपर्युक्त सब्जियों के विकसित प्रकार विशाल मात्रा (लाखों में) में उगाए जाते हैं तथा प्रत्येक वर्ष किसानों को उपलब्ध कराए जाते हैं। लद्दाख में, लंबी ठंडी सर्दियों के दौरान, खुले में घास का एक तिनका भी नहीं उगता। डी.आर.डी.ओ. के विस्तृत अनुसंधान तथा विकास प्रयासों के परिणामस्वरूप अब कड़ी सर्दी में भी लेह बाजार में स्थानीय उगी हरी सब्जियाँ देखी जा सकती हैं। पोलिहाउस तथा खाई कृषि तकनीकों को अपनाते हुए जनजातीय किसानों के लिए सुलभ पोलिइथिलीन तथा स्थानीय सामग्रियों का प्रयोग करते हुए हरी सब्जियाँ उगाई जा रही हैं।

डिफेंस लेबोरेटरी, जोधपुर (डी.एल.जे.) : रेगिस्तान (राजस्थान) में पेयजल (सुजलम) : राजस्थान के बाड़मेर जिले में सुरक्षित पेयजल की उपलब्धता एक गंभीर समस्या थी। राष्ट्रीय पेयजल मिशन के तहत ग्रामीण क्षेत्र तथा रोजगार मंत्रालय ने राजस्थान के बाड़मेर के तिरानबे गाँवों में सुरक्षित पेयजल उपलब्ध कराने के लिए डिफेंस लेबोरेटरी, जोधपुर को एक बड़ा कार्य सौंपा। उसका कार्य था 'राजस्थान : बाड़मेर जिले के ग्रामीण इलाकों के लिए पेयजल प्रौद्योगिकी' नाम परियोजना के तहत एक सौ पंद्रह डिजेलिनेशनल प्लांट स्थापित करते हुए इन इलाकों में साफ पेयजल उपलब्ध कराना। पब्लिक हेल्थ इंजीनियरिंग डिपार्टमेंट (पी.एच.ई.डी.), राजस्थान सरकार का ग्राउंड वाटर डिपार्टमेंट (जी.डब्ल्यू.डी.), रीजनल रिमोट सेंसिंग सर्विस सेंटर (आर.आर.एस.सी.), डिपार्टमेंट ऑफ स्पेस, जोधपुर तथा बी.ए.आर.सी., मुंबई इस कार्यक्रम के भागीदार हैं। आर.आर.एस.सी. तथा जी.डब्ल्यू. के साथ पी.एच.ई.डी. ने इलेक्ट्रो-डायलिसिस डिजेलिनेशन (ई.डी.)

प्लांटों की स्थापना के लिए टिकाऊ जल संसाधन तथा आधारभूत संरचना निर्मित करने के लिए इनपुट दिए हैं। डी.एल.जे. ने ई.डी. डिजेलिनेशन प्लांट तथा जल की गुणवत्ता का परीक्षण करनेवाले किट्स उपलब्ध कराए तथा बी.ए.आर.सी. ने एक रिवेयर ओसमोसिस (आर.ओ.) उपलब्ध कराए।

इस योजना को 13 दिसंबर, 1997 को डॉ. कलाम ने गाँवों को समर्पित किया। पहले चरण के दौरान स्थापित किए गए सभी तीस प्लांट स्थानीय ग्राम पंचायतों को दिए गए एक अनुबंध के द्वारा अधिकतर समय कार्यरत रहते हैं।

डी.एल.जे. ने दुर्गम क्षेत्रों में उल्लेखनीय कार्य किया है।

संसाधन : वैज्ञानिक सलाहकार को एक कारपोरेट रिसोर्सेज विंग द्वारा सहायता प्राप्त होती है जो बजट, लेखा सामग्रियों आदि की देख-रेख करता है।

सिविल विंग : डी.आर.डी.ओ. सिविल कंस्ट्रक्शन विंग द्वारा उल्लेखनीय योगदान किया गया है, जो डी.आर.डी.ओ. के लिए सभी निर्माण गतिविधियों के लिए जिम्मेदार होता है। इस विंग को देश के सुदूर क्षेत्रों में उत्तम सुविधाएँ प्रदान करने का श्रेय जाता है। उनमें से सबसे उल्लेखनीय है—मिसाइल सुविधाओं के लिए रिसर्च सेंटर इमारत का निर्माण। इस विंग ने अपनी गुणवत्ता तथा समय पर कार्य समाप्त करने की विशेषता के कारण अपनी अलग पहचान बनाई है।

□

डॉ. ए.पी.जे. अब्दुल कलाम

डॉ. ए.पी.जे. अब्दुल कलाम एक ख्याति-प्राप्त वैमानिकी इंजीनियर हैं, जिन्होंने भारत को उन्नत देशों के समूह में सबसे आगे लाने के लिए प्रक्षेपण यानों तथा मिसाइल प्रौद्योगिकी के क्षेत्र में उल्लेखनीय योगदान किया है। तमिलनाडु के रामेश्वरम में 15 अक्तूबर, 1931 को जनमे डॉ. कलाम ने मद्रास इंस्टीट्यूट ऑफ टेक्नोलॉजी (एम.आई.टी.) से वायु इंजीनियरिंग में विशेषज्ञता प्राप्त की। आरंभ में उन्होंने सन् 1958 से रक्षा अनुसंधान व विकास संगठन (डिफेंस रिसर्च एंड डेवलपमेंट ऑर्गेनाइज़ेशन) में कार्य किया तथा सन् 1963 में भारतीय अंतरिक्ष अनुसंधान संगठन (इंडियन स्पेस रिसर्च ऑर्गेनाइजेशन) में शामिल हुए। एस.एल.वी.-3 के परियोजना निदेशक के रूप में उन्होंने 'रोहिणी' उपग्रह को धरती की कक्षा के निकट स्थापित करने के लिए भारत के पहले स्वदेशी उपग्रह प्रक्षेपण यान के डिजाइन, विकास तथा प्रबंधन में महत्त्वपूर्ण योगदान किया। वह सन् 1980 से विक्रम साराभाई अंतरिक्ष केंद्र (वी.एस.एस.सी.) में एरोस्पेस डायनमिक एंड डिजाइन ग्रुप के निदेशक तथा बंगलौर स्थित इसरो मुख्यालय में इसरो प्रक्षेपण यान/प्रणाली के निदेशक थे। वह इसरो के प्रक्षेपण यान कार्यक्रम एवं विन्यास के लिए ज़िम्मेदार थे। उन्होंने विक्रम साराभाई अंतरिक्ष केंद्र में सम्मिश्र उत्पाद प्रौद्योगिकी की भी नींव रखी और रिइन्फोर्स्ड प्लास्टिकों के लिए एक उत्पादन केंद्र स्थापित किया।

डॉ. कलाम सन् 1982 में डिफेंस रिसर्च एंड डेवलपमेंट लेबोरेटरी (डी.आर.डी.एल.) के निदेशक के रूप में डिफेंस रिसर्च एंड डेवलपमेंट ऑर्गेनाइजेशन (डी.आर.डी.ओ.) में शामिल हुए। उन्होंने इंटीग्रेटेड गाइडेड मिसाइल डेवलपमेंट प्रोग्राम (आई.जी.एम.डी.पी.) की कल्पना की तथा उसके मुख्य कार्यकारी बन गए। इस कार्यक्रम में रक्षा सेवाओं की आवश्यकताओं को पूरा करने व लंबी दूरी की प्रणालियों के लिए रि-एंट्री प्रौद्योगिकी स्थापित करने के लिए पाँच बड़ी

परियोजनाएँ शामिल हैं। 'पृथ्वी', 'त्रिशूल', 'आकाश', 'नाग' तथा 'अग्नि' के उड़ान परीक्षणों ने रक्षा तैयारी में आत्मनिर्भरता की ओर स्वदेशी योग्यता स्थापित की। इन मिसाइलों का सफल प्रक्षेपण एक अनूठी उपलब्धि है, जिसने भारत को कुछ देशों के एक महत्त्वपूर्ण समूह का सदस्य बना दिया है, जो उन्नत प्रौद्योगिकी व शस्त्र प्रणालियाँ प्राप्त कर चुके हैं। एस.एल.वी.-3 तथा निर्देशित प्रक्षेपास्त्र कार्यक्रम के द्वारा उच्च प्रौद्योगिकी एरोस्पेस परियोजनाओं की स्वदेशी डिजाइन तथा विकास में एक मजबूत आधार तैयार हो गया है।

डॉ. कलाम ने भावी मिसाइल प्रौद्योगिकी क्षेत्रों में विकास के उद्देश्य से डी.आर.डी.एल. के विस्तार के रूप में 'रिसर्च सेंटर इमारत' (आर.सी.आई.) नामक एक उन्नत अनुसंधान प्रौद्योगिकी केंद्र की स्थापना की है। समन्वित निर्देशित प्रक्षेपास्त्र विकास कार्यक्रम के लिए उनके द्वारा कल्पित प्रबंधन प्रणाली का परिणाम प्रौद्योगिकीवेत्ताओं, शैक्षिक संस्थानों, उद्योगों और उपभोक्ताओं की ओर से उच्च स्तर की प्रतिबद्धता के रूप में सामने आया तथा उसने महत्त्वपूर्ण क्षेत्रों और क्रांतिक प्रौद्योगिकी विकास की ओर राष्ट्रीय प्रतिभाओं को बेहतरीन ढंग से प्रेरित किया।

डॉ. कलाम ने जुलाई 1992 से नवंबर 1999 तक रक्षा मंत्री के वैज्ञानिक सलाहकार, डिपार्टमेंट ऑफ डिफेंस रिसर्च एंड डेवलपमेंट के सचिव और डिफेंस रिसर्च एंड डेवलपमेंट ऑर्गेनाइजेशन (डी.आर.डी.ओ.) के महानिदेशक के रूप में कार्य किया। डॉ. कलाम का विश्वास है कि रक्षा प्रौद्योगिकी को राष्ट्रीय विकास के लिए प्रौद्योगिकीय उपकरण के रूप में इस्तेमाल किया जा सकता है। उन्होंने नवंबर 1999 से नवंबर 2001 तक कैबिनेट मंत्री के रैंक के तहत भारत सरकार के मुख्य वैज्ञानिक सलाहकार के रूप में अपनी सेवाएँ दीं। वह कई तरह के इस्तेमालों के लिए सहायक प्रणालियों तथा नवप्रवर्तनों की उत्पत्ति के लिए नीतियाँ, रणनीतियाँ तथा मिशन विकसित करने के लिए मुख्य रूप से उत्तरदायी रहे हैं। इसके अतिरिक्त उन्होंने सरकारी विभागों, संस्थानों तथा उद्योग के साथ भागीदारी में रणनीतिक, आर्थिक तथा सामाजिक क्षेत्रों में विज्ञान तथा प्रौद्योगिकी दायित्वों को भी निभाया है।

डॉ. कलाम को निम्नलिखित संस्थानों द्वारा 'डॉक्टर ऑफ साइंस' की मानद उपाधि दी गई—अन्ना यूनिवर्सिटी ऑफ टेक्नोलॉजी, मद्रास; जादवपुर विश्वविद्यालय; कल्याणी विश्वविद्यालय; हैदराबाद विश्वविद्यालय; बनारस हिंदू विश्वविद्यालय; रुड़की विश्वविद्यालय; मैसूर विश्वविद्यालय; आई.आई.टी., मुंबई; आई.आई.टी., दिल्ली; आई.आई.टी., कानपुर; बिड़ला इंस्टीट्यूट ऑफ टेक्नोलॉजी, राँची; इलाहाबाद विश्वविद्यालय; इंडियन स्कूल ऑफ माइंस; महाराजा सयाजीराव यूनिवर्सिटी ऑफ

बड़ौदा; भारतीदासन विश्वविद्यालय, तिरुचिरापल्ली; दिल्ली विश्वविद्यालय; मद्रास विश्वविद्यालय; मनीपाल एकेडमी ऑफ हायर एजुकेशन; आंध्र विश्वविद्यालय, विशाखापट्टनम; मदुरई कामराज विश्वविद्यालय; छत्रपति शाहूजी महाराज विश्वविद्यालय, कानपुर; तेजपुर विश्वविद्यालय; राजीव गांधी प्रौद्योगिकी विश्वविद्यालय, भोपाल तथा विश्वेश्वरैया टेक्नोलॉजिकल यूनिवर्सिटी, बेलगाँव। जवाहरलाल नेहरू टेक्नोलॉजिकल यूनिवर्सिटी, हैदराबाद ने उन्हें 'डॉक्टर ऑफ फिलॉसफी' तथा डॉ. बाबा साह्ब अंबेडकर मराठवाड़ा यूनिवर्सिटी, औरंगाबाद और विश्व भारती, शांतिनिकेतन ने उन्हें 'डॉक्टर ऑफ लिटरेटर' की मानद उपाधि प्रदान की।

डॉ. कलाम को अनगिनत पुरस्कार मिले हैं, जिनमें शामिल हैं—इंस्टीट्यूशन ऑफ इंजीनियर्स (भारत) का नेशनल डिजाइन एवार्ड (1980); एरोनॉटिकल सोसाइटी ऑफ इंडिया का डॉ. बिरेन रॉय स्पेस एवार्ड (1986); विज्ञान व प्रौद्योगिकी के लिए ओम प्रकाश भसीन पुरस्कार; मध्य प्रदेश सरकार द्वारा वर्ष 1990 के लिए इंजीनियरिंग तथा प्रौद्योगिकी के क्षेत्र में राष्ट्रीय नेहरू पुरस्कार; एस्ट्रोनॉटिकल सोसाइटी ऑफ इंडिया द्वारा सन् 1994 के लिए आर्यभट्ट पुरस्कार (1996); आंध्र प्रदेश एकेडमी ऑफ साइंसेज द्वारा प्रो. वाई. नयूडम्मा मेमोरियल गोल्ड मेडल (1996); विज्ञान के लिए जी.एम. मोदी पुरस्कार (1996); विज्ञान तथा प्रौद्योगिकी में श्रेष्ठ कार्य के लिए एच.के. फिरोदिया पुरस्कार (1996); वीर सावरकर पुरस्कार (1998); राष्ट्रीय एकता के लिए इंदिरा गांधी पुरस्कार (1997)। इंजीनियरिंग स्टाफ कॉलेज ऑफ इंडिया तथा इसरो के विशेष प्रोफेसर। इंडियन नेशनल एकेडमी ऑफ इंजीनियरिंग द्वारा इंजीनियरिंग में 'लाइफ टाइम कंट्रीब्यूशन एवार्ड'।

डॉ. ए.पी.जे. अब्दुल कलाम को सन् 1981 में 'पद्म भूषण', 1990 में 'पद्म विभूषण' तथा 1997 में 'भारत रत्न' सम्मान प्रदान किए गए।

डॉ. कलाम इंडियन नेशनल एकेडमी ऑफ इंजीनियरिंग के सम्मानित सदस्य; इंडियन एकेडमी ऑफ साइंसेज, बंगलौर के सम्मानित सदस्य; नेशनल एकेडमी ऑफ मेडिकल साइंसेज, नई दिल्ली के सम्मानित सदस्य; एरोनॉटिकल सोसाइटी ऑफ इंडिया के मानद सदस्य; इंस्टीट्यूशन ऑफ इलेक्ट्रॉनिक्स एंड टेलीकम्युनिकेशन इंजीनियर्स, नई दिल्ली के मानद सदस्य एवं इसरो के विशिष्ट प्रोफेसर हैं।

25 जुलाई, 2002 को डॉ. कलाम ने भारत के राष्ट्रपति पद की शपथ ली। □

भारत का राष्ट्रपति बनने के बाद डॉ. कलाम का भाषण

(नई दिल्ली, 25 जुलाई, 2002)

भारत के लिए अंतर्दृष्टि

सम्माननीय श्री नारायणनजी, प्रधानमंत्रीजी, उपप्रधानमंत्रीजी, भारत के मुख्य न्यायाधीश, लोकसभा अध्यक्ष, केंद्रीय मंत्रिपरिषद् के सदस्य, राज्यपालगण, मुख्यमंत्रीगण, राज्यसभा के उपसभापति, संसद् सदस्यो, महामहिमो, मित्रो तथा बच्चो! आप सभी को मेरा अभिवादन। जब मैं अपने सामने महत्त्वपूर्ण शख्सियतों, जिनमें अपने देशों का प्रतिनिधित्व कर रहे वरिष्ठ कूटनीतिज्ञ तथा अन्य प्रमुख शख्सियत शामिल हैं, को देखता हूँ तो श्रीराग में त्यागराजास्वामीगल के एक मधुर कीर्तन की प्रतिध्वनि मेरे हृदय में गूँज रही है—'इंडरो महानुभावालु अंधारिगी वंदनामुलु', जिसका अर्थ है—'मैं सभी महान् श्रेष्ठ हृदयवाले मनुष्यों को प्रणाम करता हूँ।'

मैं अपने चुनाव के लिए संसद् सदस्यों तथा राज्य विधानसभाओं को धन्यवाद देता हूँ। समृद्धि, सद्भावना तथा मजबूती के साथ विकसित भारत के स्वप्न को साकार करने का दायित्व मुझे सौंपते हुए देश से मुझे जो प्रोत्साहन मिला है, वह वास्तव में अभिभूत करनेवाला है। दस प्रसिद्ध व्यक्तियों ने राष्ट्रपति का यह पद सुशोभित किया है तथा अपनी उल्लेखनीय व्यक्तिगत विशेषताओं से राष्ट्र-निर्माण में योगदान दिया है। मैं उन सभी को सलाम करता हूँ। मैं देश के लोगों तथा राजनीतिक व्यवस्था द्वारा मुझमें दिखाए गए गहन विश्वास का सम्मान करते हुए विनम्रता एवं आभार के साथ भारतीय गणतंत्र के राष्ट्रपति का पद ग्रहण करता हूँ। मैं अपने लोगों की उम्मीदों को पूरा करने का प्रयास करने का वादा करता हूँ।

भारतीय सभ्यता की विरासत उसकी सार्वभौमिक प्रकृति पर आधारित है। भारत हमेशा मित्रता के लिए तत्पर रहा है तथा पूरे विश्व के प्रति गर्मजोशी से हाथ बढ़ाता है।

हमने पिछले पचास वर्षों में खाद्य उत्पादन, स्वास्थ्य क्षेत्र, उच्च शिक्षा, मीडिया तथा जन-संचार, औद्योगिक आधारभूत संरचना, सूचना प्रौद्योगिकी, विज्ञान तथा प्रौद्योगिकी और रक्षा के क्षेत्र में उल्लेखनीय उपलब्धियाँ हासिल की हैं। हमारा राष्ट्र प्राकृतिक संसाधनों, सक्रिय लोगों एवं पारंपरिक मूल्यों से समृद्ध है। इन संसाधनों के बावजूद हमारे बहुत से लोग गरीबी रेखा के नीचे हैं, कुपोषण के शिकार हैं तथा प्राथमिक शिक्षा से भी वंचित हैं। हमारा लक्ष्य उन्हें गरीबी से मुक्त करना, स्वस्थ व शिक्षित बनाना है। एक देश में ये विशेषताएँ होनी चाहिए, जैसा कि 2000 वर्ष पहले लिखित 'तिरुक्कुरल' में स्पष्ट की गई हैं—

பிணியின்மை செல்வம் விளைவின்பம் ஏமம்
அணியென்ப நாட்டிற்கிவ் வைந்து.

(पिनि इन्मई सेल्वम विलाइविन्बम इमम अनिएनबा नट्टिरकिव वैंथु)

यानी—'किसी राष्ट्र में जो महत्त्वपूर्ण तत्त्व होने चाहिए, वे हैं—रोगों से मुक्ति, संपन्नता, उच्च उत्पादकता, सद्भावनापूर्ण जीवन तथा मजबूत रक्षा व्यवस्था।' हमारे सभी प्रयास एक संगत तथा एकीकृत तरीके से विभिन्न स्तरों पर इन पाँच तत्त्वों की ओर केंद्रित होने चाहिए। मुझे यकीन है कि एक मजबूत, जीवंत तथा अरबों की जनसंख्या इन तत्त्वों को साकार करने में योगदान कर सकती है।

आज हमारा देश सीमा पार आतंकवाद, कुछ आंतरिक संघर्षों तथा बेरोजगारी जैसी चुनौतियों का सामना कर रहा है। इन चुनौतियों का मुकाबला करने के लिए एक अंतर्दृष्टि होनी चाहिए, ताकि विविध क्षमताओंवाले इस देश के एक अरब नागरिकों का केंद्रित योगदान सुनिश्चित किया जा सके। वह अंतर्दृष्टि क्या होगी? यह भारत को एक 'विकसित देश' में बदलने के अलावा और कुछ नहीं हो सकता। क्या अकेले सरकार इस लक्ष्य को प्राप्त कर सकती है? अब हमें देश में एक आंदोलन की आवश्यकता है। यह इस आंदोलन के लिए लोगों के मस्तिष्कों को प्रज्वलित करने का समय है। हम इसके लिए कार्य करेंगे। यदि हम तेज चलना नहीं सीखेंगे तो एक विकसित राष्ट्र के रूप में नहीं उभर सकते। मुझे संत कबीर का एक उपदेश याद आ रहा है—

'काल करे सो आज कर आज करे सो अब।'

इसका अर्थ है कि 'जो तुम कल करना चाहते हो, वह आज करो और जो

आज करना चाहते हो उसे अभी करो।'

विकसित देश की इस अंतर्दृष्टि को संसदीय लोकतंत्र के साथ प्राप्त करना आवश्यक है, जो हमारी शासन-प्रणाली का केंद्र है। हमारे संविधान की मूलभूत संरचना समय की कसौटी पर खरी उतरी है। मुझे विश्वास है कि वह बदलती परिस्थितियों की माँग के अनुसार अनुक्रिया करना जारी रखेगी। पहला तथा सबसे महत्त्वपूर्ण दायित्व है बिना किसी भय या पक्षपात के तथा सही तरीके व दृढ़ता से हमारे लोगों व हमारे राष्ट्र के हित में संवैधानिक प्रक्रियाओं का सम्मान करना तथा उन्हें बरकरार रखना। भारत सहयोगी संघवाद की रूपरेखा पर आधारित राज्यों का एक केंद्र है। सहयोगी रूपरेखा के तहत राज्यों के लिए प्रतिस्पर्धात्मक शक्तियाँ विकसित करने की भी आवश्यकता है, ताकि वे राष्ट्रीय स्तर तथा विश्व स्तर पर अपनी श्रेष्ठता साबित कर सकें। प्रतिस्पर्धात्मकता आर्थिक व प्रबंधकीय क्षमता को सुनिश्चित करने में मदद करती है और नई चुनौतियों का सामना करने में रचनात्मकता को प्रेरित करती है। तीव्र गति से बदलते आज के विश्व में अपना अस्तित्व बचाने तथा फलने-फूलने के लिए ये सब अनिवार्य हैं। इनके अतिरिक्त लोकतांत्रिक प्रक्रियाओं तथा संस्था को मजबूत करने के लिए हम सबको स्वतंत्र विकेंद्रीकरण के लिए सच्चे दिल से प्रयास करना चाहिए।

मैं धर्मनिरपेक्षता के सिद्धांत के प्रति अपनी दृढ़ प्रतिबद्धता पर जोर देना चाहता हूँ, जो हमारी राष्ट्रीयता की आधारशिला है और जो हमारी नागरिक सशक्तता की महत्त्वपूर्ण विशेषता है। पिछले एक वर्ष के दौरान मैं सभी धर्मों के बहुत से आध्यात्मिक नेताओं से मिला। उन सभी ने एक ही संदेश प्रतिध्वनित किया, वह यह कि हमारे लोगों के दिमाग तथा दिल एक होंगे और हम जल्दी ही अपने देश का स्वर्णिम युग देखेंगे। मैं अपने देश की विविध परंपराओं के बीच मानसिक और वैचारिक एकता लाने के लिए कार्य करने का प्रयास करूँगा।

गरीबी तथा बेरोजगारी की समाप्ति के लक्ष्य से विकास की तीव्र गति के साथ प्रत्येक भारतीय को राष्ट्रीय सुरक्षा को एक राष्ट्रीय वरीयता के रूप में स्वीकार करना चाहिए। वास्तव में भारत को आर्थिक, सामाजिक तथा सैन्य दृष्टि से मजबूत एवं आत्मनिर्भर बनाना हमारी मातृभूमि और अपने व हमारी भावी पीढ़ियों के प्रति हमारा प्रमुख कर्तव्य है।

जब विकास के विभिन्न चरणों में बालक अपने माता-पिता द्वारा पोषित होता है तो वह एक जिम्मेदार नागरिक के रूप में बदल जाता है। जब शिक्षक ज्ञान व अनुभव से समृद्ध होता है तो मानवीय मूल्यों से युक्त अच्छे युवा मनुष्य आकार

लेते हैं। जब कोई व्यक्ति या एक टीम प्रौद्योगिकी से संपन्न होते हैं तो उपलब्धि की अधिक संभावना की ओर रूपांतरण सुनिश्चित होता है। जब किसी संस्थान का नेता अपने लोगों को शक्ति प्रदान करता है तो नेता जन्म लेते हैं, जो देश को विविध क्षेत्रों में बदल सकते हैं। जब महिलाओं को शक्ति-संपन्न किया जाता है तो समाज में स्थिरता सुनिश्चित होती है। जब देश के राजनेता दूरदर्शी नीतियों के द्वारा लोगों को सशक्त बनाते हैं तो देश की समृद्धि सुनिश्चित होती है। विकसित देश की ओर रूपांतरण का माध्यम ज्ञान की ताकत के साथ विभिन्न स्तरों पर शक्ति प्रदान करना है। विकसित भारत का लक्ष्य प्राप्त करने के लिए मार्ग हमारे सामने है।

इस मोड़ पर मैं उत्तर-पूर्व के एक प्रमुख नेता डॉ. जी.जी. स्वेल के एक खूबसूरत विचार को व्यक्त करना चाहता हूँ—'हमारे पास एक मूलभूत मानसिक संरचना होनी चाहिए। मानसिक संरचना का अर्थ है उद्देश्य, लक्ष्य की गंभीरता तथा दिल व दिमाग की पवित्रता।'

जब मैं अपने देश में यात्रा करता हूँ, जब मैं अपने देश के किनारे तीन समुद्रों की लहरों की आवाज सुनता हूँ, जब मैं शक्तिमान हिमालय की ओर से आनेवाली वायु की नमी को महसूस करता हूँ, जब मैं उत्तर-पूर्व तथा हमारे द्वीपों की जैव-विविधता को देखता हूँ तथा जब मैं पश्चिमी रेगिस्तान की ओर से आनेवाली गरमी को महसूस करता हूँ, तो मुझे युवाओं की आवाज सुनाई देती है—'मैं भारत का गीत कब गा सकूँगा?' इसका उत्तर क्या हो सकता है? मैं पिछले एक वर्ष के दौरान अब तक पचास हजार से अधिक स्कूली बच्चों से बातचीत कर चुका हूँ। मैं इन बच्चों के आग्रह पर अपने उत्तर से आपको अवगत कराना चाहता हूँ। यदि युवाओं को भारत का गीत गाना है तो भारत को एक विकसित देश बनना होगा, जो गरीबी, अशिक्षा तथा बेरोजगारी से मुक्त हो और आर्थिक समृद्धि, राष्ट्रीय सुरक्षा एवं आंतरिक सद्भावना से उत्फुल्ल हो। इस रूपांतरण के लिए हम सभी को राष्ट्रीय विकास के लिए कार्य करने तथा पसीना बहाने का संकल्प करना चाहिए। मैं इस समय आपके साथ यौवन के गान को बाँटना चाहता हूँ, जो मैं सामान्यतः स्कूली बच्चों के साथ पढ़ता हूँ। मैं यहाँ भावी पीढ़ी का प्रतिनिधित्व कर रहे उपस्थित बच्चों को देखकर बहुत खुश हूँ। उनके द्वारा मैं अपने देश के सभी बच्चों तथा लोगों तक यौवन का गान पहुँचाना चाहता हूँ।

भारत के युवा नागरिक होने के नाते प्रौद्योगिकी, ज्ञान और मेरे राष्ट्र के लिए प्रेम से युक्त, मैं महसूस करता हूँ कि छोटा लक्ष्य रखना अपराध है। मैं एक महान् अंतर्दृष्टि के लिए कार्य करूँगा और पसीना बहाऊँगा—देश को एक विकसित राष्ट्र

में रूपांतरित करने की अंतर्दृष्टि, मूल्य प्रणाली के साथ आर्थिक शक्ति से युक्त। मैं इसके एक अरब नागरिकों में से एक हूँ; केवल अंतर्दृष्टि ही अरबों आत्माओं को प्रज्वलित करेगी। वह मेरे अंदर प्रवेश कर चुकी है; धरती पर, धरती के ऊपर तथा धरती के नीचे, किसी भी संसाधन की अपेक्षा तेजस्वी आत्मा सबसे सशक्त संसाधन है। मैं ज्ञान का दीपक जलाए रखूँगा, ताकि विकसित भारत का लक्ष्य प्राप्त हो सके।

यदि हम प्रज्वलित मस्तिष्कों के साथ इस महान् अंतर्दृष्टि के लिए कार्य करें तथा पसीना बहाएँ तो जीवंत विकसित भारत को प्रेरित करनेवाला रूपांतरण होगा। यह गीत हमारी अपनी खूबसूरत भाषाओं में गाए जाने पर हमारे मस्तिष्कों को एक सूत्र में बाँध देगा। मैं सर्वशक्तिमान् से प्रार्थना करता हूँ—'सुंदरता के साथ पवित्र शांति हमारे लोगों के अंदर प्रवेश करे; हमारे शरीरों, मस्तिष्कों तथा आत्माओं में प्रसन्नता, आह्लाद एवं अच्छा स्वास्थ्य विकसित हो।'

जय हिंद!

□□□

Songs of Life
(Poems)
A.P.J. Abdul Kalam

APJ Abdul Kalam
with Arun K Tiwari
Guiding Souls
Dialogues on the Purpose of

1000
कलाम प्रश्नोत्तरी
अनीता गौड़

मैं
कलाम
बोल रहा हूँ
सं. प्रशांत गुप्ता

Wisdom of
KALAM

APJ Abdul Kalam
Arun K Tiwari
You Are Born To
BLOSSOM
Take My Journey Beyond...

डॉ. ए.पी.जे. अब्दुल
कलाम
मेरी जीवन-यात्रा
कलाम की कहानी, उन्हीं की जुबानी
My Journey

ए.पी.जे. अब्दुल कलाम
जीवन वृक्ष

आचार्य महाप्रज्ञ
ए.पी.जे. अब्दुल कलाम
सुखी परिवार
समृद्ध राष्ट्र

पूर्व राष्ट्रपति डा. कलाम के जीवन के प्रेरक प्रसंग
क्या हैं
कलाम?

हमारे पथ-प्रदर्शक
ए.पी.जे. अब्दुल कलाम
अरुण कुमार तिवारी

तेजस्वी मन
महाशक्ति भारत की नींव
ए.पी.जे. अब्दुल कलाम

हम होंगे कामयाब
ए.पी.जे. अब्दुल कलाम

विजयी भव
ए.पी.जे. अब्दुल कलाम
अरुण तिवारी

ए. पी. जे. अब्दुल कलाम
ए. शिवताणु पिल्लै
मेरे सपनों का भारत

महाशक्ति भारत
ए. पी. जे. अब्दुल कलाम
वाइ सुंदर राजन

पी.एम. नायर
करिश्माई कलाम
(राष्ट्रपति डॉ. कलाम के अनुभव)

डॉ. ए.पी.जे. अब्दुल कलाम
भारत भाग्य विधाता